Literatur der Psychoanalyse

Herausgegeben
von Alexander Mitscherlich

Michel Neyraut
Die Übertragung

Eine psychoanalytische Studie

Übersetzt von
Eva Moldenhauer

Suhrkamp Verlag

Titel der Originalausgabe: *Le transfert. Etude psychanalytique*

Erste Auflage 1976

Druck: MZ-Verlagsdruckerei GmbH, Memmingen
Printed in Germany

Inhalt

Vorwort

Als ich eines Tages durch die Drehtür die »Closerie des Lilas«* betrat, hörte ich, in dieser kleinen Galeere, wie jemand sagte: »Verstehst du! er macht eine Übertragung auf Tod und Leben! auf Tod und Leben!«

Das Drehkreuz rückte weiter, der Rest verlor sich auf dem Trottoir.

Noch lange tönten mir jene Worte in den Ohren: Übertragung auf Tod und Leben! auf Tod und Leben!

Seither habe ich oft darüber nachgedacht ...

Diese Drehtür ist nicht zufällig ... Wer ging dem anderen voraus in jener Kreisbewegung? Ein schönes Bild auch der Gegenübertragung ...

Die Übertragung ist das Quiproquo des Unbewußten, zumindest nach meiner Definition, die mir, zuweilen, ausreicht ...

Doch die Dinge scheren sich nicht um ihre Definition, und was ist dann jenes Quiproquo im Menschen, warum besitzt er, der soviel Sorgfalt darauf verwendet, die Dinge auseinanderzuhalten, sie vor allem nicht zu verwechseln, jene Fähigkeit, sie zu vertauschen, so daß er, falls ihm diese Fähigkeit abginge, vielleicht sogar verrückt wäre? Ein seltsamer Widerspruch.

Die Literatur ist zu diesem Thema recht wortkarg, zumindest in monographischer Form. Dennoch ist allenthalben von Übertragung die Rede, es gibt keine Arbeit, keine Schrift, die ihr nicht wenigstens ein Kapitel, einen Abschnitt widmet.

Wir haben hier keineswegs die Absicht, sie alle aufzuzählen, wir wollen vielmehr den Entwurf einer allgemeinen Theorie der Übertragung vorlegen, in der diese verschiedenen Tendenzen Platz finden könnten. In dieser Hinsicht erscheint die Übertragung als ein Fluchtpunkt im Sinn der perspektivischen Malerei: »das Bild des Analytikers« erscheint oder zerfließt darin gleich einer Augentäuschung.

Gegenüber diesem Bild taucht ein anderer Begriff auf: der der Gegenübertragung.

Diesen Neuankömmling in Frage zu stellen, kommt für manche der

* Teures Restaurant in Paris. (Anm. d. Ü.)

Frage gleich, ob Schiffe seekrank werden können – eine skandalöse Frage ...

Dabei ist nur allzu offensichtlich, daß, sobald dieser Begriff der Gegenübertragung einmal gesetzt ist, die dialektische Natur der analytischen Situation als wesentlich erscheint. Das Feld Übertragung–Gegenübertragung erweist sich als der privilegierte Raum eines kontrapunktischen Gegensatzes.

Wir waren bestrebt, Übertragung und Gegenübertragung in ihrer Beziehung zum Denken zu definieren: zum »unbewußten Denken«, von dem Freud sagte, es sei der »Mutterboden« der Assoziationen.

Dieses Denken verläuft in umgekehrter Richtung wie der Traum und enthüllt dennoch dessen Sinn. Während der Traum den direkten Weg der halluzinatorischen Befriedigung nimmt, sucht das Denken auf Umwegen dieselben Befriedigungen, liest jedoch unterwegs alle Elemente auf, die zum Widerstand beitragen, ebenso diejenigen, die zur Erhellung des Sinns dienen.

Das unbewußte Denken, an den Störungen seiner Entwicklung besser erkennbar als an seiner Eigenart, liefert durch das Beharren auf seiner animistischen oder religiösen Stufe die Voraussetzungen für eine Verbindung zwischen dem Imaginären, dem Symbolischen und dem Realen.

Die Bewegungen der Übertragung und der Gegenübertragung lassen sich nur bezogen auf dieses Denken begreifen. Bald »harmonisch«, bald diskordant, zeugen sie von jenem animistischen oder religiösen Beharren durch die Hartnäckigkeit, mit der sie allenthalben Realitäten zu bezeichnen meinen.

Ebenso sprechen wir vom psychotischen oder neurotischen Denken in einer Debatte, bei der der Abstand zwischen Freud und seinen Nachfolgern vielleicht am größten ist: entweder hält man die »Psychosen« für ungeeignet, die Übertragung zu leisten – Freuds Standpunkt –, oder man ist der Ansicht, daß nicht ausschließlich die »Übertragungsneurosen« dazu in der Lage sind – der Standpunkt der meisten zeitgenössischen Analytiker.

Die Grenzen ihrer Tätigkeit haben sich auf den Bereich der Psychosen ausgedehnt, und die Übertragungsphänomene erschienen evident.

Wir werden sehen, welche Vorbehalte gegenüber dieser Kehrtwende zu machen sind, Vorbehalte, die sich nur begreifen lassen, weil sie auf eine psychotische oder neurotische »Denkweise« statt auf nosographische Kategorien zurückgeführt werden.
Der Tag wird kommen, da irgendein genialer Mechaniker eine menschenähnliche Maschine konstruiert, was vielleicht das unbewußte Ziel jeder Wissenschaft ist.
Ich zweifle nicht daran, daß eine solche Maschine wünschen, gehen, lachen und weinen, sprechen, sich erinnern und sogar vergessen kann, aber ich bezweifle, daß sie »sich täuschen«, »Irrtümer begehen« kann, wozu jedermann in der Lage ist.
Damit würde sie die Funktion eines Subjekts und die Fähigkeit zur Übertragung erworben haben, andernfalls würde sie an nichts zweifeln.
An diesem Punkt erwarte ich unsere »Ingenieure«.

Erster Teil
Die Gegenübertragung

Kapitel I: Die Gegenübertragung und das psychoanalytische Denken

Oft kommt die Frage erst schrecklich lange nach der Antwort.
Oscar Wilde

Die Vorgängigkeit der Gegenübertragung

Mit Recht könnte der Leser sich darüber wundern, daß eine psychoanalytische Untersuchung über die Übertragung mit der ihres antinomischen Terminus beginnt: der Gegenübertragung.
Dieses Paradox ist nur scheinbar, wenn man bedenkt, daß die Übertragung als Begriff erst »nachträglich« in Freuds Werk aufgetaucht ist, und zwar als ein Hindernis, ein Zwischenfall auf dem Weg eines Denkens und einer Technik, die bereits konstituiert waren; der Übertragung geht also etwas voraus.
Andererseits kommt die Übertragung nicht nur in der Geschichte des analytischen Denkens an zweiter Stelle, sondern auch im Verlauf der Kuren. Die Übertragung *stellt sich ein,* sie taucht im Laufe eines Prozesses auf, des analytischen Prozesses, sie hebt sich von einem Bezugsrahmen ab. Die Frage, ob sie lediglich auftaucht oder bereits vorhanden war, werden wir später erörtern.
Wie steht es nun um diesen Bezugsrahmen?
Wenn wir ihr einerseits einen innerpsychischen Ursprung zuschreiben und zum Beispiel erklären, daß die Übertragung nach dem primären Narzißmus kommt, so müssen wir andererseits, sobald wir diesen Rahmen als dialektisch begreifen, der Auffassung sein, daß die Übertragung als Begriff wahrgenommen, erkannt, gedacht werden muß und daß diese »Konzeption« den Analytiker und das analytische Denken mit einbezieht.
Schließlich kann sich die Natur der Übertragung selbst, die darin besteht, die Wiederholung am Aktuellen zu brechen, falls sie nicht gedeutet wird, unendlich wiederholen.
Unter diesen Werten des Aktuellen kommt dem Analytiker ein wesentlicher Platz zu, nämlich unmittelbar, sogar persönlich einbe-

zogen zu sein und dieses Einbezogensein möglicherweise zu erhellen.
Jenes Einbezogensein wie jenes Denken sind Teil des Bezugsrahmens, von dem die Übertragung sich abhebt.
Im Augenblick wollen wir diesen Bezugsrahmen Gegenübertragung nennen und uns vorbehalten, seine Grenzen und Inhalte später zu definieren. Wir möchten lediglich festhalten, daß die derart als Bezugsrahmen und Implikation definierte Gegenübertragung ihre traditionelle Bedeutung übersteigt.
Diese traditionelle Bedeutung ist keine andere als die der Leidenschaft, der *Passion* des Analytikers.
Passion im weitesten Sinn des Worts: sowohl Leiden Christi wie Leidenschaft der Seele; Passion im passiven Sinn des *Erduldens,* selbst wenn sie sich durch irgendein Ausagieren, eine aktive Technik ausdrücken sollte.
Sowohl »technischer Fehler« wie »Substanz« der Deutung – solchermaßen erscheint der traditionelle, zwiespältige Status der Gegenübertragung.
Diesem technischen »Fehler« steht eine Art ideale Analyse gegenüber, in der das Denken und das Zuhören frei wären. Auch diesen Standpunkt gilt es beizubehalten; er entspricht im übrigen dem ersten, er erhellt die Funktion der Überheblichkeit in der Darstellung all jener Theorien der Technik, die behaupten, jenseits dieser Schuld zu stehen.

Eingeschränkte Bedeutung

Die Etymologie des Terminus Gegenübertragung deutet auf einen präzisen und begrenzten Sinn: die Gegenübertragung steht der Übertragung entgegen, stellt sich nach dieser ein, ist von ihr determiniert, grundsätzlich ein sekundäres Phänomen und eine Reaktionsbildung.
Diese recht begrenzte Bedeutung bleibt durchaus zulässig, wenn man sich auf die ersten Eindrücke Freuds bezieht, als er die Übertragung entdeckt, d. h. zu der Annahme gezwungen wird, daß in der Aktualität der Behandlung, außer der *restitutio ad integrum*

des »Texts« der Neurose, der Anamnese oder der Wiederbelebung der Erinnerungen, noch etwas anderes auftaucht: neuartige psychische Äußerungen, diesmal die persönlichen Beziehungen zwischen dem Arzt und seinem Patienten betreffend, und daß diese neuartigen, äußerst lästigen, unerwarteten, unvorhersehbaren Äußerungen die Aufgabe des Therapeuten außerordentlich erschweren, der bislang damit befaßt war, das Netz der Erinnerung anhand seiner Überreste zu rekonstituieren.

Und sofern die Übertragung starke affektive Ladungen mit sich führt, sieht sich der Arzt in der mißlichen Lage, sich als das Objekt dieser Äußerungen erkennen zu müssen.

Unschwer läßt sich nun an seiner Zurückhaltung oder seiner Mühe, das Auftauchen dieser Äußerungen lediglich zu »konstatieren«, ein gewisser Widerstand ermessen, jetzt auf den Therapeuten verschoben, der ihn zwingt, diesen Widerstand als sein eigenes Werk zu betrachten.

Dieser Widerstand erlaubt es, die Gegenübertragung zunächst als das genaue Gegenstück der Übertragung und als von ihr determiniert aufzufassen. Die erste Auswirkung der Gegenübertragung wäre dann Blindheit und Verwirrung, die bislang ungetrübte Übung des analytischen Denkens durch das unvermutete Auftreten affektiver Äußerungen gefährdet, die unausweichliche Folge ein »taubes Ohr«.

Wir werden auf diese traditionelle Bedeutung der Gegenübertragung, die aus der Zeit ihrer Entdeckung stammt, noch zurückkommen. Aber schon jetzt müssen wir darauf hinweisen, daß, auch wenn uns die Phänomene der Gegenübertragung den Sinn ihres strengen Gegensatzes zur Übertragung zu übersteigen und vor allem vorauszueilen scheinen, jener Moment ihres plötzlichen Auftretens grundlegend bleibt. Der Aspekt der Gegenübertragung als einer Reaktionsbildung und eines sekundären Phänomens erscheint uns wesentlich, auch wenn wir sie in anderer Hinsicht für primär halten.

Das Einbezogensein des Analytikers

Die Gegenübertragung des Analytikers beginnt also mit seinem Einbezogensein; weil er sich plötzlich als das Objekt und vielleicht schon als Urheber affektiver Äußerungen seitens seines Patienten erkennt, spürt er in sich einen Widerstand. Heißt das, daß der Analytiker nur durch die Übertragung einbezogen ist, oder lediglich, daß die Übertragung, da sie vordringlich den Charakter einer »Adresse« hat, den Analytiker unmittelbarer, persönlicher einbezieht und daß diesem dann nichts anderes übrigbleibt, als den Sinn dieser Adresse zu deuten, sich in ihr wiederzuerkennen oder von ihr abzurücken?
Die letztere Hypothese wird uns stärker beschäftigen, denn der Analytiker wird in der Tat nicht nur durch die Übertragung gefordert, sondern auch durch alle Ansprüche, welche die analytische Situation erzeugt. Diese Ansprüche sind vielerlei Art, zu ihr gehören an zentraler Stelle auch diejenigen, die vom Analytiker selbst, seinen Forderungen und seinem Denken ausgehen.

Erweiterte Theorie

Die letzte Bemerkung führt zu einer erweiterten Theorie der Gegenübertragung, deren Begriff nun so weit ausgedehnt wird, daß er alle Äußerungen, Ideen, Phantasien, Gefühle, Interpretationen, Aktionen oder Reaktionen des Analytikers umfaßt. Zwar ist eine solche Auffassung theoretisch vertretbar (und wir selbst tendieren dahin, in der Gegenübertragung weit mehr zu sehen als den bloßen Gegensatz zur Übertragung), doch scheint sie uns nur von relativem Interesse zu sein und dem konflikthaften affektiven und dynamischen Band (im Sinn der *Metapsychologie*) nicht Rechnung zu tragen, das sich in der analytischen Situation knüpft und nur in dieser Situation seinen Wert gewinnt.
Es gilt also, ein anderes Paradox der Gegenübertragung zu erfassen: daß sie einerseits der eigentlichen analytischen Situation vorausgeht (Lehranalyse, Ausbildung, Verfälschungen oder Orthodoxien aller Art) und andererseits ihre wahre Dimension erst ge-

winnt, wenn sie mit den inneren Ansprüchen konfrontiert wird, die der analytischen Situation selbst entstammen.
Nun stellt sich das Problem der Spezifizität einer analytischen Gegenübertragung, denn auch andere Disziplinen entlehnen der Psychoanalyse einen Teil ihrer Theorie, verwenden ihre Begriffe, lassen sich von ihrer Ausbildung anregen und haben im allgemeinen Zugang zu den theoretischen Erkenntnissen der Psychoanalyse.
Wenn das psychoanalytische Denken für das Auftauchen der Übertragung einen Bezugsrahmen bildet, so teilt es diese »Vorbedingung« mit vielen anderen Disziplinen. Und wenn das gleiche für die Gegenübertragung gilt, wie kann man dann behaupten, die analytische Situation konstituiere etwas Spezifisches?

Die Philosophen und das psychologische Feld

Viele philosophische Werke oder Aufsätze aus dem Gebiet der »Humanwissenschaften«, die sich mit Psychoanalyse, Psychosen oder sonst einer Form von Geisteskrankheit befassen, beginnen mit der Erklärung, daß ihre Rede (vgl. Ricœur, de Waehlens, Deleuze, Sartre etc.) auf keiner analytischen Praxis gründet, daß ihre Autoren keine Psychoanalytiker sind oder noch nie in ihrem Leben einen Schizophrenen gesehen haben etc.; nach dieser Einwendung setzen sie ihre Untersuchungen fort und machen uns Mitteilung von ihren Entdeckungen oder Fragen.
Eine solche Haltung ist durchaus gerechtfertigt und bedarf im übrigen auch keiner Rechtfertigung; was die oben genannten Autoren sehr gut begriffen haben.
Man darf sich nun fragen, was ein solches Verfahren von einem anderen, einem wirklich psychoanalytischen Verfahren unterscheidet; denn auch die Aussage kann in beiden Fällen die gleiche sein.

Spezifizität des psychoanalytischen Feldes

Dieser Unterschied – und das wollen wir nachweisen – gründet genau in der Gegenübertragung.

Damit meinen wir, daß jede Äußerung des Analytikers im besonderen wie im strengen Sinn: jede Veröffentlichung, jede Schrift, d. h. jede Epiphanie, auch wenn sie *außerhalb* der analytischen Situation, *außerhalb* ihres spezifischen Feldes erscheinen, in Wahrheit diesem Feld entstammen und ihm immanent sind.

Das psychoanalytische Denken schlägt sich notwendig in einer Antwort nieder, weil die psychoanalytische Situation durch eine Frage zustande kommt.

In diesem Sinne können die vom Analytiker formulierten wissenschaftlichen Schriften den Wert einer Gegenstimme, einer Entgegnung haben.

Der Definition nach müssen wir in ihnen das Äquivalent einer Antwort sehen – einer unbewußten oder einer überlegten Antwort; sogar einer Antwort auf die präzisen Forderungen einer bestimmten Analyse.

Wir meinen nicht nur, daß das analytische Denken eine Antwort bilden kann, sondern daß es sich durch diese Antwort bildet. Daß es seinem wesentlichen Status nicht entrinnen kann, nämlich einer spezifischen Konfrontation zu entspringen, die wir analytische Situation nennen. Daß diese analytische Situation sich als Frage begründet und den Analytiker in solcher Weise einbezieht, daß er, im voraus oder im nachhinein, den Sinn der unbewußten Elemente, die in dieser Situation auftauchen, nur dadurch erhellen kann, daß er diese Implikation erhellt.

Wenn das psychoanalytische Denken seinem Wesen nach durch eine Antwort konstituiert ist, müssen wir feststellen, daß die Antwort zuweilen der Frage vorausgeht und eben dies eine erste Art der Gegenübertragung ist.

Es geht hier nicht nur darum, die »Praxis« der Analyse der »Nicht-Praxis« gegenüberzustellen, so wie man die Operation der Schreibtischstrategie gegenüberstellen könnte, denn sowohl in der Operation wie in der Schreibtischstrategie läßt sich ein Praxis-Feld und ein Nicht-Praxis-Feld unterscheiden.

Grenzen und Widersprüche dieses Feldes

Es geht auch darum, zu begreifen, daß das psychoanalytische Denken durch die Zufälle seiner Ausübung, die Erfordernisse seiner Theorie und die spezifische Natur dessen, was wir Gegenübertragung nennen, Grenzen und Ausmaße erhält, die den besonderen Blick einengen und spezifizieren, den es auf das psychologische Feld richtet.

Auf dieses psychologische Feld hat es keinerlei Sonderrecht, es wird im Gegenteil durch die Zwänge der Doktrin und der Gegenübertragung in seinem Ausdruck beschränkt.

Diesen Widerspruch veranschaulicht eine der ersten technischen Vorschriften Freuds, der fordert, daß der Analytiker in keinem Fall die Kur als wissenschaftliche Arbeit betrachten darf, weil das sein ungezwungenes Zuhören beeinträchtigen könnte:

»Es ist nicht gut, einen Fall wissenschaftlich zu bearbeiten, solange seine Behandlung noch nicht abgeschlossen ist, seinen Aufbau zusammenzusetzen, seinen Fortgang erraten zu wollen, von Zeit zu Zeit Aufnahmen des gegenwärtigen Status zu machen, wie das wissenschaftliche Interesse es fordern würde ... Das richtige Verhalten für den Analytiker wird darin bestehen, sich aus der einen psychischen Einstellung nach Bedarf in die andere zu schwingen, nicht zu spekulieren und zu grübeln, solange er analysiert, und erst dann das gewonnene Material der synthetischen Denkarbeit zu unterziehen, nachdem die Analyse abgeschlossen ist.«[1]

Dieses »sich aus einer psychischen Einstellung in die andere schwingen« scheint uns einen der spezifischen Momente des psychoanalytischen Denkens zu kennzeichnen. Es setzt unter anderem eine »Aufschiebung« voraus, eine »Epoche«, die weit radikaler ist, als Husserls Phänomenologie sie forderte, da sie sich auch auf den Bereich der unbewußten Vorstellungen erstrecken muß. In gewissem Sinn, der nur ein Scherz ist, läge die wahre Phänomenologie eher auf seiten der Analyse als auf seiten der phänomenologischen Reflexion.

So erhebt sich das psychoanalytische Denken aus seinem Sessel

1 *Ratschläge für den Arzt bei der psychoanalytischen Behandlung*, GW VIII, 380

und kehrt zu ihm zurück. Dieser Umstand ist sozusagen wesentlich.

Wenn es zwischen diesen beiden Sitzungen das Bedürfnis hat, zu sprechen, zu schreiben, die Theorie zu vertiefen, ja zu zerstören oder zu vermitteln, so deshalb, weil es in der analytischen Situation nicht völlig befriedigt wird; doch in jedem Fall muß es sich nach dieser psychoanalytischen Situation beurteilen, und damit impliziert es die Person des Analytikers selbst, weil es auf dessen Forderungen Bezug nimmt.

Gegenübertragung und historische Entwicklung des psychoanalytischen Denkens

Die Antwort, so sagten wir, kann der Frage vorausgehen und eine erste Art der Gegenübertragung bilden. Dies gilt in dreifacher Hinsicht:

Betrachten wir zunächst das psychoanalytische Denken in seiner historischen Entwicklung. In diesem Sinne lassen sich zum Beispiel der *Entwurf einer Psychologie* und die Arbeiten vor der Darstellung des Falles Dora einem Widerstand gegen die Entdeckung der Übertragung oder genauer des Begriffs der Übertragung anrechnen.

Wir meinen, daß hier das Denken so strukturiert, die Perspektive der Kur so entworfen, die Konzeption der Psyche so angelegt ist, daß die Übertragung *dann* als ein Hindernis, ein Störfaktor, eine Überraschung, ein unerwartetes Phänomen entdeckt wird. Und es bedarf des Muts, des absoluten Selbstvertrauens von Freud, um zu behaupten, daß die Übertragung ein Hindernis *ist,* daß es *sogar in ihrer Natur liegt,* ein Hindernis zu sein.

Diese Vorgängigkeit des psychoanalytischen Denkens in bezug auf die Entdeckung der Übertragung, eine Vorgängigkeit, die wir hier gleichsam rückwirkend betrachten, begrenzt ein »äußeres« sowie ein »inneres« Feld der Gegenübertragung, die wir natürlich nur der einfacheren Darstellung halber auf diese Weise unterscheiden. In Wahrheit verschmelzen sie vorher oder nachher, da sie zu einem bestimmten Zeitpunkt mit den Implikationen der analytischen Situation konfrontiert waren.

Das »äußere« Feld der Gegenübertragung setzt dem analytischen Denken und insbesondere diesem oder jenem Analytiker Grenzen, deren Natur soziologischen oder politischen Disziplinen untersteht.

Auf diesem Wege kommen all jene Theorien ins Spiel, die den veralteten, sozialen, normativen, religiösen, dogmatischen und historischen Charakter abqualifizieren, welcher der aktuellen Situation eines bestimmten Analytikers und der Analyse in diesem oder jenem sozialen Rahmen anhaftet.

In der Tat gibt es kein Beispiel dafür, daß ein sozio-kultureller Rahmen nicht die allgemeine Richtung, die Ziele, ja sogar die Konzeption der Analyse verändert hat. *Daß sich die Analyse den impliziten Idealen einer gegebenen Gesellschaft ethisch unterordnet, ist eine greifbare Tatsache,* selbst wenn sich die analytische Theorie auf allgemeingültige Begriffe stützen sollte.

Das Problem ist jedoch, daß sich das Unbewußte nur in bestimmten Bezugsrahmen und unter bestimmten Voraussetzungen enthüllt, welche die manifesten Äußerungen gestalten.

Auch wenn Freud in seinem eigenen Rahmen die besten technischen Voraussetzungen dafür geschaffen hat, daß das Unbewußte sich enthüllt, reicht es nicht aus, diese historischen Voraussetzungen abzuqualifizieren, um sich des Unbewußten zu entledigen.

Stets liefert die Epoche die Termini des manifesten Texts.

Den manifesten Ausdruck auf den latenten Sinn zu reduzieren, ist an sich ein anachronistisches Verfahren; das soll nicht heißen, daß während dieser Enthüllung nicht moralische Werte in Erscheinung treten, die eine bestimmte Epoche tabuisiert hat; aber es ist wenig wahrscheinlich, daß die sozio-kulturellen Veränderungen, die sich seit Freuds Entdeckungen vollzogen haben, gewichtig genug sind, um technische Veränderungen nach sich zu ziehen, so daß man sagen könnte, es sei nunmehr angebracht, die technischen Voraussetzungen zu verändern, damit das Unbewußte sich auf bessere Weise zeige und deuten lasse.

Wenn solche Veränderungen auftreten, so nicht infolge einer Vorschrift *ex cathedra,* einer geräuschvollen Bekehrung, sondern eher still und heimlich durch die unmerkliche Veränderung der Ideale einer Gesellschaft.

Es liegt nicht in unserer Absicht, das äußere Feld der Gegenübertragung zu vertiefen, denn dafür sind andere Disziplinen als die Analyse im strengen Sinn zuständig. Man sieht jedoch, daß sie sich auf diesem Umweg gültig einführen könnten.
Hinsichtlich der historischen Entwicklung des psychoanalytischen Denkens haben wir erkannt, daß die Antwort der Frage vorausgehen und die Gegenübertragung ein historisches Antezedenz in der Erkenntnis und Entdeckung der Übertragung sein kann.
Dieselbe Vorgängigkeit finden wir auch bei der Einführung der eigentlichen analytischen Situation wieder.

Gegenübertragung in der analytischen Situation

In der konkreten Anordnung der analytischen Situation (Unsichtbarkeit des Analytikers) zeigt sich, daß sie so konzipiert wurde – auch wenn noch andere Gründe eine Rolle spielen –, damit der Analytiker nicht zwölf Stunden am Tag das Gegenüber ertragen muß.
Diese Anordnung erlaubt es also dem Analytiker, jede Antwort zu verbergen, die, obzwar nicht artikuliert, dennoch durch irgendein Mienenspiel oder eine Geste zum Ausdruck kommen könnte.
Es steht außer Zweifel, daß diese Situation im konkreten Raum die Züge einer Haltung aufzeigt, welche die Gegenübertragung betrifft. Sie erleichtert das Schweigen und fördert die Zurückhaltung der emotionalen Äußerungen, wodurch sie das emotionale Einbezogensein des Analytikers um so greifbarer macht.
Bekanntlich bleibt das Einbezogensein nicht bei den Emotionen stehen, sondern bei den Gründen für diese Emotionen oder, wenn man lieber will, beim Corpus delicti. Wir werden in diesem Buch noch öfter Gelegenheit haben, auf die verschiedenen Formen des Verstricktseins des Analytikers zurückzukommen, unter anderem die Unmöglichkeit, von der Übertragung zu sprechen, ohne die Elemente der Gegenübertragung ins Spiel zu bringen.
Man braucht sich nur an das Einbezogensein zu erinnern, das wir genannt haben – gezwungen zu sein, sich als das Objekt der Übertragungsäußerungen zu begreifen –, um die Tragweite dieses

Einbezogenseins zu erfassen. Diese Übertragungsäußerungen sind sowohl direkt, als Ausdruck unmittelbarer Verführungen, wie indirekt über die komplexhaften Konstellationen zu verstehen, die evoziert werden.

Die direkte Verführung (im weitesten Sinn des Worts) veranlaßt Freud zu mancherlei Warnungen. Er spielt an auf unmittelbare Provokationen, ausgesprochene Bitten, präzise Ansprüche, wobei diese Forderungen gewöhnlich von einer verführerischen Frau ausgehen, die einen Beweis der Zuneigung verlangt.

Obwohl Freud diese ungelegenen Werbungen immer wieder auf ihre infantilen Ursprünge zurückführt, so liegen jene Warnungen doch in der vollen Aktualität, der vollen Realität, der vollkommenen Immanenz ihres Befriedigungsdranges. Die Regel lautet nun, ihnen nicht nachzugeben, was ebenfalls in der realsten, greifbarsten Weise zu verstehen ist.

Diese Vorschriften erscheinen in gewisser Weise naiv angesichts des subtilen Verstricktseins Freuds während Doras Analyse, wo man sieht, daß die Verführung ohne ausdrückliche Aufforderung wirken kann, und wo die erhofften Befriedigungen auf Realitätsstufen erzielt werden, die zur psychischen Realität gehören.

Man täte jedoch Unrecht, diese »realistischen« Vorschriften außer acht zu lassen, die, so realistisch sie sein mögen, nichtsdestoweniger das Modell jeder Verführung bleiben, gerade weil die Verführung am Horizont ihres Wunschs eine sehr greifbare Realität bewahrt.

Das Anhören der banalsten Rede, der abgeschmacktesten Erzählung durchläuft ein ungeheures Feld von Triebansprüchen, wie wir weiter unten zeigen werden.

Alle Verführungsebenen greifen ineinander und transzendieren die Widerstände. Die Erzählung z. B. ist insofern ein Widerstand, als sie das Ziel hat, den Analytiker zu verführen, und nicht Widerstand im eigentlichen Sinn. Umgekehrt kann die Erzählung als solche langweilig, inhaltlich jedoch verführerisch sein.

Jede Anspielung, jedes Assoziationsschema, das auf irgendeine erogene Zone zielt, ist eine Verführung. Die Verführung ist stets direkt, schon deshalb, weil sie gehört wird. Daher ist sie äußerst vielfältig und umwirbt den Wunsch des Analytikers sowohl durch die Aussage ihres eigenen Wunschs wie durch die Inszenierung irgendeiner Phantasie. Die Verführung setzt den Analytiker als Mitbegehrenden ein, ob sie sich nun als Objekt seines Wunschs konstituiert, ihn als Objekt wählt, ihn einem dritten Wunsch gegenüberstellt oder *das unbestimmte Wunschobjekt nur beschwört.*

Es gibt kein neutrales Zuhören, kein »uninteressiertes« Zuhören, sondern nur ein freies Zuhören, frei insofern, als es vorab imstande ist, sich gleichzeitig zu interessieren wie nicht zu interessieren. Es gibt auch kein Zuhören ohne Identifizierung und ohne »Verzicht auf die Identifizierung«. Identifizierung ist hier sowohl global zu verstehen im Sinn eines Verständnisses »auf der Basis von Gemeinsamkeiten«, die im übrigen unbewußt sein können, als auch in dem Sinne, daß der Analytiker mit diesem oder jenem begehrenswerten oder hassenswerten Objekt »identifiziert« wird.

Die sonst banale Identifizierung ist hier nur Gegenübertragung, weil sie in einer Situation stattfindet, die sowohl die Erhellung der unbewußten Phänomene wie den Widerstand gegen ihr Verständnis begünstigt. Gegenübertragung im psychoanalytischen Sinn ist sie nur, weil sie in einer technischen Situation stattfindet, die ausdrücklichen Vorschriften unterliegt, welche die Antwort eingrenzen, sogar verdammen, oder tolerieren, jedenfalls reglementieren, eine Antwort, die vermittels dieser oder jener Identifizierung auf jede Frage gegeben werden kann.

Unter Reglementierung verstehe ich sowohl die äußere, die mittels der didaktischen Ausbildung, des Drucks der Schulen, Obedienzen aller Art den Verlauf des analytischen Denkens modifiziert, als auch die inneren, die nur einem Subjekt entstammen, denn auch wenn sich der Analytiker das Bedürfnis zu antworten versagt oder einfach keines empfindet, so beherrscht jene Einschränkung die analytische Situation insofern, als ihr Ziel kein anderes ist als die Erhellung des Unbewußten und als diese Erhellung, die eine Erhellung des Wunschs ist, es notwendig macht, die Antwort aufzuschieben.

Daß dieser Aufschub, der konkret als das Warten auf eine Deutung empfunden (und von einigen als eine Kraft der Versagung gedeutet) wird, notwendig ist, um die Maskierung des Unbewußten zu hintertreiben, heißt mit anderen Worten, daß diese Maskierung, diese Verschiebung oder diese Verdichtung der darstellbaren Elemente des Unbewußten nur deshalb so gut maskiert ist, weil sie sich an jemand anderen richtet, der sie hört und ihr antwortet, und weil sie dieser Antwort bedarf, um ihre Maskierung zu bestätigen, zu vervollkommnen oder sogar zu konstituieren.

So wird man verstehen, daß der unüberwindlichste Kern des Widerstands (ob dieser nun als Übertragung oder als Gegenübertragung betrachtet wird) aus Phantasien besteht, welche in der Frage die Antwort implizieren, anders gesagt, die Wiederholung von Beziehungsmodellen während der Behandlung, in denen sich der Analytiker in solcher Weise verstrickt sieht, daß seine Antwort nicht mehr erwartet, sondern überholt, d. h. in der Frage impliziert ist.

Das Einbezogensein des Analytikers bei der Charakteranalyse

An diese Art Widerstand kann der Widerstand des Charakters anknüpfen.

Zu Recht hat man den defensiven Aspekt des Charakters betont, zu wenig jedoch das libidinöse Gleichgewicht, das er garantiert.

Der Charakter sichert bei jedweder Gefahr, in jedweder Situation oder Prüfung eine Art lebenswichtiges Minimum an Befriedigung. Doch diese Befriedigung läßt sich nur dadurch begreifen, daß sie den Protagonisten der Prüfung oder den Urheber der Gefahr in solcher Weise einbezieht, daß er von vornherein auf diese Befriedigung antwortet, und zwar unbeschadet der narzißtischen Befriedigung, die unweigerlich in sie eingeht.

Der Widerstand des Charakters rührt nicht nur von seiner defensiven Kraft her, sei diese Kraft nun in bezug auf die inneren Triebe oder in bezug auf eine als äußerlich wahrgenommene Gefahr defensiv, sondern auch und vor allem von den unbewußten Triebbefriedigungen, die ihren Weg in einer vorgebildeten, oftmals wiederholten, immer wieder klargestellten Beziehung finden.

Man sieht, daß der so konzipierte Charakter merkwürdig der Übertragung ähnelt, die, ebenfalls in der Falle einer vollkommen aktuellen Situation gefangen, die Elemente einer infantilen Bezie-

hung auf einen gegenwärtigen Konflikt transponiert. Der wesentliche Unterschied liegt darin, daß die Übertragung, selbst als pure Wiederholung, sich die Möglichkeit einer neuen Antwort bewahrt.
Sie befragt eine Gestalt der Kindheit, zuweilen auf stereotype Weise, aber sie befragt sie wirklich.
Jenseits ihrer zwingenden Zuweisungen hält die Übertragung an einer gewissen Unentschiedenheit der Rollen fest, wobei sie sich auf den Kontrast der entgegengesetzten Triebe stützt. So kann die Analyse der Übertragung, ihre Aufklärung es ermöglichen, den genauen Sinn der Frage oder des Anspruchs zu bezeichnen.
Der Charakter dagegen duldet keine Unentschiedenheit oder Infragestellung eines Triebschicksals, er setzt sich nicht der Gefahr aus, einer drohenden Umkehrung oder der Verwandlung eines passiven in ein aktives Ziel ins Auge zu sehen. Er schöpft seine Kompromisse nur aus sich selbst und verwirft die Symptome so weit wie möglich. Dazu verstrickt er den Analytiker notwendig in eine genau bestimmte, unveräußerliche und zeitlose Rolle und antwortet an seiner Statt, ungeachtet jeglicher Deutung, da diese Deutung bereits im Rahmen einer vorformulierten Antwort »befangen« ist.
Das Problem der Gegenübertragung des Charakters, bei Reich oder Ferenczi deutlich zu lesen, erzeugt stets denselben Typus von Metaphern, die einem Ritterroman entnommen scheinen: Schild, Rüstung, Verteidigung, Durchbruch.
Wenn ich mich recht entsinne, spricht Lacan aus anderen, vielleicht denselben Gründen vom Wappen. Doch deutlicher als bei Reich sieht man bei Ferenczi, daß das eigentliche Problem in einer *Übereinstimmung* der Charaktere liegt.
Der Charakter erheischt den Charakter, weil er den Analytiker in einer Weise einbezieht, daß ihm anscheinend nur archaische Beziehungstypen trotzen können.
Dieses Problem der strukturellen Übereinstimmung geht im übrigen über das des Charakters hinaus, es betrifft alle Gegenübertragungsbeziehungen:
Um sich davon zu überzeugen, braucht man nur an die Kriterien zu denken, nach denen ein Analytiker sich richtet, um einen Patienten zu einem anderen Analytiker zu schicken. Abgesehen von

irgendwelchen Zufälligkeiten trifft er seine Entscheidung, sogar unwissentlich, aufgrund struktureller Ähnlichkeiten oder Gegensätze. Eine zu große Konkordanz dieser Strukturen hat ähnliche Folgen wie die Schwingung identischer Frequenzen – ein Ton kann Glas zerbrechen.

Auch wenn die Charakteranalyse den »Charakterpanzer« nicht zerbrechen will, kann sie im übrigen an einen Punkt kommen, jenseits dessen es zuweilen ratsamer ist, den Charakter zu »benutzen«, indem man ihn bewußt macht. Womit seine Rolle als Wächter über einen minimalen Pegelstand libidinöser Befriedigung anerkannt wird.

Mit dem Charakter des Konformismus zum Beispiel bezeichnen wir, zweifellos aufgrund einer mißbräuchlichen Objektivierung, eine bestimmte Denkweise. Tatsache ist jedoch, daß der Charakter durch die Eindringlichkeit seines Stils die Objektivierung erheischt und Charakter nur ist, weil er im voraus dem entspricht, was man von ihm erwartet; weil er sich äußert und sich konstituiert hat, damit man eben dies von ihm erwartet und nichts anderes. Doch wenn wir – entschlossen, ihn weder frontal anzugreifen, noch als solchen zu analysieren, da dies darauf hinausliefe, ihn auf diese oder jene Weise zu objektivieren – auf dem Umweg der Analerotik analysieren, werden wir vielleicht entdecken, daß unser Konformist sich deshalb zu fertigen, aber angepaßten Meinungen verurteilt, weil er sich ewig dem mütterlichen Wunsch anpaßt, einen perfekten Kothaufen zu produzieren.

Doch eine solche (oder eine andere) Deutung wird durch Konformismus akzeptiert. Der Zirkel des Charakters ist also geschlossen, unmöglich aus ihm herauszufinden, da man, um den Konformisten zu verstehen, selbst konform sein muß.

Genau darin ist der Charakter ein Charakter und drückt sich in einem unbesiegbaren Widerstand aus. Dieser Widerstand verleitet den Analytiker zu allerlei Kraftproben, wie man bei Reich sieht, wo aller »Takt« und alles »Fingerspitzengefühl« der Welt nicht darüber hinwegtäuschen, daß man Hand an ihn legen wollte. Man sieht, daß hier Antwort und Frage ineinandergreifen. Wenn der Patient den Analytiker ausfragt, indem er ihm beständig zeigt, daß er konform ist, so deshalb, weil er unbewußt meint, daß er nur konform zu sein braucht, um geliebt zu werden. Die Antwort, die er erwartet, lautet nämlich, daß man ihn so liebe, wie er ist, d. h. konform. Jeder andere Weg bringt ihn nur dazu, in seinem Konformismus zu beharren, da er als Konformer die Antwort erhält, die er erwartet.

Das Beispiel des Charakters führen wir hier nur deshalb an, um das Einbezogensein eines Gegenübertragungsdenkens, genauer eine seiner Sackgassen aufzuzeigen. Es veranschaulicht den zweiten Standpunkt, den wir oben erwähnten: daß in der analytischen Situation wie in der historischen Entwicklung des analytischen Denkens die Gegenübertragung als ein Verstricktsein des Analytikers auf allen Ebenen erscheint: daß sein Denken, aufgrund seiner eigenen Ansprüche oder der ethischen Zwänge, die er sich auferlegt, dem Ausbruch der Übertragung vorauszugehen und ihr im voraus zu antworten scheint, oder daß er, endlich mit den Notwendigkeiten der Identifizierung, der Verführung oder der Verwerfung konfrontiert, die Rätsel, die er oft selbst als Rätsel gesetzt hat, nur lösen kann, wenn er eine Antwort aufschiebt.

Diese Antwort ist das Wesen dessen, worum in der analytischen Situation geworben wird. So sieht man am Beispiel des Charakters, daß der Widerstand sich als ein Ineinandergreifen von Frage und Antwort deuten läßt, daß dieses Ineinandergreifen das Werk des Patienten oder das des Analytikers ist.

Die Gegenübertragung sieht sich nicht allein der Übertragung konfrontiert, sondern allen Ansprüchen, welche die Einführung einer analytischen Situation impliziert. Diese läßt sich nur aufrechterhalten durch das Aufschieben einer Deutung, die ihre Hoffnung oder ihre Bedrohung bildet.

Jede Unterbrechung des Schweigens ist eine Deutung. Die Deutung steht am Horizont aller Spannungen und aller Ansprüche, die auftauchen. Und so versteht man, daß dieses Denken, falls es nicht das Verstricktsein des Analytikers in die analytische Situation leugnet und seine Neutralität für nichts erachtet, dieses Denken, das seinen Daseinsgrund nur darin hat, seinen artikulierten Ausdruck aufzuschieben, sich Implosionen, neuen Lösungen, verirrten Assoziationen, stummen Katastrophen oder tauben Siegen unterworfen sieht. Das Denken der Gegenübertragung drückt sich zum größten Teil nicht aus, und zudem darf ihm die Deutung weder *de jure* noch *de facto* eine Abfuhr sein.

Im Hinblick auf diese stumme Konfrontation steht die Übertragung, unter anderen Elementen der analytischen Situation, der Gegenübertragung entgegen. Doch aufgrund ihres überaus heuristischen Charakters, der Unbestimmtheit der Antwort, die sie erwartet, der Hartnäckigkeit, mit der sie im Namen eines weit älteren Wunschs nach augenblicklicher Befriedigung strebt, stellt sie eine außerordentliche Möglichkeit für die Öffnung des innerpsychischen Konflikts dar, und während sie die Grenzen eines spezifischen Gegensatzfeldes Übertragung–Gegenübertragung absteckt, begründet sie dieses Feld und diesen Gegensatz als dialektisch, d. h. sie zeichnet filigranartig so etwas wie »Trickfilme«, in denen die historischen Gestalten, die dazu beigetragen haben, ihr die Möglichkeit einer psychischen Verschiebung zu geben, sich in Bewegung zu setzen scheinen; in denen die Triebansprüche, auch wenn sie *hic et nunc* gestellt werden und sich an das unmittelbarste Ohr wenden, nichtsdestoweniger in archaischen Termini formuliert sind; und in denen sich, auf dem Umweg dieses direkten Anspruchs, die permanenten Modalitäten, die obligaten Kanäle, die bevorzugten Strukturen erkennen lassen, nach denen jene Ansprüche sich unweigerlich wiederholen.

Die Übertragung steht der Gegenübertragung nicht stärker entgegen als irgendein anderer Anspruch, sie setzt sich nur unmittelbarer und klarer durch, da sie blinder ist, und insofern sie blinder ist, benutzt sie eben die Elemente der konkreten analytischen Situation *hic et nunc*, die sich für den Widerstand am besten eignen, d. h. diejenigen, welche die drängendsten archaischen Beziehungsarten am wirksamsten wiedereinführen.

Diese archaischen Beziehungsarten, d. h. die Strukturen der Übertragung, organisieren sich um so dramatischer, als sie der grundlegenden ödipalen Struktur die Kräfte entlehnen, die sie beleben, und die Organisation der Übertragungsneurose, die, wie wir noch sehen werden, sehr frühzeitig auftreten kann, findet ihre wahre Dimension nur im ödipalen Ausdruck der Eifersucht; sie versucht es nun mit einer neuen Falle, in welcher die Gegenübertragung sich verfängt, weil sie zu gut darauf antwortet.

Die Gegenübertragung als Anspruch

Es liegt auf der Hand, daß wir bisher die Gegenübertragung mit einer Antwort verglichen haben, *daß jedoch ihre wahre Natur dahin geht, sich als Anspruch (demande) zu konstituieren,* und daß gerade dies die Art von Antwort ist, die man von ihr erwartet.
Um sich als Anspruch zu konstituieren, verletzt sie eine Grundregel, die zwar nirgendwo formuliert ist, aber die jedermann zu beachten sich bemüht. Wenn der Analytiker einen Anspruch zu erkennen gibt, kippt die analytische Situation um, und alles organisiert sich dahin, daß es ihm gelingt, ihn zu formulieren. Der dürrste Purismus trifft sich hier mit der schiersten Naivität in dem Glauben, daß in der Deutung auch nicht der blasseste Schimmer eines Anspruchs durchscheint. Man braucht hier nur festzuhalten, daß der Anspruch auf Bezahlung sich nur deshalb als Anspruch verbergen kann, weil er als Forderung formuliert wird.
Dennoch stützt sich die analytische Situation auf einen impliziten Anspruch, und auf eben diesem Anspruch gründet, was Freud die Sublimierung der Übertragung nennt. Dieser Anspruch geht sowohl vom Analytiker wie von seinem Patienten aus, er besiegelt das Bündnis.

Gegenübertragung und reflexives Denken

Noch ein dritter Punkt soll uns jetzt beschäftigen, um die Interaktion von Anspruch und Antwort in der Gegenübertragung zu veranschaulichen, und die beiden ersten ergänzen; er betrifft die reflexiven Momente, welche die analytische Situation kommentieren. Diese reflexiven Momente sind ebenfalls Teil des psychoanalytischen Denkens und wie dieses an den Begrenzungen der Gegenübertragung beteiligt.
Ob man nun wie Freud von einer Theorie der Technik spricht oder sich auf die Spekulationen des analytischen Denkens über die Natur der Religionen, die Zukunft einer anderen Illusion beruft oder irgendein Unbehagen in der Kultur interpretiert – alle diese Spekulationen, so entfernt von den Zufällen der Behandlung sie

erscheinen mögen, können sich einzig auf dem Feld der psychoanalytischen Situation abheben. Sogar in den sogenannten spekulativen Theorien, wie in der des Todestriebs, bleibt die analytische Situation der grundlegende Bezugsrahmen, und die negative Übertragung ist sowohl Zeuge wie Modell eines diesem Trieb zugeschriebenen unbesiegbaren *Widerstands.*

So können wir verstehen, daß sich eine Theorie des Todestriebs mit derselben Berechtigung als Gegenübertragungsphänomen bezeichnen läßt wie irgendeine andere, die man ihr im Namen der gleichen Argumente entgegenhielte.

Wenn Freuds spekulative Texte wie z. B. *Das Unbehagen in der Kultur* nicht auf die psychoanalytische Situation und besonders auf das Übertragungsfeld, das den Widerstand verbürgt, zurückgeführt werden, können sie, wenn man sie als solche, um ihres ideologischen Werts willen untersucht, nur als groteskes Trugbild erscheinen. Wenn es wirklich darum geht, ein Urteil über den Kommunismus oder Akkumulation des Kapitals zu fällen, so liefern diese Texte ein sehr dürftiges Beispiel dessen, was das analytische Denken zu leisten vermag, außer eben dafür, vom unsichtbaren Auge des Unbewußten, das sie betrachtet, eingesetzt und entstellt zu sein.

Verbindungen zwischen Gegenübertragung und Denken

Doch was heißt psychoanalytisches Denken? Warum verbinden wir psychoanalytisches Denken und Gegenübertragung? Unser Ziel ist ja, die Einheit dieses Denkens sowohl in der Geschichte der analytischen Theorie, wie in einer Kur, wie in den reflexiven Momenten nachzuweisen, welche die analytische Situation kommentieren.

Was verstehen wir unter Denken?

Das Denken läßt sich in Freuds Werk unter mehreren Gesichtspunkten betrachten:

– Entweder unter einem allgemeinen Gesichtspunkt, wenn es um die Entwicklung des Denkens in der Geschichte der Menschheit geht. Dieser Terminus ersetzt hier den abschätzigen und veralteten Terminus »Mentalität« (im Sinne von primitiver Mentalität). So spricht man von animistischem Denken, religiösem Denken, wissenschaftlichem Denken.

– Oder unter dem besonderen Gesichtspunkt der Welt der Träume mit dem Gegensatz latent-manifest, wo von latenten Gedanken im Gegensatz zum manifesten Text und den Assoziationen selbst die Rede ist.

– Schließlich unter dem Gesichtspunkt der Natur und der Funktion des Denkens in der Psyche im allgemeinen. Dieser Gesichtspunkt zielt auf den Gegensatz Primärprozeß-Sekundärprozeß und wird insbesondere in den *Formulierungen über die zwei Prinzipien des psychischen Geschehens* (1911), in dem Aufsatz *Die Verneinung* (1927) sowie in der *Notiz über den »Wunderblock«* (1925) entwickelt. Zu dieser dritten Gruppe lassen sich noch die Überlegungen über die Wahrnehmungsidentität und die Denkidentität rechnen, die schon in der *Traumdeutung* vorhanden sind.

Das animistische Denken

Bezüglich des animistischen Denkens, zumindest in der Form, in der es in *Totem und Tabu* (1913) betrachtet wird, bemerkt Freud, daß die erste Weltauffassung, die den Menschen gelang, eine psychologische war. Freud sieht in dieser primitiven psychologischen Weltauffassung nicht nur den Narzißmus und die Allmacht der Gedanken am Werk, sondern auch die Kraft einer Projektion. Diese Projektion beruht auf dem Gegensatz zwischen dem präsenten, von den Sinnesorganen faßbaren Ding und demselben latenten Ding, das nur in unserer Vorstellung präsent ist.

Was im animistischen Denken projiziert wird, ist das Unbewußte selbst.

Die Welt ist das Ebenbild der Psyche. Ob sie nun die Ordnung oder das Chaos »bezeichnet« – sie ist Bewegung, weil das Denken sich bewegt, und starr, wenn das Denken schläft.

Das Denken in seiner animistischen Form sieht Freud also als eine Reihe von psychischen Dispositionen, die eher auf Prinzipien gründen als auf einem Denken an sich.

Freud glaubt nicht, daß die Schöpfung der ersten Weltsysteme reiner spekulativer Wißbegierde entsprungen sei.[2] Er meint, daß das praktische Bedürfnis, sich der Welt zu bemächtigen, eine weit größere Rolle gespielt habe.
Die Welt denken, heißt der Welt Herr werden.
Dieser Versuch der Naturbeherrschung steht am Ursprung der unter dem Namen Zauberei und Magie bekannten Verhaltensregeln.
Wenn die Zauberei als die Kunst erscheint, »die Geister zu beeinflussen, indem man sie behandelt wie unter gleichen Bedingungen die Menschen, also indem man sie beschwichtigt, versöhnt, sich geneigt macht«, so beruht die weit bedeutsamere Technik der Magie auf einem klaren Prinzip: *eine ideale Beziehung für eine reale zu halten.*
Freud führt zwei Beispiele an: aus beliebigem Material sich ein Ebenbild des Feinds zu machen, um ihm zu schaden, oder auch irgendein Objekt zu seinem Bild ernennen.
Man ist unweigerlich beeindruckt von der Ähnlichkeit der Übertragungsmechanismen mit dem animistischen Denken. Fast könnte man ein Übertragungsdenken in Betracht ziehen, dessen Prinzip in der Tat darin bestünde, dem Bild von irgend jemand, der nicht unbedingt ein Feind ist, das eines anderen zu unterschieben, der sich an seiner Statt die unbewußten Wünsche gefallen läßt, die an ihn gerichtet sind. Und wir erinnern an dieser Stelle, daß Freud seinen Aufsatz *Zur Dynamik der Übertragung* (1911) mit der für die Analytiker »beruhigenden« Bemerkung schließt, daß niemand *in absentia* oder *in effigie* erschlagen werden kann.
Das Hauptprinzip der magischen Handlung ist das einer Ähnlichkeit zwischen der vollzogenen Handlung und dem erwarteten Geschehen. So begeben sich auf der Insel Java die Bauern nachts auf die Felder, um durch das Beispiel, das sie ihm geben, den Reis zur Fruchtbarkeit anzuregen. Kompliziert wird die Sache dadurch, daß inzestuöse Geschlechtsbeziehungen aufgrund ihres unheilvollen Einflusses auf die Fruchtbarkeit des Bodens gefürchtet und verpönt sind, ein Glaube, der im *König Ödipus* von Sophokles nachklingt.
Das magische Denken, wie im übrigen auch das religiöse Denken,

2 *Totem und Tabu*, GW IX, 96

beruht auf dem Glauben an geistige Wesen, welche die menschlichen Wesen beseelen, so daß die menschlichen Personen Seelen enthalten, welche ihren Wohnsitz verlassen und in andere Menschen einwandern können. Ursprünglich, so fügt Freud hinzu, wurden die Seelen als sehr ähnlich den Individuen vorgestellt. Außerdem meint er, daß es durch die Beobachtung des Phänomens des Todes zu dieser Theorie gekommen ist, an der auch Traumbilder, Spiegelbilder usw. Anteil haben können.
Doch um einem Feind zu schaden, kann man sich auch eines anderen Verfahrens bedienen, indem man sich zum Beispiel seiner Haare, Nägel, Abfallstoffe oder seiner Kleidung bemächtigt, um mit diesen Dingen etwas Feindseliges anzustellen.
Die Ähnlichkeit wird hier durch Zusammengehörigkeit ersetzt. So eignet man sich durch das Verzehren von Teilen des Leibs einer Person auch die Eigenschaften an, welche dieser Person angehört haben.
Doch nun taucht das Problem des Zweifels auf, des Zweifels an der Wirksamkeit der Prozeduren, die ins Werk gesetzt werden, um die magische Handlung zu erreichen. Wie steht es zum Beispiel um die Zauberkraft des Gebets? Wie man sieht, ist dieser Zweifel narzißtisch. Freud zitiert an dieser Stelle Hamlet; der König sagt:

»Die Worte fliegen auf, der Sinn hat keine Schwingen:
Wort ohne Sinn kann nicht zum Himmel dringen.«[3]

So muß das Denken allmächtig sein, um sein Ziel zu erreichen. *So vermutet man, daß die Relationen, die zwischen den Vorstellungen bestehen, auch zwischen den Dingen bestehen.* So daß das Prinzip, welches die Magie, die Technik der animistischen Denkweise, regiert, das der Allmacht der Gedanken ist. Diese Denkweise ist nicht nur in der *Zwangsneurose* zu erkennen, sondern auch in allen anderen Neurosen.

»Die Neurotiker leben in einer besonderen Welt, in welcher ... nur die ›neurotische Währung‹ gilt, das heißt nur das intensiv Gedachte, mit Affekt Vorgestellte ist bei ihnen wirksam, dessen Übereinstimmung mit der äußeren Realität aber nebensächlich.«[4]

3 Ibid., 105, Fn. 1
4 Ibid., 107

In der animistischen Phase des Denkens schreibt der Mensch sich selbst die Allmacht zu, in der religiösen Phase hat er sie Göttern abgetreten mit dem Ziel, sie durch mannigfache Beeinflussungen nach seinen Wünschen zu lenken, und in der wissenschaftlichen Weltanschauung, so meint Freud, ist kein Raum mehr für die Allmacht des Menschen, der sich zu seiner Kleinheit bekannt und sich resigniert dem Tod unterworfen hat.

Das Denken ist bei den Primitiven noch in hohem Maße sexualisiert, aufgrund der narzißtischen und autoerotischen Besetzung des Denkens selbst. Die später eintretende Sexualverdrängung hat eine neuerliche Sexualisierung der Denkvorgänge herbeigeführt.[5]

Für Freud steht es außer Zweifel, daß die historische Entwicklung des Denkens parallel zum Realitätsprinzip verläuft. Auf einer ersten Stufe ist das Denken narzißtisch in seiner animistischen Phase, dann objektbezogen in seiner religiösen Phase (durch die Bindung der Libido an die Eltern), in der wissenschaftlichen Phase schließlich gekennzeichnet durch den Verzicht auf das Lustprinzip und die Anpassung der Objektwahl an die Anforderungen der Realität.

Das Denken wird hier also nicht als solches definiert, vielmehr nach seinen Entwicklungsstufen, da von Phasen die Rede ist. Diese Anschauung setzt die Vorstellung einer historischen Entwicklung des Denkens voraus, dessen Ziele sich mit der Evolution zwar verändern, dessen Bedeutung jedoch offenkundig in seiner Remanenz liegt. Diese Remanenz des Animismus zeugt im übrigen nur von der Besetzung des Denkens durch das Denken oder genauer durch die sexuellen Werte, die es ursprünglich beseelen oder sich nachträglich darin spiegeln. Das Denken ist also aus psychoanalytischer Sicht – wenn man sich an das bloße Aufzählen seiner Phasen hält – nur deshalb faßbar, weil es sich selbst besetzt und als Denken begreift.

»Das Denken war wahrscheinlich ursprünglich unbewußt ... und erhielt weitere für das Bewußtsein wahrnehmbare Qualitäten erst durch die Bindung an die Wortreste.«[6]

5 Vgl. ibid., 110

6 *Formulierungen über die zwei Prinzipien des psychischen Geschehens,* GW VIII, 233 f.

Verbindungen des primitiven Denkens zur Übertragung und Gegenübertragung

Einerseits sehen wir, daß die Mechanismen der Übertragung, falls man sie auf irgendeine Phase des Denkens beziehen muß (und wie sollte man in den Prinzipien, die das animistische Denken regieren, nicht diejenigen wiedererkennen, welche die Übertragung regieren?), von Verschiebungen einer Person auf eine andere zeugen, auf die verzehrbaren Teile eines für einen anderen gehaltenen Protagonisten spekulieren, dessen innere Gedanken zu übersetzen bestrebt sind, und sie auf eine andere Person übertragen, Verbindungen durch Kontiguität herstellen, sich auf Ähnlichkeiten stützen, sich symbolischer Details bedienen, an den Objekten in der Umgebung des Analytikers, an seinen Aufsätzen oder an seiner Türklingel Sühnehandlungen vollziehen, die auch die Einwohner Javas nicht verschmähen würden.

Wie sollte man nicht erkennen, daß die Gegenübertragung, sofern man auch sie auf eine Phase des animistischen Denkens bezieht, ihm unterstellt werden kann, wenn man bedenkt, daß das Kleinsche Denken das, was es als Beziehung zwischen den Ideen ausdrückt, für eine Beziehung zwischen den Dingen hält.

Wenn zum Beispiel die Introjektion dem allerreinsten animistischen Denken untersteht, stellt dann das Denken *über* die Introjektion, indem es realen Relationen das Ergebnis einer imaginären Handlung unterschiebt, nicht dieselben Relationen her? Introjektion nennt es das, was es sich durch einen Körper hindurch von einem Geist vorstellt. Man könnte folgern, daß das analytische Denken, um wissenschaftlich zu sein, seinem Gegenstand so weit folgen muß, bis es dessen Prozesse mit denen identifiziert, die zu erhellen es beauftragt ist.

Genau das verweist es, nicht nur in der Theorie, sondern auch in der engagiertesten Praxis, an die Grenze zwischen Wissenschaft und primitivem Denken. Der Begriff der psychischen Realität selbst läßt sich sowohl als Axiom eines wissenschaftlichen Denkens, das seine Ziele benennt, wie als Remanenz eines Animismus interpretieren, der seine Glaubensinhalte verdinglicht, wobei wichtig ist, zu *erfassen,* daß die eine dieser Denkweisen in bezug auf die

zweite als reflektiv erscheint. Der soeben von mir verwendete Terminus »erfassen« ist ein Beispiel dafür.
Es ist also möglich, das analytische Denken zu situieren, indem man es auf die Entwicklungsphasen des allgemeinen Denkens bezieht; ob man es nun für animistisch, religiös oder wissenschaftlich erklärt, sagt man zwar über seine Zugehörigkeit, nicht aber über seine Spezifizität etwas aus.

Das Denken als Widerstand

Die Spezifizität eines analytischen Denkens läßt sich gültig nur während seines Einsatzes in der analytischen Situation begreifen. Und es läßt sich dann nur an seinem Widerstandseffekt begreifen. Das Denken ist Widerstand, sobald es sich als Denken konstituiert. Freud hat das sehr gut gespürt, wenn er dringend anrät, während der Behandlung keinerlei reflexives Denken zu entwickeln, sondern »sich aus der einen psychischen Einstellung in die andere zu schwingen«.
Es versteht sich von selbst, daß das psychoanalytische Denken nicht bei den theoretischen Bemühungen stehenbleibt, die das analytische Ohr überwuchern und ihm irgendwelche eigenen Modelle aufdrängen könnten.
Die Natur des Denkens kann sich nicht nur auf die spekulativen oder reflexiven Aspekte seines Tätigkeitsfelds beschränken. Die *Formulierungen über die zwei Prinzipien des psychischen Geschehens* sind in diesem Punkt sehr deutlich. Das Denken ist ursprünglich unbewußt; ebensowenig wie irgendeine andere psychische Entität entgeht es dem Lust-Unlust-Prinzip.
Der psychische Apparat muß sich seiner Erregungsüberschüsse entledigen. Findet dieser Überschuß auch zeitweilig im mimischen Ausdruck der Affekte eine Abfuhr, so entlädt er sich doch bald auf zweckmäßigere Weise und wandelt sich in Aktion, Einwirken auf die Welt. Er verändert die Realität, um seine inneren Spannungen nicht verändern zu müssen. Ein Vorgang, welcher der moralischen Vorschrift Descartes' entgegensteht, der es für angemessener hält, sein Denken zu verändern, als die Welt zu verändern.

Doch gerade aus der Notwendigkeit, die Aktion aufzuschieben, entspringt der Denkprozeß. Dieser Prozeß besteht zunächst nur aus einer Vorstellungsfunktion, jedoch aufgrund der Notwendigkeit des seelischen Apparats, sein Einwirken auf die Welt aufzuschieben, weil die Welt Widerstand leistet und die Realität dazu zwingt, erfüllt der Denkprozeß eine zweite Funktion, nämlich die Aktion zu ersetzen.

Das Denken ist ein ohnmächtiger Akt.

Es ermöglicht es, die während des Aufschubs der Abfuhr erhöhte Reizspannung zu ertragen.

»Es ist im wesentlichen ein Probehandeln mit Verschiebung kleinerer Besetzungsquantitäten, unter geringerer Verausgabung (Abfuhr) derselben. Dazu war eine Überführung der frei verschiebbaren Besetzungen in gebundene erforderlich, und eine solche wurde mittels einer Niveauerhöhung des ganzen Besetzungsvorganges erreicht. Das Denken war wahrscheinlich ursprünglich unbewußt, insoweit es sich über das bloße Vorstellen erhob und sich den Relationen der Objekteindrücke zuwendete, und erhielt weitere für das Bewußtsein wahrnehmbare Qualitäten erst durch die Bindung an die Wortreste.«[7]

Wir sehen hier das unauflösliche Band, welches Handeln und Denken miteinander verknüpft, das Denken steht für die Tat, das Wort reicht nicht hin.

So spaltet sich das Denken in zwei Teile, immer unter dem Einfluß des Lustprinzips. Ein Teil verzichtet darauf, sich auf reale Objekte zu stützen, und hält zäh an seinen Lustquellen fest, es ist das Phantasieren, das bereits mit dem Spielen der Kinder beginnt und sich später in den Tagträumen fortsetzt. Dieses Phantasieren bewahrt eine innige Beziehung zum Sexualtrieb; aber:

»Die Verdrängung bleibt im Reiche des Phantasierens allmächtig; sie bringt es zustande, Vorstellungen in statu nascendi, ehe sie dem Bewußtsein auffallen können, zu hemmen, wenn deren Besetzung zur Unlustentbindung Anlaß geben kann. Dies ist die schwache Stelle unserer psychischen Organisation, die dazu benutzt werden kann, um bereits rationell

7 Ibid.

gewordene Denkvorgänge wieder unter die Herrschaft des Lustprinzips zu bringen.«[8]

Denken und Phantasie

Das *Phantasieren* ist also ein Teil des Denkens, das jetzt als ein globaler, dem Akt gleichwertiger Vorgang verstanden wird. Dieses Denken wird sich erst durch die Bindung der Sachvorstellungen an die »Wortreste« seiner selbst bewußt. Es steht außer Zweifel, daß ein großer Teil der Freudschen Theorie der Technik diese beiden Momente des Denkens trennt: Phantasieren und vernunftgemäßes Urteilen, wobei sie ersteres den Neurotikern, letzteres dem Analytiker unterstellt. Ebensowenig steht außer Zweifel, daß ein solch schematischer Gegensatz mühelos zu erkennen ist, vor allem in den stummen Pausen zwischen zwei Interventionen. Doch wie Freud sagt:

»Man hat die Verpflichtung, sich jener Währung zu bedienen, die in dem Lande, das man durchforscht, eben die herrschende ist ...«[9]

So kann sich jener Schematismus des Gegensatzes Sekundärprozeß–Primärprozeß nur darauf berufen, daß er auf der einen Seite nur vom Patienten, auf der anderen vom Analytiker gestützt wird.
Wenn das Phantasieren einerseits Teil des Denkens ist, sich aufgrund seines Schicksals jedoch letztlich von ihm unterscheidet, so unterscheidet sich andererseits auch das assoziative System vom eigentlichen Denken. Diese Unterscheidung wird besonders in der *Revision der Traumlehre*[10] bekräftigt:

Die Bewegung des analytischen Denkens

Hier erfahren wir, daß dem *manifesten* Traum die *latenten Traumgedanken* entgegenstehen. *Eben diese Gedanken suchen wir*

8 Ibid., 235
9 Ibid., 238
10 *Neue Folge der Vorlesungen zur Einführung in die Psychoanalyse*, GW XV, 6-13

hinter dem manifesten Text. Freud unterscheidet damit zwei Tätigkeiten des analytischen Denkens. Die erste besteht darin, den manifesten Traum in den latenten umzuwandeln; hier geht es um die Traum*deutung*, eine *technische Tätigkeit.* Die zweite versucht, die Traum*arbeit* zu *erklären*; hier geht es um eine Theorie, und er fügt hinzu:

»Beide, Technik der Traumdeutung und Theorie der Traumarbeit, sind neu zu schaffen.«[11]

Was in der Theorie erklärt werden muß, ist die *umgekehrte Arbeit*, d. h. wie der Traum von seinem latenten Sinn zu seinem manifesten Sinn gekommen ist.

Diese Reflexion über die umgekehrte Arbeit ist wesentlicher Teil des psychoanalytischen Denkens, das über die Gedanken reflektiert, wobei diese nun als das Ziel der Forschung und gleichzeitig als die Quelle der Arbeit gelten. Der Arbeit des Träumers entspricht eine Reflexion über die umgekehrte Arbeit.

Das Problem der psychoanalytischen Theorie liegt hier also darin, sich den Patienten gewissermaßen im Kopfstand vorzustellen und den umgekehrten Weg seines unbewußten Vorgehens mit Hilfe theoretischer Modelle zu durchlaufen, und ihn vorerst nicht so zu sehen wie er selbst, d. h. sich nicht mit dem Träumer zu identifizieren, um den Weg seiner Arbeit in derselben Richtung zu durchlaufen wie er. Daraus folgt eine Art Objektivierung des Texts, der jetzt »Material« wird.

Ob also das analytische Verfahren technisch oder theoretisch ist, es untersteht einem Denken, das seine Inhalte notwendig objektiviert und auf jeden Fall »neu zu schaffen« ist. Man könnte sagen, daß es, selbst im dialektischen Feld der Übertragung und Gegenübertragung gesehen, einen Widerstand leistet, der, auch wenn er weniger objektivierend zu sein behauptet, dennoch ein Widerstand ist, da er einem manifesten Inhalt *begegnet.*

Man kann Widerstand zumindest im Sinn von Widerstand eines Milieus verstehen, so wie man von Wasser- oder Luftwiderstand und folglich von Brechung oder Brechungsindex spricht; das analytische Denken erzeugt durch seine eigentümliche Form diesen Index.

11 Ibid., 9

Der manifeste Ausdruck des Neurotikers explodiert nicht in der Leere, schreit nicht in der Wüste, auch wenn er nur ein Echo zu suchen meint. Und er wählt im übrigen nur *diese* manifeste Form, weil er *weiß oder annimmt*, dieser oder jener Brechung gemäß verstanden zu werden.

Die Störung des analytischen Denkens

Weil das psychoanalytische Denken nicht nur eine Nachträglichkeit ist, weil es das Phantasieren umfaßt, weil es auch Wörter bedarf, die zuweilen technische Wörter sind, nimmt es einen bestimmten Lauf.

So betrachtet, erkennt man den Störeffekt, der in ihm auftreten kann. In gewisser Weise wird der Analytiker dafür bezahlt, den Lauf seiner Gedanken zu unterbrechen und sich Assoziationen zu unterwerfen, die nicht von ihm stammen.

Ein großer Teil des Widerstands kreist um den Sinn dieser Störung. Die wirre Rede, die durch die Unbestimmtheit der Vorstellungen, die sie vorbringt, im Geist dessen, der sie hört, Unordnung zu stiften versucht, versucht eben damit, die doch erwartete Antwort zu zerstören, bevor sie auftaucht. Dieser Vorgang besteht auch außerhalb der Analyse und besiegelt die Aggressivität des wirren Denkens.

Umgekehrt weiß man, wie stark eine detaillierte oder überzeugende Darstellung den Assoziationsfluß des Analytikers unterbricht und das Phantasieren verwischt, indem sie Aufmerksamkeit erzwingt. Ebenso verändert das operative Denken (*pensée opératoire*), wie Marty, Fain, de M'Uzan und Ch. David es beschrieben haben, das analytische Zuhören und versucht, es einzufangen, damit es selbst ein operatives Zuhören werde.

Das analytische Denken nimmt parallele, konvergierende oder divergierende Wege in bezug auf die Rede, die man ihm hält. Der Störeffekt, leichter als Widerstandseffekt zu bestimmen, verdoppelt sich offenkundig durch einen Effekt der Konkordanz oder des assoziativen Parallelismus.

Es läßt sich nicht leugnen, daß, wenn am Ende einer langen Pause

die Assoziationskette des einen oder anderen bei derselben Masche endet, dies die Gegenübertragungssituation in einem *notwendig zufriedenstellenden* Sinn modifiziert.
Auch wenn sich die analytische Situation nur auf die Wirkung der Sprache beschränkt, d. h. der Rede und des Zuhörens der Rede, so reichen diese Rede und dieses Zuhören sehr wohl aus, die dabei benutzten Widerstände zu verschleiern. Natürlich nur insofern, als die Mechanismen der Sprache denen des unbewußten Denkens nicht nur entsprechen, sondern mit ihnen identisch sind. Durch die Unterscheidung von Denken und Sprache im eigentlichen Sinn, die doch unauflöslich miteinander verbunden sind, führen wir einen Gegenübertragungswiderstand ein, der, um sich als Denken zu konstituieren, sich in seiner eigenen Existenz verfängt und die unvermeidlichen Besetzungen verrät, die dieses Denken bewußt machen.

Die Arten des Zuhörens

In den unten angeführten zwei Beispielen eines Gegenübertragungshörens und -denkens veranschaulichen wir zwei grundlegende Arten dieses Hörens: konkordantes Hören und diskordantes Hören. Diese Konkordanz oder Diskordanz bezeichnen nicht objektiv Inhalte, die wir sonst neurotisch oder psychotisch nennen, sondern beziehen sich auf die Auswirkungen der Übereinstimmung oder Nichtübereinstimmung der Assoziationsflüsse des Patienten und des Analytikers. Diese Auswirkungen zeugen von einer besonderen Empfänglichkeit des einzelnen Analytikers für diesen oder jenen Typus von Übereinstimmung. Auch wenn sich die Gegenübertragung zu einem Teil auf das Denken und die analytische Theorie im allgemeinen bezieht, so erhalten dieses Denken und diese Theorie persönliche Spezifizierungen, die ein besonderes Feld des Zuhörens abstecken.

Wenn wir das psychoanalytische Denken als Widerstand spezifizieren, so entgeht dieser nicht dem Grundwiderspruch, daß er sowohl Motor wie Bremse ist. Dasselbe gilt für die Übertragung, die sowohl Hindernis als auch Stütze des analytischen Prozesses ist, wie für die Gegenübertragung, die sowohl das Zuhören trübt wie sein Verständnis ermöglicht. Es ist sehr schwierig, einen Nagel in Material zu schlagen, das keinerlei Widerstand leistet. Diese Funktion des Denkens rührt bekanntlich vom Realitätsprinzip her.

Im VII. Kapitel der *Traumdeutung* stellt Freud den Denkvorgängen deutlich die Befriedigungssysteme gegenüber und zeigt den Unterschied zwischen Wahrnehmungsidentität und Denkidentität.[12]

Wenn die Primärprozesse auf die Wahrnehmungsidentität zielen, so zielen die Sekundärprozesse auf die Denkidentität. Ist die Erfahrung des Befriedungserlebnisses einmal gemacht, so bleibt das Erinnerungsbild mit der Gedächtnisspur der Bedürfniserregung assoziiert.

Sobald das Bedürfnis ein nächstes Mal auftritt, und es tritt unweigerlich wieder auf, besetzt eine psychische Regung das Erinnerungsbild von neuem und ruft eine neuerliche Wahrnehmung hervor. Diese neuerliche Wahrnehmung stellt die Situation der ersten Befriedigung wieder her. *Die Gesamtheit dieser Bewegung nennt Freud den Wunsch.* Diese psychische Tätigkeit zielt also auf eine Wahrnehmungsidentität.

Tritt jedoch die Befriedigung nicht ein, so dauert das Bedürfnis fort, die Halluzination vertuscht diese Situation und hält das gewünschte Objekt fest; doch der andere Weg, der darin besteht, die Welt zu verändern, um die Wunscherfüllung zu erreichen, hält die Regression auf, so daß sie das Erinnerungsbild nicht erreicht, sondern andere, diesmal äußere Wege sucht, um die gewünschte Identität herzustellen. *Die Denkidentität ersetzt also die Wahrnehmungsidentität;* es handelt sich hier um ein zweites System, welches die willkürliche Motilität beherrscht.

12 *Die Traumdeutung*, *GW* II/III, 538-572

Doch diese Denktätigkeit, die sich vom Erinnerungsbild bis zur Wiederherstellung der Wahrnehmungsidentität durch die Objekte der Außenwelt fortspinnt, ist nur ein Umweg zur Wunscherfüllung.

»Das Denken ist doch nichts anderes als der Ersatz des halluzinatorischen Wunsches ...«[13]

Der Traum erfüllt diese Wünsche auf dem kürzesten, dem regressiven Weg.
Diese Rolle des Denkens, das, entgegen der regressiven Bewegung, Beziehungen, die ursprünglich nicht existierten, zwischen der Erfahrung der ersten Befriedigungen und diesem oder jenem äußeren Element herstellt, *erfüllt in bevorzugter Weise das psychoanalytische Denken,* sei es nun technisch oder theoretisch, womit es einen Abarbeitungswert gewinnt, wie Lagache es nannte.[14] Seinem Wesen nach steht es einerseits der regressiven Bewegung des Wunsches entgegen, andererseits enthüllt es sie.
Wir wollen nun zwei Beispiele der Gegenübertragung anführen, die jenen Widerstand des Denkens veranschaulichen, und zwar auf zweierlei Weise, die wir konkordant und diskordant nennen, womit wir auch zwei Arten des Zuhörens definieren.

Erstes Beispiel

Hierbei handelt es sich um eine Zwangsneurose, die dem, was man von ihr erwartet, in so klassischer Weise entspricht, daß ein Lehrbuch darob vor Neid erblassen könnte, und die letztlich ihre Auflösung an dieser Stelle selbst findet.
Es geht um einen Mann, es ist Mittwoch:

»Ich hätte nicht kommen sollen ... Und ich hatte auch nicht vor, Sie aufzusuchen ... Aber ich dachte, wenn ich auch heute nicht komme, weil ich verhindert bin ... dann wäre ich schon zwei Sitzungen hintereinander nicht gekommen ... Eigentlich bin ich heute gekommen, weil die Beerdigung erst am Donnerstag stattfindet.«

13 Ibid., 572
14 D. Lagache, in: *La psychanalyse*, Paris, S. 6-51

Das Gegenübertragungsdenken, das hier gezwungen ist, entweder nicht zu verstehen oder, wenn man lieber will, zweimal zu lesen, hat keine andere Wahl, als dem Widerspruch Schritt für Schritt zu folgen und sich seinerseits in ihn zu verstricken oder sich, gleichsam »schnaubend«, zusammenzureißen, um die widersprüchlichen Momente einer Ambivalenz zwischen dem Wunsch, zu kommen, und dem Wunsch, nicht zu kommen, zu erkennen. Wenngleich dieses Beispiel elementar ist, zeigt es bereits einen grundlegenden Punkt, auf den der Widerstand sich stützt – *einer Verführung durch Verhexung*. Widerstand ist hier zu verstehen als eine Kraft, die spezifisch im dialektischen Feld wirkt, einem Feld, in dem eine Antwort erarbeitet wird, die hier eine Antwort der Verhexung oder der identifikatorischen Verstrickung ist. Er läßt sich von anderen Widerstandssystemen isolieren, wie zum Beispiel vom Triebwiderstand, von der Verneinung des Wunschs zu sehen – oder irgendeinem anderen inneren Widerstand, den der Kontext aufzeigen mag, und in diesem Sinn können der Begriff der Abwehr und der des Widerstands ineinanderfließen.
Doch das dialektische Feld der Analyse enthüllt einen Widerstand, der insofern spezifisch ist, als er eine Antwort fordert, die wir Gegenübertragungsantwort nennen.
Diesen Fall haben wir ob seiner Banalität, seines geringen Profils, letztlich ob seiner Langweiligkeit gewählt, die das Gegenteil der Verführung ist – d. h. weil diese Sequenz aufgrund ihrer Armut an direkten erotischen Ansprüchen das Feld für ein heiteres Denken, sogar eine objektive Antwort freizulassen scheint.
Die Fortsetzung war jedoch die folgende: unser Patient wußte gar nicht genug Gründe anzuführen, die ihn hätten veranlassen können, nicht zu kommen, obwohl er gekommen war, womit er wahrscheinlich sein Schuldgefühl gegenüber diesen beiden Eventualitäten zu definieren suchte. Dann begann er, mir im selben verbitterten und enttäuschten Ton einen Abend bei einem äußerst langweiligen Freund zu beschreiben, der in einem fort fade und abgedroschene Geschichten erzählte, so daß es meinem Patienten, der nicht zu Worte kommen konnte, nicht gelang, sich zu verabschieden. Während ich dieser schönen Rede lauschte, ziemlich unbefangen, wie ich glaubte, merkte ich nicht, daß die Sitzung schon längst

zu Ende war, und durch eine dem Thema durchaus würdige Fehlleistung verlängerte ich die Sitzung um eine Viertelstunde.
Diese Fehlleistung ist eine Antwort. Eine schlechte und durchaus verwerfliche Antwort. Auch eine verfehlte Handlung ist eine Handlung, ein Ausagieren, wenn man will; Spiegelhandlung. Eine solche Gegenübertragung verstößt gegen alle Regeln, gegen alle Deutungen. Man hätte natürlich ein für alle Mal beschließen können, daß die Dauer einer Sitzung, da nur vom Fürsten festgelegt, von diesem sowohl verkürzt wie verlängert werden kann. Eine solche Technik schützt vor derlei Abenteuern, untersteht jedoch nichtsdestoweniger der Gegenübertragung, insofern sie eine im voraus geglückte Handlung ist.
Die Handlung ist hier mißglückt, eine Fehlleistung, weil sie eine unbewußte Antwort ist. Der wahrscheinliche Grund liegt grob analysiert darin, daß ich nicht zugeben wollte, daß diese Sitzung mich langweilte, und meinem Patienten nicht den Eindruck vermitteln wollte, sie sei ebenso abgeschmackt wie sein Freund.
Halten wir fest, daß es sich um eine Neurose handelt; daß dieser platte, banale, belanglose Text in Wahrheit ungeheuer reich ist gegenüber einem Denken, wie es bei den Antianalysanden beschrieben wurde.[15]
Es ist die Rede nur von Wunsch – zu kommen, nicht zu kommen, zu sehen, zu langweilen; im Vergleich zum Vergnügen – Zeit, Bruch, Frequenz. Entfaltung eines lebendigen Widerspruchs, denn der Patient ist da und spricht davon, daß er nicht da sein könnte.
Langweilt er mich? Verführt er mich? Interessiert er mich? Es muß wohl so sein, denn er läßt mich die Zeit vergessen, und was heißt es denn, einen Freund zu besuchen? Und weshalb dieser traurige Ton? diese in ein Besuchsprotokoll verwandelte Sitzung? diese mondwandlerische Miene? diese Blässe? ... Alles ist Leiden, Zeugnis und Äußerung der Depression. Jede Depression bezeichnet ein Paradies. Kein Wort, dem hier nicht die Vorstellung eines lustvollen »Anderswo« zugrunde läge. In keinem Augenblick hört dieses Denken auf, den Wunsch des Analytikers auszufragen. Und wenn dieser Text scheinbar langweilig ist, so ist die Verdrängung

15 Vgl. den hervorragenden Aufsatz von J. McDouglas in der *Revue française de Psychanalyse*, Bd. 36, Nr. 2, S. 167

in Wahrheit niemals langweilig, denn sie läßt ahnen, was sie tarnt. Im übrigen hat dieser Text einen Übertragungszusammenhang, den ich gut kenne: dieses Mienenspiel, dieser Tonfall, dieser Überdruß, diese Zurückhaltung, diese Traurigkeit und schließlich jenes Begräbnis, das wahrscheinlich das meinige ist, sind nur die umgekehrte Karikatur einer Mutter der 20er Jahre: rauschend, prall, verbrämt mit Wülsten, Pelzen, Hüten, siamesischen Katzen, Röcke raffend auf dem Fahrrad. Was soll sie mit diesem pickeligen Tolpatsch anfangen? mit diesem vor lauter Festen ganz schlaff gewordenen Strohwisch?

»Langweile ich Sie auch nicht, Mama?«

Kurz, nichts hindert mich hier, nach Herzenslust zu phantasieren; wobei mir viele Vorstellungen zu Hilfe kommen, die auf solche Weise beschworen werden, daß ich keinerlei Schwierigkeiten habe, mich mit denselben Wünschen zu identifizieren, vor denselben Objekten zu stehen. Wir dienen demselben Herrn, wir haben gemeinsam Gänse gehütet.

Um dahin zu kommen, hat mein Patient nichts ausgelassen; er hat nicht nur Vorstellungen, Phantasien, Gedanken aus der Kindheit auf die Aktualität der analytischen Situation verschoben, indem er bald mein Schweigen für jenen Schleier am Hut der Jahrhundertwende nahm, bald meine Zurückhaltung als ernste Komplizenschaft interpretierte und vor der homosexuellen Phantasie floh, die diese hätte nach sich ziehen können. Er hat sich auch der realen Elemente der analytischen Situation, einer meiner konkreten Eigenschaften bedient. Angesichts meines Alters hat er darauf spekuliert, was eine Mutter der 20er Jahre in mir heraufbeschwören könnte, und hat ins Schwarze getroffen, und nicht durch Zufall.

Die Antwort, die ich hier gebe, ist eine Antwort auf die Übertragung, etwa: »Aber nein, mein Kind, du langweilst mich nicht.«

Diese Antwort ist nicht in mein Bewußtsein gedrungen. Durch die Übertragung fand ich mich in einem Netz gefangen, in das mein eigener Wunsch sich verstrickte. Ich stolperte in die Falle, die mir gestellt wurde: ich zeigte die Langeweile, die die Mitteilung des Analysanden in mir provoziert hatte, und konnte die Stunde nicht rechtzeitig beenden.

Ich habe dieses Beispiel gewählt, weil es einen Bruch im Denkvor-

gang veranschaulicht. Dieser Bruch ist eine Handlung. Diese Handlung ist zwar immer noch eine Antwort, aber kein Denken mehr.
Man kann hier erkennen, wie ein analytisches Denken weiter verfahren wäre, nämlich: durch identifikatorischen Verzicht, wie man es nennt, sogar Rückzug, Distanz, wobei ein solcher Rückzug und eine solche Distanz technische Vorschriften *a priori* sind, doch das Gegenübertragungsdenken zeichnet sich ja gerade dadurch aus, daß es stets zu spät erwacht.
Doch genügt es zu sagen, daß es nur eines »identifikatorischen Verzichts« bedurft hätte? In der Region der Subjekte gibt es kein Niemandsland, wer das eine verläßt, stößt auf das andere; die Subjekte sind hier nur insofern solche, als sie von einem Wunsch zum anderen gehen, so wie die Lichter des Jahrmarkts in einer Manege erlöschen, um eine andere zu beleuchten. Hätte ich die Mutter verlassen, so hätte ich den Freund getroffen. Hätte ich den Freund verlassen, so hätte ich meinen Patienten wiedergefunden. Alle langweilen sich dabei. Die Skala der identifikatorischen Objektwahlen ließ mir keinerlei Möglichkeit, etwas anderem zu begegnen als der Langeweile: der langweiligen Langeweile meines gelangweilten Patienten, die durch Übertragung die Langeweile einer über ihren Sohn betrübten Mutter verschiebt.
In den Gänsefüßchen dieser kleinen Gestalten gefangen, habe ich mich aus den Augen verloren. Ich, der Analytiker, der einzige, der sich bei der Sache wirklich gelangweilt hat, ich habe es nicht bemerkt oder mich geweigert, es zu bemerken, indem ich mich in die anästhetisierte Zone flüchtete, in der ich nicht leide, auf der Flucht vor jenem einzigen schmerzhaften Punkt, den ich vermeiden wollte, nämlich erkennen zu müssen, daß man seine Mutter langweilen kann.
Das Denken ist hier zerbrochen, weil es nicht mehr vom Verzicht eines Subjekts gestützt wurde. So wie das Kind, das sprechen lernt, den Worten der anderen so intensiv lauscht, daß es seine eigene Anwesenheit vergißt.
Dieses Denken, das in diesem Beispiel durch eine seiner Verfehlungen zum Vorschein kommt, nennen wir Gegenübertragungsdenken, sowohl in seiner Entwicklung wie in seinem Bruch. Das Gegenübertragungsdenken bezeichnet sowohl die Ideen, Phantasien, Vorstellungen des Analytikers, seien sie nun induziert oder schon

vor einer Sequenz vorhanden, wie die Brüche, die Verfehlungen, die Synkopen dieses Denkens, das hier endgültig stillsteht, weil es sich in Handeln aufgelöst hat.

Leicht läßt sich daran erkennen, daß es in seiner Aufgabe, von einem Subjekt getragen zu sein oder, anders gesagt, den Anderen darzustellen, gescheitert ist, weil es in dieser Affäre das Kind gewählt hat, das die Mutter amüsiert.

Dieses die Mutter amüsierende Kind ist dasjenige, das seinen Patienten eine Viertelstunde zu spät entläßt und sich weigert, ihm die allzu harte Buße aufzuerlegen, für langweilig zu gelten, wobei es, ohne sich dessen bewußt zu werden, derselben Beerdigung des Vaters beiwohnt und damit das ewige Muster des Ödipuskomplexes auffrischt.

Das Gegenübertragungsdenken steht hier ganz im Dienst des Komplexes, es ist Denken nur, insofern es hineintaucht und sich von ihm löst, und Gegenübertragung, insofern es stehengeblieben ist. Es ist stehengeblieben, um sich in Handeln aufzulösen; es hat sich in Handeln aufgelöst, weil es auf die Übertragung geantwortet oder, genauer, der Übertragung entsprochen hat. Im übrigen ging diese Entsprechung der Gegenübertragungshandlung voraus – das Kind, das die Mutter amüsiert, war schon vor der Sequenz der Langeweile da.

Man sieht, daß Übertragung und Gegenübertragung in gewisser Weise aus denselben Quellen schöpfen. Ich glaube, man hat daraus geschlossen, daß es sich hier um ein und dasselbe Phänomen handelt, das je nachdem, ob man es im Sessel oder auf der Couch ansiedelt, nur den Namen wechselt; doch damit verkennt man, daß »der Ort, von dem aus man spricht« kein geographischer Ort ist, sondern das Ungleichgewicht der analytischen Situation aufrechterhält. Dieses Ungleichgewicht ist grundlegend, insofern der eine spricht, der andere zuhört.

Doch dieser Unterschied reicht nicht aus, er kehrt sich im übrigen während der Deutung um, da nun der Zuhörende spricht. Das Ungleichgewicht ist deshalb noch lange nicht gänzlich umgekehrt: der Analytiker mag reden, so viel er will, er bleibt trotz allem der Analytiker und der Patient der Patient.

Das läßt sich bei einem häufig vorkommenden »technischen Zwischenfall« beobachten, wenn der Patient dem Analytiker das Wort abschneidet, um seine Assoziationen fortzusetzen, ihn zu überbieten oder Einwände zu erheben. Dieser stets kritische Augenblick veranschaulicht sehr gut, daß sich das Gegenübertragungsdenken »verständlich machen« will, daß es einen Lauf nimmt, da man es unterbrechen kann.

In diesem Fall ist es die Regel, sich zu unterbrechen und den Patienten sprechen zu lassen, und es wäre eine noch bessere Regel, gar nicht erst soweit zu kommen, d. h. an die Schwelle einer Tür, durch die jeder den anderen zuerst eintreten lassen will. Dieser »technische Zwischenfall« ertappt den Analytiker auf frischer Tat, der seine Deutung nicht »an den Mann« bringen kann.

Man wird im übrigen bemerken, daß er, um diese Deutung zu artikulieren, selbst etwas unterbrechen muß, sei es ein Wort oder den Lauf des Denkens. Dieser Bruch ist oft untersucht worden, und man hat nicht versäumt, die »Kastration« anzuführen. Doch dieser Bruch schränkt nicht nur die artikulierte Sprache oder den Assoziationsfluß ein, sondern auch das Denken in seiner Gesamtheit, da es den Faden verlieren kann. Wenn man andererseits lediglich die polemische Seite dieses Bruchs ins Auge faßt, übersieht man, daß das Denken sich »einzuprägen« sucht, daß es nicht nur widerspricht oder bestätigt, sondern will, daß »es gesagt wird«, mehr noch, daß »es sich einprägt«, daß man es so oder so »zur Kenntnis nimmt«.

Wenn das Denken will, »daß man es zur Kenntnis nimmt«, so kann man dies auf gute oder schlechte Weise verstehen, je nachdem, ob es darum geht, einen Widerstand als endgültig oder eine Erkenntnis als gesichert einzuprägen. Doch das Problem geht ja gerade über diese Überlegung hinaus, denn wenn das Denken tatsächlich einem Handeln gleichkommt, muß man es auch auf diese Weise begreifen, d. h. als einen psychischen Akt; wird das Denken nicht als Akt begriffen, nicht zur Kenntnis genommen, so ist es zum Ausagieren gezwungen.

Zweites Beispiel

Dieses zweite Beispiel des Gegenübertragungsdenkens untersteht einem Zuhören, das wir diskordant nennen. Diskordant insofern, als es seine eigenen Wege geht, wiewohl es unmittelbar von dem Text induziert wird, den man ihm vorlegt.
Es wärmt, wie wir sehen werden, einige da und dort aufgelesene theoretische Modelle auf. Es rückt insbesondere von der Verhexung ab, die den vorherigen Fall charakterisierte; es ist bemüht, sich von etwas loszulösen.
Wir wollen noch hinzufügen, daß der erste Fall ein Beispiel der sogenannten positiven Übertragung ist – ein Begriff, auf den wir noch zurückkommen werden und der besser Übertragung mit vorwiegend positivem Ausdruck genannt werden sollte, um der Ambivalenz den ihr zukommenden Platz zu belassen.
Dieser positiven Übertragung entsprach eine positive Gegenübertragung, ein Ausdruck, der geeignet ist, unsere Moralisten aufstöhnen zu lassen. Mit diesem Terminus wollen wir keine erkennbare Äußerung der Triebregung seitens des Analytikers bezeichnen, sondern lediglich zum Ausdruck bringen, daß unsere Neutralität durch eine gewisse Wegstrecke von diesen positiven Gefühlen zur besagten Neutralität erkauft wurde.
Ebenso beschreiben wir in diesem zweiten Beispiel eine Übertragung mit negativem Übergewicht, dem eine negative Gegenübertragung entspricht, was heißen soll, daß der Weg in umgekehrter Richtung, von Verwerfungsgefühlen zur Neutralität, zu beschreiten war.
Aus diesem Fall isolieren wir, was wir eine »bemerkenswerte Reihe« nennen, was ausreichen könnte, die Grenzen eines Gegenübertragungsdenkens abzustecken, da wir sie isolieren, zweitens als eine Reihe bezeichnen, d. h. daß wir, getreu dem assoziativen Zuhören, der Reihenfolge der Assoziationen ebensoviel Gewicht beimessen wie den Assoziationen selbst (die spezifische Arbeit des analytischen Denkens), und sie schließlich für bemerkenswert erklären, da sie von unserem Standpunkt aus bemerkenswert ist! Ein hier notwendig didaktischer Standpunkt.
Hier die auf ihr Schema reduzierte Sequenz:

– Plüschbären;
– Votivbilder in Kathedralen;
– der Analytiker als Bauchredner.

Alles in dieser Reihe ist bizarr oder, wie es andernorts hieße, surrealistisch.

Unser Patient, in ein Wartezimmer geführt, in dem eine gewisse Unordnung herrscht, träumt von Plüschbären und berichtet uns davon, sobald er auf der Couch liegt.

Dieser Plüschbär aus seiner Kindheit führt ihn zu einer Erinnerung, wo er, zusammen mit einem Bruder, beschlossen hatte, daß der Bär böse sei; sie hatten ihn an den Beinen gepackt und seine Flanken gegen einen Baum geschlagen, so daß er den Kopf verlor.

Nach dieser Erinnerung folgt übergangslos, jedoch nach einer Pause, die Erzählung vom Ende der letzten Sitzung; der Patient hatte mich mit einem Hund weggehen sehen.

»Ich habe einen seltsamen Analytiker«, sagt er, »er ist einsam und merkwürdig; ich fand, daß der Hund Ihnen ähnlich sieht, von hinten gesehen, er ist abgemergelt wie Sie – ein Männchen.«

Beim Wort »abgemergelt« zögert er einen Augenblick.

»Abgemergelt – abgemergelt ... das erinnert mich an Ohrfeigen.* Mein Vater sagte, daß er mich ohrfeigen wollte ... Was suche ich? Übrigens ... als wir den Bären schlugen, war er abgemergelt ... So wie Sie ... Wir ließen seinen Kopf nach unten hängen, damit er brummt, er gab einen komischen Laut von sich ... Wir drückten ihm auf den Bauch ... es kam ein komisches Geräusch heraus ... Er hat dabei den Kopf verloren vor lauter Stößen ... Genau das will ich, daß Sie den Kopf verlieren ... Also ich binde Ihnen einen Bären auf.«**

Pause.

»Neulich war ich bei X« (X verknüpft sich durch stillschweigende und bereits gedeutete Assoziation mit seinem Vater). »Ich bin nicht da, um ihm die Zeit zu vertreiben ... Das ist alles viel zu groß ... die Psychoanalyse, X, zu groß ... Ich hatte heute Nacht einen Traum: ich war in einer riesigen Kathedrale ... es gab dort Votivbilder ... halt, Ihr Magen knurrt ja ... Sie reden also, Sie protestieren ...«

* *efflanqué* – abgemergelt; *flanquer des gifles* – ohrfeigen (Anm. d. Ü.).

** *je me paie votre tête* – wörtl.: ich leiste mir Ihren Kopf (Anm. d. Ü.).

Die offenkundige Divergenz dieses Textes, in dem doch mehrere Assoziationsfäden zu erkennen sind, konvergiert in Wahrheit zu einer Art Deutung: da er keine Antwort erhält, wenn er mich wie einen Bären schüttelt, spricht er nun, als sei er in mir.
Der assoziative Stoff, auch wenn mit weißem Faden gesponnen, ist äußerst komplex. Wir erwähnen nur die Hauptmaschen – Flanken, Kopf und Bär, zu groß, zu klein, Vater und Ohrfeigen.
Gleich zu Beginn findet das Kind in einer Unordnung, die es auszuschließen scheint, das Spielzeug, dessen es sich bedienen wird; es zeigt es mir völlig aus den Fugen: das geschlagene Kind.
Ein Kind wird geschlagen ersetzt es für mich, vielmehr integriert sich fast unauflöslich in die Folge des Texts; Fetzen von Gelesenem kommen mir in den Sinn, ich füge sie hier in Anführungszeichen ein, die zu streichen wären. Was man mir sagt, höre ich durch *Ein Kind wird geschlagen.*

– »Zusammen mit einem Bruder haben wir beschlossen ...«

(»Das geschlagene Kind ist nie der Patient selbst, sondern ein Bruder oder eine Schwester.«)

– »Wir haben beschlossen, daß der Bär böse ist ...«

Dieser Beschluß interessiert mich, ich errate das stumme Einvernehmen der Geschwister, das ihren Haß aufeinander verschleiert, um sich gemeinsam am Vater zu rächen, indem sie am Bären die (phantasierte) Behandlung wiederholen, die ihnen zuteil geworden ist, sowie die wahrscheinlich realen Ohrfeigen ...

(»Mein Vater schlägt das Kind, das mir verhaßt ist«;)

gleichzeitig weiß ich – wie etwas, das hier durch Überblendung wiederzugeben wäre –, daß dieser Text mich betrifft. Nicht nur aufgrund der Anspielung auf die Unordnung im Wartezimmer, sondern vor allem durch den Kontext. Die Erinnerung an eine sadomasochistische Szene erstaunt mich keineswegs, ich weiß, daß ich dort unweigerlich den Ort der Übertragung finden werde, den man mir zuweist ...

– »Und er hat dabei den Kopf verloren.«

Da haben wir es!

Das Schweigen bestätigt es; ich begreife und fürchte etwas. Als mein Weggang beschworen wird, ahne ich das Folgende, denn während der realen Szene habe ich daran gedacht, was sie wohl determinieren würde. Ich habe mich nicht getäuscht, aber ich hatte das »abgemergelt« (*efflanqué*) nicht vorgesehen, das »glücklicherweise« (doch woher kommt mir dieses »Glück«?) auf die Flanken des Bären verweist. Ich vermute, und zu Recht (wie das Folgende zeigt), daß mein Patient die Assoziation »die Flanken des Bären« begreifen wird.

Neben dem männlichen Aspekt, dessen Lächerlichkeit die sehr direkte Anspielung auf die Genitalien des Hundes und seines Herrn verschleiert, zeichnet sich eine Höhle ab, die in der Folge immer größere Bedeutung gewinnt: Flanken, Bauch, Kathedrale.

Die Assoziation *flanquer – efflanqué* bringt unmittelbar den Vater ins Spiel und bezeichnet den aktuellen Pol der Übertragung: nämlich von mir eine Ohrfeige zu bekommen. Das Ausbleiben einer Antwort löst die nächste Sequenz aus, nämlich dem Bären einen Laut zu entlocken. Doch im Augenblick bemerke ich die assoziative Verknüpfung nicht, erst durch die Gesamtheit der Reihe dämmert mir plötzlich deren Sinn, denn ich sehe nur allzu deutlich, daß es tatsächlich um meinen Kopf geht, daß man mir einen Bären aufbindet, nicht genug, daß man mich zum Sprechen bringen will.

– »Ich bin nicht hier, um ihm die Zeit zu vertreiben.«

Das zielt, durch X, auf mich. Daran sehe ich deutlich, daß er darauf verzichtet, mich zu verführen, oder genauer, daß er zu große Angst davor hat. Der männliche Hund und das homosexuelle Interesse liegen zu nahe beieinander; noch immer wird ein Kind geschlagen ...

(»Mein Vater liebt nur mich, das andere Kind liebt er nicht, denn er schlägt es, nein, er liebt dich nicht, denn er schlägt dich.«)

Und wie nach jeder aggressiven Werbung: Pause; dann die Depression: der Traum von der zu großen Kathedrale.

Ich sehe die Höhle von vorhin, die sich maßlos vergrößert hat – ein unergründlicher mütterlicher Schoß.

Die Votivbilder interessieren mich; ich frage, was darauf geschrieben steht ... Doch anscheinend ist die Inschrift unleserlich oder der Traum zu gut getarnt.
Ich vergesse kurz *Ein Kind wird geschlagen* und denke an Melanie Klein, was zwar nicht in der Ordnung der Dinge, aber doch in der meiner Gedanken liegt.
Die Idee des Eingeschlossenseins, des mütterlichen Bauchs, der projektiven Identifizierung ... Aber ich errate noch immer nicht, daß die Rede darum geht, mich zum Sprechen zu bringen, vielleicht weil noch immer davon die Rede ist.
Wahrscheinlich muß ich die Punkte auf die *i* setzen, was auch bald geschieht. Denn als ich mich nun als Bauchredner sehe, erkenne ich plötzlich die ganze Reihe. Auch der Bär war Bauchredner. Man wollte ihn zum Sprechen bringen, indem man ihm auf den Bauch drückte, die Kathedrale ist ein Bauchredner, sie spricht durch ihre Votivbilder, sie birgt die unbewußten und unleserlichen Wünsche meines Patienten, der zu klein ist, um sprechen zu können, man bringt mich schließlich auf eine Weise zum Sprechen, die im übrigen die projektive Identifizierung bestätigt, wie ich sie verstehe: nämlich daß kein dialektisches Band sich herstellt, da »man von innen zu mir spricht« oder besser »ich von innen her gesprochen werde«: auch der Analytiker ist ein Bauchredner.
Wie man hier sieht, läuft das Denken dem Text bald voraus, bald hinterher, verliert ihn, findet ihn wieder, entlehnt Modelle, aber nicht diese haben mich schließlich zum Sprechen gebracht – vielmehr das unangenehme Gefühl, etwas verwerfen zu müssen, oder daß man mich ohne meine Zustimmung zum Sprechen gebracht hat, denn genau in diesem Augenblick spreche ich, wahrscheinlich habe ich den Sinn der gesamten Reihe nur wahrgenommen, weil ich den Wunsch hatte, ihn zu verwerfen, ihn zu restituieren. Auch hierbei handelt es sich um ein Gegenübertragungsdenken, das ganz offensichtlich mit der Antwort und der Sprache in innigster Verbindung steht. Wahrscheinlich hätte die Frage nach den Votivbildern ausgereicht.
Bei diesem Beispiel sprechen wir von diskordantem Denken, was hier nur im Gegensatz zum vorherigen Fall zu verstehen ist.
Die Diskordanz bringt nur unterschiedliche Wege des Gegenüber-

tragungsdenkens und des Assoziationsflusses zum Ausdruck. Die Suche nach theoretischen Modellen, seien sie nun relevant oder nicht, integriert sich diesem Denken und verändert seinen Lauf. Diese Diskordanz bedeutet im übrigen wenig gegenüber seiner »Verstimmung«: das Gefühl, etwas verwerfen zu müssen, was man mir gewaltsam suggeriert hatte.

Das als Antwort interpretierte Magenknurren war vielleicht wirklich eine Antwort.

Der Gegenübertragungseffekt steht hier am Ursprung der Deutungshandlung, einer Handlung, die den Faden des Gedankens wieder aufnimmt und versucht, den Knoten der Konflikte zu lösen. *Doch diese Konflikte, die keineswegs nur innerpsychisch sind und nur dem Unbewußten meines Patienten eignen, haben mich in einer Weise betroffen, daß ich, um mich dieser Betroffenheit entledigen zu können, ihren Sinn deuten mußte.*

Am ersten Beispiel sieht man, daß die Assoziationsflüsse parallel oder, wenn man will, harmonisch verlaufen; gerade aufgrund der zu großen Übereinstimmung hat sich das Denken in Ausagieren zersplittert.

Man darf sich nun fragen, welche Rolle die Übertragung mit vorwiegend positivem Ausdruck bei dieser »Harmonie« gespielt hat, eine gewiß wichtige Rolle, die aber unverständlich ist, wenn man nicht den Begriff der positiven Gegenübertragung ins Spiel bringt. Wir sehen, daß die Termini positiv und negativ hier nur zu globalen Bezeichnungen taugen können. Doch diese Bezeichnungen sind berechtigt, wenn man darauf achtet, sie auf die notwendigen Bedingungen der Introjektion und der Verwerfung zu beziehen, denn letztlich wird diese Introjektion oder diese Verwerfung nur nach einem guten oder schlechten ersten Urteilsspruch in Gang gesetzt.

Mit dieser Bemerkung wollen wir keineswegs die Bewertung dieser beiden Fälle (ebensowenig wie die der anderen) auf die systematische Dichotomie zwischen guten und schlechten Objekten reduzieren, sondern im unbewußten Denken lediglich jenen Ort des Urteils anzeigen, das ihm im übrigen untersteht und nach dem primitivsten oralen Vorbild auswählt zwischen dem, was bewahrt werden kann, und dem, was restituiert werden soll.

In diesem Kapitel haben wir den Begriff der Gegenübertragung mit dem des Denkens verbunden. Diese Verbindung hat bei denen, die unserem Unterricht gefolgt sind, sowohl großes Unverständnis wie großen Enthusiasmus hervorgerufen.

Womit soll man ihn schließlich sonst verbinden?

Die analytische Literatur zeugt in diesem Punkt von einer Art Substantiierung der Gegenübertragung: »Die Gegenübertragung ist so und so beschaffen, sie äußert sich so oder so, verrät sich durch dies oder jenes ...« usw.

Doch wiewohl man ihre Substanz erfaßt, erkennt man nicht ihre Natur. Diese Substanz ist offensichtlich die des Wunsches; des Wunschs des Analytikers, seiner frischen Tat.

So ist die Gegenübertragung sehr wohl auf die Sprache dieses Wunschs zu beziehen, aber wir sehen, daß ihr Widerstand sich nicht nur in der Sprache dieses Wunschs ausdrückt und sogar konstituiert, sondern daß überdies das Denken selbst, so wie Freud es begreift, nämlich als den *Mutterboden der Assoziationen,* sich als Widerstand konstituiert. Weil es bewußt wird, weil es sich narzißtisch besetzt, weil es nicht mehr nur ein Vorstellungssystem ist, sondern sich an die Wortreste bindet, wird es Substanz, eine psychische Realität, d. h. es verliert sich, findet sich wieder, unterbricht sich, verirrt sich, stellt Identitäten her, ist ein austauschbarer psychischer Inhalt, besitzt eine Struktur und sogar einen Stil.

Wenn wir berechtigt sind, von beschwörendem Denken, von zwanghaftem Denken, von operativem Denken zu sprechen, dann sind wir nicht nur berechtigt, sondern gezwungen, ein psychoanalytisches Denken anzuerkennen, und sei es nur, weil die Termini »zwanghaftes Denken« oder »operatives Denken« Erfindungen des psychoanalytischen Denkens sind.

Das Unbewußte existierte lange vor Freud, könnte man einwenden.

In gewisser Weise nein.

Denn es ist nicht von der psychoanalytischen Theorie gedacht worden, und da es nicht konzeptualisiert war, hatte es im psychischen Leben nicht dieselben Folgen, nicht denselben Wert; und dieser Wert ist nur erkennbar, weil er sich in einem Denken begreift und sich gleichsam an ihm reibt.

Das ändert jedoch nichts daran, so könnte man sagen, daß das Unbewußte unbewußt ist.
Gewiß, aber das ändert auch nichts daran, daß dieses Unbewußte nur durch den Gegensatz existiert, dessen erster Terminus die ursprüngliche Verdrängung ist, und daß diese Gegensätze, auch die globalsten wie bewußt–unbewußt, nur erfaßt werden können, wenn man sich aller Elemente bedient, die zu diesen Gegensätzen beitragen. Die Entdeckung des Unbewußten, seine Theoretisierung, seine Konzeptualisierung sind Teil dieser Gegensätze, es sind Phänomene, die sich sowohl als Widerstände wie als Emanationen des Unbewußten betrachten lassen. Im übrigen kann man die Bedeutung dieser Entdeckung nach sozialen oder historischen Parametern klassifizieren. Diese Klassifizierungen sind selbst Widerstände, auch wenn sie richtig sind, insbesondere wenn sie richtig sind.

Kapitel II: Gegenübertragung und Metapsychologie oder die Zuflucht zur Zauberin

»Wie heißen Sie?«
»Ich auch.«
Ph. Soupault

Die metapsychologische Monade

Das psychoanalytische Denken, konstituierender Bestandteil der Gegenübertragung, stützt sich auf einen Lehrkörper, dessen Grenzen zwar mehr oder weniger definiert sind, dessen Gerüst jedoch fast unberührbar bleibt: ich meine die *Metapsychologie.*

Für das Studium der Gegenübertragung ist es also von besonderer Bedeutung, die Beziehungen zu untersuchen, die das analytische Denken gewissermaßen zu sich selbst knüpft und damit ein Feld absteckt, das der Gegenübertragung streng immanent ist.

Entweder haben diese Beziehungen nichts mit der Erfahrung der Kur zu tun und bilden eine andere Rede, ein anderes Denken, das dem »tätigen« analytischen Denken aufgesetzt ist. Doch selbst in diesem Fall kann ein solches Denken der Gegenübertragung unterworfen sein, denn es ist nicht einzusehen, weshalb man sich damit belasten sollte.

Oder aber dieses innere Feld des Denkens hat seine Quellen in einer Reflexion über die Kuren und modifiziert rückwirkend das analytische Zuhören, und in diesem Fall muß es in noch stärkerem Maße der Gegenübertragung integriert werden, deren theoretische Seite es repräsentiert.

Getreu unserer doppeldeutigen Auffassung der Gegenübertragung halten wir dafür, daß ein solches Denken das Register des analytischen Zuhörens sowohl einengen wie bereichern kann.

Doch sobald wir die Beziehungen eines solchen Denkens zur Gegenübertragung ins Auge fassen, stoßen wir auf einen grundlegenden Widerspruch: daß nämlich Übertragung und Gegenübertragung dem Wesen nach dialektisch sind, während die Metapsychologie der Instanzen eine Art metapsychologischer Monade zu definieren sucht.

So stehen im *Abriß der Psychoanalyse* aus dem Jahre 1938, wo Freud am Ende seines Lebens die Ernte seines Werks eingebracht zu haben scheint, zwei Monumente nebeneinander: das System der Instanzen – Ich, Es, Über-Ich –, und die Übertragung. Diese letztere untersteht hier einem technischen Gesichtspunkt.

Das einzig nachweisbare Band zwischen dieser »Komplikation« der Kur und dem System der Instanzen ist das des Widerstands. Der Widerstand ist sowohl das, was sich dem Auftauchen unbewußter Inhalte in den Weg stellt, wie das, was dem Wunsch des Analytikers entgegentritt:

> »*Wir* wollen im Gegenteil, daß das Ich, durch die Sicherheit unserer Hilfe kühn geworden, den Angriff wage, um das Verlorene wieder zu erobern. Dabei bekommen *wir* nun die Stärke dieser Gegenbesetzung als Widerstände gegen unsere Arbeit zu spüren.«[1]

Wenn der Widerstand sowohl dem Eindringen unerwünschter Elemente aus dem Es als auch der Arbeit des Analytikers entgegentritt, so heißt das, daß diese Arbeit, also der Wunsch des Analytikers, es mit jenen unerwünschten Elementen hält.

Doch außerhalb dieses Bandes (das noch viele andere Modalitäten kennt) gehen die Monade wie die Übertragung ihre eigenen Wege.

Während einerseits die Übertragung beschrieben wird als das Herzstück der Analyse, ihr stärkster Motor, ihre Lebenskraft, als Quelle psychischer Schöpfungen, Prüfstein der Neurosen und Psychosen, ja als Prinzip der Analysierbarkeit, soll andererseits eine solche psychische Kraft keinen metapsychologischen Status besitzen.

Auf der einen Seite befindet sich stets die metapsychologische Monade, auf der anderen ein Zwischenfall, eine Komplikation, fast ein bedauernswertes Epiphänomen, in dessen Verlauf sich nichtsdestoweniger der Widerstand äußern kann.

Das hat sicherlich mehrere Gründe, zuallererst den, daß die Übertragung unerwartet in einem System auftauchte, das im *Entwurf einer Psychologie* bereits konzipiert war, durch das VII. Kapitel

1 *Abriß der Psychoanalyse*, *GW* XVII, 104 (Hervorhebungen von uns)

der *Traumdeutung* ergänzt; daß sie als lästiges, unvermeidliches, ständiges Hindernis in Erscheinung trat und in dieser Hinsicht gesondert zu behandeln war, als eine besondere technische Schwierigkeit, vor der es notfalls den Neuling zu warnen galt.

Doch mir scheint, daß Freuds metapsychologische Schriften die Übertragung aus zwei noch wesentlicheren Gründen nicht zu integrieren oder zu erklären vermochten.

Der erste hängt mit dem Status des Objekts besonders in der Trieblehre zusammen, der zweite mit der Reduktion des Affekts auf sein Energiequantum.

Diese beiden Punkte sind insofern eng miteinander verflochten, als sie die Qualität zugunsten der Quantität vernachlässigen, doch mehr noch, als sie jede Möglichkeit einer Dialektik abschneiden.

Geschrieben, um Bestand zu haben, den Stürmen der Zeit zu trotzen, die Möbel zu retten, können es sich die metapsychologischen Schriften sowie der *Abriß* nicht leisten, in ihren Lagerbestand die Ungewißheiten eines qualitativen Affekts oder die Merkmale eines bestimmten Objekts aufzunehmen; für derlei Imponderabilien sind nur ganz besondere und vor allem unerwartete Kuren zuständig, die Qualität unvorhersehbarer Affekte, die das Denken verwirren und unweigerlich die Übertragung offenbaren.

Es besteht also ein Schnitt zwischen den metapsychologischen Schriften und der Untersuchung der Übertragung, ein Schnitt, dem wir versuchen wollen, Rechnung zu tragen.

Dieser Schnitt rührt daher, daß die analytische Situation, da die Metapsychologie als die Untersuchung einer Monade konzipiert wird, in dieser einen Hinsicht vom Nebeneinander zweier Monaden bestimmt ist, zwischen denen sich das Problem der Kommunizierbarkeit des Unbewußten stellt.

Genau auf dieses Problem stößt Freud, ein Problem, das die Philosophie oft behandelt hat, das hier jedoch eine zusätzliche Schwierigkeit erfährt, weil es nicht nur darum geht, einer Konfrontation und einer möglichen Kommunikation der Bewußtseine Rechnung zu tragen, sondern auch dem Nachhall des Unbewußten im Unbewußten eines anderen. Wir werden noch sehen, welche Grenzen die rein metapsychologische Sicht der Monade diesem Problem setzt.

In der Trieblehre bleibt das Objekt punktuell, ein bloßer Angelpunkt, um den der Trieb sich dreht, um zu sich selbst zurückzukehren.

Auf dem Höhepunkt seiner Existenz erfüllt das Objekt die Rolle eines Identifikationspunkts. Dennoch ist zu spezifizieren, daß dieser Identifikationspunkt nur auf der Ebene eines Rollentauschs besteht. Das heißt, daß das Objekt vorübergehend eine passive oder eine aktive Funktion hat. Es ist streng genommen wunderbar, d. h. es hat eigentlich überhaupt keinen Status. Seine Qualität kommt in keinem Augenblick ins Spiel, nur ob es partial oder total ist, und auch dieses Merkmal wird in den metapsychologischen Schriften von 1915 nicht spezifiziert; der Trieb ist partial oder total, doch das Objekt hat Existenz nur, insofern es da ist und ausgetauscht werden kann; es bewegt sich gewissermaßen unterhalb der Ebene des Subjekts; es ist nur dem Zwiespalt ausgesetzt, dessen Widerschein zu sein.

So im Schicksal des Sadismus:

»a) Der Sadismus besteht in Gewalttätigkeit, Machtbetätigung gegenüber einer anderen Person als Objekt.

b) Dieses Objekt wird aufgegeben und durch die eigene Person ersetzt. Mit der Wendung gegen die eigene Person ist auch die Verwandlung des aktiven Triebzieles in ein passives vollzogen.

c) Es wird neuerdings eine fremde Person als Objekt gesucht, welche infolge der eingetretenen Zielverwandlung *die Rolle des Subjekts übernehmen muß.*«[2]

Doch um welches Subjekt handelt es sich? Wo nicht um das eines stummen operativen Terminus, um eine Drehscheibe, die nur insofern Subjekt ist, als sie die Bewegung in die umgekehrte Richtung übersetzt. Insofern ist seine Rolle grundlegend, denn seine Realität dient jenem neuen Phantasiewesen als Stütze, durch das eines Tages vielleicht ein wirkliches Objekt erstehen wird; doch vorerst sehen wir, daß das Objekt sich in zwei Aspekte teilt. Der erste ist historisch, der zweite aktuell. Historisch in dem Maße, in

2 *Triebe und Triebschicksale.* GW X, 220

dem der erste Takt der Wendung des Triebs gegen die eigene Person einen determinierenden, wenn nicht endgültigen Charakter annimmt. Zum Beispiel: hat das Kind die Erfahrung des Schmerzes einmal gemacht, so ist fortan die Identifizierung mit dem Sündenbock möglich. Die zweite Wendung hat diesen genetischen Charakter nicht mehr und bleibt unbestimmt oder labil.
Obwohl in den metapsychologischen Schriften von 1915 diese Reihe von Umkehrungen linear dargestellt wird, berechtigen der Kontext des *Entwurfs* sowie die Erfahrung der Übertragungsneurosen zu der Ansicht, daß es sich hier um zwei ganz verschiedene Takte handelt: einen ersten, ereignishaften und traumatischen; und einen zweiten, phantasierten. Als Beispiel für den phantasierten Takt zitieren wir den Fall c) in der genannten Schrift:

»Fall *c* ist der des gemeinhin so genannten Masochismus. Die Befriedigung erfolgt auch bei ihm auf dem Wege des ursprünglichen Sadismus, in dem sich das passive Ich phantastisch in seine frühere Stelle versetzt, die jetzt dem fremden Subjekt überlassen ist.«[3]

Diese phantasierte Versetzung des Ich in seine frühere Stelle läßt das Objekt verblüfft zurück. Den ganzen Prozeß über hat es also nur als Stoßdämpfer gedient. Ihm wurde vorübergehend die Rolle des Subjekts anvertraut, wobei Subjekt hier lediglich im ursprünglichen Sinn eines aktiven Triebs verstanden wird. Doch seine Gegenwart ist notwendig, da am Ende der Operation diese vorübergehende Funktion des Subjekts, die nun das Ich an sich reißt, die phantastische Ära einleitet, in der das Ich, durch diesen Umweg über das Objekt gestärkt, spiegelbildlich die beiden für seine Perversion notwendigen Rollen übernehmen kann.
Doch in keinem Fall erscheint das Objekt als determinierend:

»Das Objekt des Triebes ist dasjenige, an welchem oder durch welches der Trieb sein Ziel erreichen kann. Es ist das variabelste am Triebe, nicht ursprünglich mit ihm verknüpft, sondern ihm nur infolge seiner Eignung zur Ermöglichung der Befriedigung zugeordnet.«[4]

Jedenfalls ist das Objekt für die Erkenntnis des Triebs nicht unbedingt erforderlich:

3 Ibid., 220
4 Ibid., 215

»Er [der Trieb] wird uns im Seelenleben doch nicht anders als durch seine Ziele bekannt ... Die Triebe (sind) alle qualitativ gleichartig ... und (verdanken) ihre Wirkung nur den Erregungsgrößen, die sie führen ...«[5]

Diese Unsicherheit des Objekts und seines metapsychologischen Status mag überraschen, vor allem wenn man bedenkt, daß, durch die Übertragung, der Analytiker den Ort des Subjekts einnimmt, *und nichts als den Ort.*

Doch wenn die Metapsychologie nur einen einzigen Augenblick in diesem Punkt schwanken, d. h. akzeptieren würde, dem Objekt die Spezifizität einer Qualität zu verleihen, oder wenn die Affekte selbst als verschiedene Qualitäten betrachtet würden, dann würde die Metapsychologie und die gesamte Analyse sich auflösen und in den unendlichen Katalog der »Motivationen« zurückfallen – so viele Objekte, so viele Affekte. So viele Affekte, und jeder Konflikt würde in ebenso viele Teile zerbröckeln. Das metapsychologische System hält nur zusammen, weil es streng monadisch ist.

Die metapsychologische Monade betrachtet das Objekt von ferne. Entweder verwirft sie es als äußerlich und verhaßt, oder sie introjiziert es, um es zu ihrer Substanz zu machen. Jedenfalls ist nur sie allein im Spiel. Sie bezwingt Quantitäten und erzeugt Vorstellungen, die zuweilen ausreichen, sie zu befriedigen:

»Der Triebreiz stammt nicht aus der Außenwelt, sondern aus dem Innern des Organismus selbst.«[6]

Wäre es anders, so könnte keine Metapsychologie den Status ihrer Individuation und ihrer Universalität aufrechterhalten.

Es ist anzumerken, daß die konkrete analytische Situation, d. h. die äußeren Umstände der Behandlung und der Sitzungen, diese Sicht des Objekts verstärkt und bestätigt. Da nichts Äußeres in das analytische Feld dringt, nichts, was nicht durch eine Subjektivität gebrochen wäre, die des Patienten oder des Analytikers selbst. Ist das nicht noch zuviel, da die von Freud verordnete Abstinenzregel die Summe der realen Befriedigungen, die der

5 Ibid., 216
6 Ibid., 211 f.

Patient außerhalb der Behandlung erreichen kann, noch weiter reduzierte bzw. reduzieren wollte?

Zwei Bemerkungen erhellen diese analytische Betrachtungsweise des Objekts. Die eine ist klinischer Natur und gilt für jene Patienten, deren Ichgrenzen so schwach sind oder so durchlässig erscheinen, daß die Vielfalt der Objekte, ihre Diversität, ihre ausführliche Beschreibung dem Inhalt der Sitzungen genügen und die Textur des Ich vollkommen zu konstituieren scheinen. Das Ich scheint eine bestimmte Quantität an Subjektivität zu absorbieren, wenn man so sagen darf: eine entlehnte Subjektivität, so als wäre es mit Anführungszeichen durchwirkt, plakatiert wie eine Collage aus Zitaten, oder gelähmt durch die Intensität der Phantasie anderer, sogar die des Kinematographen.

Diese Einschließung des Objekts, die weder mit einer Introjektion noch selbst mit einer Identifizierung einhergeht, scheint zuweilen auszureichen, den minimalen Pegelstand einer auf ihre Errungenschaften reduzierten Subjektivität zu garantieren. Diese fast hypomanische Flucht nach vorn zeichnet eine metapsychologische Karikatur, die einer Beschreibung der Psyche, die dem Objekt seine Quellen, seine Qualitäten und seine Ziele entlehnt. Bei diesen Beispielen könnte eine rein metapsychologische Beschreibung genügen. Keine Dialektik scheint je vorzukommen.

Die andere Bemerkung gilt dem Inhalt der Metapsychologie selbst, wo die Betonung des Narzißmus und des Autoerotismus in gewisser Weise den monadischen Charakter der Psyche verstärkt, die beim Sadismus zu sich zurückkehrt oder beim Schautrieb sogar von sich selbst ausgeht. Die Tatsache, daß das Objekt Teil des eigenen Körpers ist, scheint nun rückwirkend eine monadische Theorie zu überdeterminieren und zu rechtfertigen und ihre Grenzen neu zu ziehen.

Die Metapsychologie ist narzißtisch.

Ebensowenig kann die Zwangsneurose im Stadium *b* des Triebschicksals, d. h. demjenigen, in dem das Objekt aufgegeben und durch die eigene Person ersetzt wird, über diese Aufgabe des Objekts hinausgehen und für »Passivität gegen eine neue Person« sorgen. Sie geht nur bis zur Selbstquälerei, nicht bis zum Masochismus.

In Wahrheit taucht das Objekt der Metapsychologie erst bei den narzißtischen Neurosen auf, d. h. bei den Psychosen.
Doch in gewisser Weise kommt es zu spät, denn genau in dem Moment, da sein Status sich abzeichnet, da seine spezifische Rolle sichtbar wird, ist es völlig unbesetzt; so daß die Übertragung unmöglich geworden ist. So steht in *Das Unbewußte* zu lesen:

»Die Fähigkeit zur Übertragung, welche wir bei diesen Affektionen [den Übertragungsneurosen] therapeutisch ausnützen, setzt ja die ungestörte Objektbesetzung voraus ...
Bei der Schizophrenie hat sich uns dagegen die Annahme aufgedrängt, daß nach dem Prozesse der Verdrängung die abgezogene Libido kein neues Objekt suche, sondern ins Ich zurücktrete, daß also hier die Objektbesetzungen aufgegeben und ein primitiver objektloser Zustand von Narzißmus wieder hergestellt werde.«[7]

Das von der Metapsychologie aufgeworfene Problem ist also das des Gegensatzes zwischen Ich und Objekt. Doch in den Übertragungsneurosen kann ein solcher Gegensatz nicht aufkommen:

»Man wußte zwar, daß die Versagung des Objekts den Ausbruch der Neurose herbeiführt, und daß die Neurose den Verzicht auf das reale Objekt involviert, auch daß die dem realen Objekt entzogene Libido auf ein phantasiertes Objekt und von da auf ein verdrängtes zurückgeht (Introversion). Aber die Objektbesetzung überhaupt wird bei ihnen mit großer Energie festgehalten, und die feinere Untersuchung des Verdrängungsvorganges hat uns anzunehmen genötigt, daß die Objektbesetzung im System *Ubw* trotz der Verdrängung – vielmehr infolge derselben – fortbesteht.«[8]

Die Vermischung von Ich und Objekt erscheint hier also sehr viel gründlicher, als es die Definition des Objekts vermuten ließ, das dem Trieb einfach beigesellt ist. Freilich tritt diese Vermischung erst im Augenblick eines Gegensatzes Ich–Objekt so deutlich in Erscheinung; d. h. im Augenblick eines massiven und quantitativen Vorganges, bei dem das Objekt plötzlich seine Existenz verliert, indem es seine Besetzung verliert; und an der Leere, die es bei den Psychosen zurückläßt, läßt sich sein Platz in der Übertragungsneurose ausloten.

7 *Das Unbewußte*, *GW* X, 295
8 Ibid., 294 f.

Man braucht nur eine beliebige psychoanalytische Arbeit zu überfliegen, die von der realen Tätigkeit eines psychoanalytischen Denkens zeugt, um sich darüber klarzuwerden, daß eine solche Isolierung des Objekts in seinem rein quantitativen Aspekt nicht praktizierbar ist.

So lesen wir in *La psychanalyse précoce* von R. Diatkine und J. Simon: »da die Triebquelle das Objekt ist ...«; an dieser metapsychologischen »Ausschreitung« läßt sich ermessen, welche Verwirrung ein ausschließlich monadisches System der Psyche stiften könnte, falls es nicht, wie wir sahen, durch den Narzißmus im Reinzustand verstärkt wird.

Dennoch liegt es auf der Hand, daß die Metapsychologie, um ihre Kohärenz zu bewahren, von diesem monadischen Standpunkt nicht abrücken kann. Die Psychose scheint ihn anzugreifen, doch in gewisser Weise entgeht sie ihm. Durch Trauer und Melancholie öffnet sie der Introjektion eine Tür, der Projektion ein Fenster.

Paradoxerweise erscheint gerade in den Psychosen, trotz dieser Unbesetztheit des Objekts, deutlich ein Bezugssystem des Objekts. Dieses erscheint nun als Lizentiat von Qualitäten. Zwar durch den Mangel spezifiziert, aber immerhin spezifiziert: es erhält eine Art Trauerstatus:

»So fiel der Schatten des Objekts auf das Ich, das nun durch eine besondere Instanz als ein Objekt, ein aufgegebenes Objekt gewertet werden kann.« (S. 158)

Das Objekt existiert also im schmerzhaften Bewußtsein seines Verlusts, oder vielmehr sein Schatten beginnt, ohne es zu existieren.

Das monadische System der Psyche, d. h. die Metapsychologie, steht aufgrund dieses monadischen Charakters der analytischen Situation entgegen, die wesentlich dualistisch und, für manche, wesentlich dialektisch ist.

Alles hängt im übrigen davon ab, was man unter Dialektik versteht, und es ist stark anzunehmen, daß die klassischen Bedeutungen dieses Terminus, selbst die freizügigsten, den inneren Bewegungen einer analytischen Situation nicht gerecht werden. Es ist klar, daß seine allererste Bedeutung – Kunst des Dialogs – im analytischen Denken fortbesteht und daß, selbst wenn der von den Modernen verwendete Terminus des Analysanden verwirrend ist, diese Dualität dennoch in der Realität der analytischen Situation existiert und den Begriff der Verschmelzung begründet.
Was die Hegelsche Bedeutung betrifft, d. h. die der Erkenntnis, der Untrennbarkeit der Widersprüche und ihrer Aufhebung durch das Prinzip dieser Einheit selbst, so läßt sie sich offensichtlich im abstraktesten wie im engagiertesten analytischen Denken wiederfinden, denn es stützt sich meistenteils auf Gegensätze. Doch deshalb zu behaupten, das gesamte analytische Denken unterstehe der Dialektik, wäre wohl stark übertrieben. Zwar ist in einigen seiner abstraktesten Kategorien, z. B. der des Lebenstriebs und des Todestriebs, ohne weiteres das Prinzip eines Widerspruchs sowie einer unauflöslichen Einheit zu erkennen, doch bei vielen anderen theoretischen Begriffen ist dies keineswegs der Fall, die zwar sicherlich auf einem Gegensatz, aber nicht unbedingt auf einem Widerspruch gründen.
So steht z. B. das traumatische Erlebnis der phantasierten Verführung entgegen, wird jedoch in diesem Gegensatz nicht aufgelöst. Desgleichen werden die den Sexualtrieben entgegengesetzten Ichtriebe nicht nur durch diesen Gegensatz definiert, sondern sind Spezifizierungen unterworfen, die ihnen einen ursprünglichen und fast unabhängigen Verlauf geben, wobei die Theorie des Narzißmus zwischen ihnen eine Brücke schlägt.
Der reinste dialektische Aspekt kommt letztlich am getreuesten durch die Betrachtung entgegengesetzter Triebpaare zum Ausdruck: Sadismus–Masochismus; Voyeurismus–Exhibitionismus. Doch gerade diese bringen das Objekt am unmittelbarsten ins Spiel. Das Objekt nimmt hier einen besonderen Platz ein und wird zum Träger und Angelpunkt einer dialektischen Wende. Erzeuger

einer neuen, wiederum dialektischen Stufe, auf der das in der Phantasie zum Subjekt gewordene Objekt den Prozeß der Perversion erneut in Gang setzt.
Wenn wir also die analytische Situation als dualistisch oder dialektisch bezeichnen, so nicht so sehr, um uns der Bedeutung der Hegelschen Dialektik anzupassen, oder in der Hoffnung, daß die Wahrnehmung dieses Prinzips uns einen Schritt weiterbringen könnte, sondern vielmehr, um sie dem monadischen System der Metapsychologie entgegenzustellen.
Und je nachdem, ob die analytische Situation als dualistisch oder als dialektisch bezeichnet wird, weiß man im übrigen, daß die Verfechter des ersten Ausdrucks einer realistischen oder genetischen Konzeption der analytischen Situation, die zweiten einer Assumtion des Subjekts durch die spezifischen Hilfsmittel der Sprache zuneigen.
Doch in Wahrheit kann keine dieser beiden Bezeichnungen den Anspruch erheben, dem Sinn eines dialektischen Gegensatzes streng zu entsprechen.
Hingegen scheinen die »Gegen«begriffe – Gegenbesetzung–Besetzung und Gegenübertragung–Übertragung – durch das Prinzip ihres Widerspruchs selbst zu einer Einheit verschmolzen zu sein, von der der Verlauf und die Natur des analytischen Prozesses abhängen.
Daß Übertragung und Gegenübertragung ein und derselben Einheit unterstehen, zwingt dazu, den analytischen Prozeß in einem Stück zu beschreiben, einer einzigen Bewegung, welche die beiden durch die analytische Situation getrennten Punkte, sie aufhebend, bewahrt. Diese behauptet ihre Dualität nur dadurch, daß sie verschiedene Subjektivitäten tragen läßt, was in einem analytischen Prozeß sich abspielt. Dazu bedarf sie technischer Anleitungen, die dem Analytiker zeigen, wie weit er gehen kann, sowie einer Grundregel – der freien Assoziation –, die sowohl für den Analytiker wie für seinen Patienten gilt.
Diese Regel reicht aus und enthält ihre eigenen Grenzen, aufgrund ihrer inneren Widersprüche. Sie ist notwendig, weil sie nur von einem der beiden Protagonisten ausgesprochen wird. Damit führt sie ein Ungleichgewicht und ein Kräfteverhältnis ein, die geeignet sind, einen Konflikt auszulösen.

Die Tatsache, Übertragung und Gegenübertragung als im Prozeß der Erhellung des Unbewußten untrennbar miteinander verbunden zu konzipieren, erheischt dann eine Art Übersetzung der Metapsychologie in die analytische Situation, der sie doch entstammt.

Diese Übersetzung leistet schlecht und recht jeder einzelne Analytiker, der versucht, sich mit metapsychologischen Mitteln darüber klarzuwerden, was zwischen ihm und seinem Patienten vorgeht.

Diesem Bemühen verdankt das metapsychologische Kauderwelsch die schönsten Blüten seiner Dialektik, über die Triebfedern des harten Ich und die Wandlungen des weichen Ich.

Alles in allem ist diese Übersetzung nichtsdestoweniger möglich, sofern man sich an die Gesichtspunkte hält, die eine metapsychologische Untersuchung bestimmen, d. h. den ökonomischen, den dynamischen und den topischen Gesichtspunkt.

Der ökonomische Gesichtspunkt, der vor allem die Verteilung und die Bewegung der Energien im monadischen System der Metapsychologie berücksichtigt, hängt wesentlich vom Lust-Unlustprinzip ab. Er entspricht einem der drei großen Polaritäten des psychischen Lebens, deren Einfluß die Triebregungen ausgesetzt sind: der ökonomischen Polarität; die beiden anderen sind: die reale Polarität, welche die Beziehung des Ich zur Außenwelt reguliert, und die biologische Polarität, welche die Systeme Aktivität–Passivität beherrscht.[9]

Es fällt schwer zu behaupten, daß die analytische Situation durch das Nebeneinander zweier Monaden konstituiert wird und daß, um der Verschiebung der in Bewegung versetzten Energien Rechnung zu tragen, der ökonomische Gesichtspunkt getrennt für jede von ihnen gelten müßte.

Vielmehr ist man genötigt, will man die Verbindung Übertragung–Gegenübertragung in ihrem dialektischen Aspekt betrachten, *die analytische Situation im ganzen zu sehen, als eine einzige energetische Entität, und zu begreifen, daß, wenn es überhaupt Lust und Unlust gibt, diese beiden Gefühle einer stetigen Zirkulation unterworfen sind, die einen streng monadischen Gesichtspunkt transzendiert.*

9 *Triebe und Triebschicksale*, GW X, 232

Lust und Unlust zirkulieren in der analytischen Situation zwischen dem Analytiker und seinem Patienten und können in dieser Bewegung nur in eben dieser Bewegung erfaßt werden.

Was lustvoll zu sagen und was lustvoll zu hören ist, stimmt nicht notwendig überein, ganz im Gegenteil. Aber es wäre durchaus illusorisch zu meinen, daß dieser Gesichtspunkt nicht zählt. Insbesondere bei der negativen Übertragung reicht es aus, daß das lustvoll zu Sagende unlustvoll zu hören ist, um befriedigend zu sein.

Dieser Gegensatz Lust–Unlust, auf das dualistische System der Analyse übertragen, entgeht im übrigen einem systematisierbaren Äquivalenzgesetz.

Wenn die »belle indifférence« des Hysterikers den Analytiker schließlich ärgert, so bedeutet das nicht, daß diese »indifférence« in einem anderen Zusammenhang kein erholsames Echo fände. Ebenso liegt es auf der Hand, daß die positive Übertragung alles daran setzt, Worte zu finden, die das lauschende Ohr am besten zu befriedigen vermögen, und dieses Verlangen bis zum Opfer treibt: zu den offenkundigsten Symptomen.

Entzöge man dem Widerstand diese Dimension, in einer dialektischen Beziehung zu stehen, so würde er das Wesentliche seiner Lebenskraft einbüßen und müßte seine Grenzen innerhalb des Triebs selbst suchen.

Diese Auffassung des Triebs, der in sich selbst die Gründe seiner eigenen Zerstörung findet, entspricht der Theorie des Todestriebs. Jedoch ist darauf hinzuweisen, daß die klinischen Beispiele, die Freud zur Stützung dieser Theorie anführt, im wesentlichen auf der Feststellung der negativen Übertragung gründen.

Daß diese ihre Energie aus eigener Quelle schöpft, ist denkbar und sogar höchst wahrscheinlich. Doch dann muß man diese Quelle als allgemeines Prinzip der Negativität betrachten und annehmen, daß die Übertragung, wiewohl negativ, immer noch eine Übertragung ist, d. h. das Prinzip des dialektischen Bands ihres Ausdrucks aufrechterhält; auch wenn dieser Ausdruck negativ ist. Sie wird dann Widerstand.

Es ist im übrigen interessant, den Ausdruck »negative therapeutische Reaktion« zu untersuchen, denn negativ gegenüber was? Man mag noch so oft betonen, sie sei negativ gegenüber dem analytischen Prozeß. Doch der analytische Prozeß ist nur ein hohler Begriff, wenn man ihn nicht mehr auf das bezieht, was seine wesentliche Achse bildet, nämlich den Gegensatz Übertragung–Gegenübertragung.

Gewiß hat Freud den Gegensatz zwischen dem Analytiker und seinem Patienten definiert, jedoch in Termini, die diesen Gegensatz dem der Sekundär- und Primärprozesse aufsetzen:

»Der Arzt will ihn [den Patienten] dazu nötigen, diese Gefühlsregungen in den Zusammenhang der Behandlung und in den seiner Lebensgeschichte einzureihen, sie der denkenden Betrachtung unterzuordnen und nach ihrem psychischen Werte zu erkennen. Dieser Kampf zwischen Arzt und Patienten, zwischen Intellekt und Triebleben, zwischen Erkennen und Agierenwollen, spielt sich fast ausschließlich an den Übertragungsphänomenen ab.«[10]

Doch dieser Gegensatz führt in gewisser Weise das monadische System wieder ein, insofern der Analytiker die Stelle des bewußten, reflektiven und kritischen Systems einzunehmen scheint, das aufgrund des Widerstands dem Patienten fehlt.

Man kann über den schrecklich »objektivierenden« Charakter eines solchen Gegensatzes nur staunen, der in der Tat ein Gegensatz ist, doch jeden Versuch eines Verständnisses durch Identifizierung in der Schwebe läßt.

Freilich gibt es die »Schachpartie«, eine von Freud so gern verwendete Metapher zur Beschreibung der Analyse, und auch den Gegensatz. Es stimmt, daß die Gegenübertragungshaltung, die vielfältig sein muß, an die vernünftigsten wie die dunkelsten Regionen des Intellekts appelliert. Es stimmt, daß die analytische Technik, wenn sie nicht machiavellistisch ist, überhaupt nichts ist, aber daß der Machiavellismus auch ihr größter Fehler ist, wenn er es dabei bewenden läßt, einer irrationalen Rede eine andere, angeblich rationale entgegenzuhalten.

Der objektivierende Gegensatz des Analytikers und seines Patienten kommt in den *Konstruktionen in der Analyse* aus dem Jahre 1937 zum Durchbruch:

10 *Zur Dynamik der Übertragung, GW* VIII, 374

»Das Gewünschte ist ein zuverlässiges und in allen wesentlichen Stücken vollständiges Bild der vergessenen Lebensjahre des Patienten. Hier werden wir aber daran gemahnt, daß die analytische Arbeit aus zwei ganz verschiedenen Stücken besteht, daß sie sich auf zwei gesonderten Schauplätzen vollzieht, an zwei Personen vor sich geht, von denen jedem eine andere Aufgabe zugewiesen ist.«[11]

Die Konstruktion und die Rekonstruktion werden dann, wie Serge Viderman sehr gut gezeigt hat, unausweichlich und problematisch.
Diese Bewegung des Freudschen Denkens, das den Gegensatz zweier Kräfte statuiert, die von zwei verschiedenen Personen an zwei gesonderten Schauplätzen ausgetragen werden und letztlich auf einem Antagonismus beruhen, entspricht einer Wiederherstellung des vergessenen Texts, sie bezieht sich stets auf das Gedächtnis; bevor man den manifesten Inhalt analysieren kann, muß man diesen Inhalt in seiner Gesamtheit restituieren.
Daß es Lücken gibt oder daß ein Stück des Texts fehlt, liegt am Vergessen, also an der Verdrängung, und man muß zuerst die ganze Inschrift restaurieren, bevor man ihr Rätsel entziffern kann. Hier hört der archäologische Vergleich auf, denn wie Freud sagt:

»Das psychische Objekt (ist) unvergleichlich komplizierter ... als das materielle des Ausgräbers ...«[12]

Gewiß! – Und die Unzulänglichkeit eines solchen Vorgehens wird im übrigen beim Fall Dora zum Durchbruch kommen.
Als nämlich die Übertragung, aufgrund ihres unvermuteten Erscheinens und der unüberwindlichen Komplikationen, die sie mit sich bringt, Freud dazu zwingt, die Technik der Traumdeutung teilweise aufzugeben, um anderen Problemen Raum zu geben, sagt er, daß es nicht genüge, den verstümmelten Text wiederherzustellen, daß die Übertragung nicht nur anhand der Worte des Patienten verstanden werden kann, sondern *erraten* werden muß.

11 *Konstruktionen in der Analyse*, GW XVI, 44 f.
12 Ibid., 46 f.

Dieses Erraten schlägt eine Brücke, deren Pfeiler zu errichten die Metapsychologie sich zu sträuben scheint:
Wenn Freud in den metapsychologischen Schriften das Unbewußte legitimiert, spricht er von der Schwierigkeit des Menschen, die Seelenzustände eines anderen zu kennen.

»Das Bewußtsein vermittelt jedem einzelnen von uns nur die Kenntnis von eigenen Seelenzuständen; daß noch ein anderer Mensch ein Bewußtsein hat, ist ein Schluß, der per analogiam ... gezogen wird ... (Psychologisch richtiger ist wohl die Beschreibung, daß wir ohne besondere Überlegung jedem anderen außer uns unsere eigene Konstitution, und also auch unser Bewußtsein, beilegen, und daß diese Identifizierung die Voraussetzung unseres Verständnisses ist.) Dieser Schluß – oder diese Identifizierung – wurde einst vom Ich auf andere Menschen, Tiere, Pflanzen, Unbelebtes und auf das Ganze der Welt ausgedehnt ...
Die Psychoanalyse fordert nun nichts anderes, als daß dieses Schlußverfahren auch gegen die eigene Person gewendet werde ...«[13]

Im Folgenden heißt es, daß angesichts des besonderen Widerstrebens gegen dieses Schlußverfahren dasselbe nur zur Annahme eines anderen, zweiten, dann eines dritten Bewußtseins führen kann.
Doch dieser Umweg über das andere Bewußtsein gießt nur Wasser auf die Mühle der Monade. Denn zu dieser kehrt letztlich die Idee, ein zweites, drittes, viertes Bewußtsein in sich anzunehmen, nach jener Reise über den Anderen wieder zurück.
Letztlich scheitert das Unternehmen, sein eigenes Unbewußtes über das der anderen zu begreifen.

»Es bleibt uns in der Psychoanalyse gar nichts anderes übrig, als die seelischen Vorgänge für an sich unbewußt zu erklären und ihre Wahrnehmung durch das Bewußtsein mit der Wahrnehmung der Außenwelt durch die Sinnesorgane zu vergleichen.«[14]

Diese Problematik der Wahrnehmung des Unbewußten beim Anderen, die hier so eindringlich geschildert wird, finden wir auch bei Maine de Biran (vgl. unser Kapitel über den historischen

13 *Das Unbewußte*, *GW* X, 267 f.
14 Ibid., 270

Zusammenhang des Übertragungsbegriffs). Seine Lösung mutet seltsam pessimistisch an und bestätigt erneut, falls noch nötig, die narzißtische Konzeption der metapsychologischen Monade.

Wenn sich Freud in den metapsychologischen Schriften mit den möglichen Verbindungen zwischen den verschiedenen Systemen befaßt, kann er nur feststellen, wie ungemein schwer es dem *Bw* fällt, das *Ubw* zu beeinflussen. Obwohl die psychoanalytische Behandlung gerade auf diesem Einfluß gründet, drängt sich eine Feststellung auf, die jedoch keine Erklärung findet: daß nämlich das *Ubw* unmittelbar auf ein anderes *Ubw* einwirken kann:

»Es ist sehr bemerkenswert, daß das *Ubw* eines Menschen mit Umgehung des *Bw* auf das *Ubw* eines anderen reagieren kann. Die Tatsache verdient eingehendere Untersuchung, besonders nach der Richtung, ob sich vorbewußte Tätigkeit dabei ausschließen läßt, ist aber als Beschreibung unbestreitbar.«[15]

Letztlich aber läßt sich diese unmittelbare Kommunikation zwischen Unbewußtem und Unbewußtem, eine unbestreitbare Tatsache, nicht auf der Ebene der Übertragungsneurosen erklären – aus dem einfachen Grunde, weil die inneren Verdrängungskräfte diese Kommunikation hemmen. Was die Neurose und gleichermaßen die Normalität ausmacht, hält nur stand dank der Verdrängung und der Zensur, und insofern ist die Unkommunizierbarkeit normal.

Der einzige Weg bleibt offenbar der über das Vorbewußte, das, indem es sowohl das Problem der doppelten Niederschrift wie das der Kommunikation löst, dadurch, daß es die Wortbesetzung mobilisiert, die Möglichkeit wiederherstellt, sowohl das *Ubw* wie das *Bw* kommunizieren zu lassen, eine Brücke zu schlagen zwischen der Wahrnehmung und der Vorstellung der Dinge, aber gleichzeitig jenseits der Kommunikation, über den Schluß *per analogiam* hinaus, eine Sprache zu schaffen.

Alles hängt nun von der relativen Besetzung der Wörter in bezug auf die der Dinge oder, genauer, auf ihre jeweiligen Vorstellungen ab.

So erscheint der Psychotiker als der einzige, der fähig ist, »das

15 Ibid., 293

Unbewußte zu sprechen«. Er scheint die gesamte Metapsychologie zu verschieben und die Grenzen des unbewußten Ausdrucks vorzuverlegen. Damit schiebt er die Grenzsteine der Verdrängung so weit vor, daß sie nun auch seinen Gesprächspartner einschließen ...

»Von seiten des Verhältnisses der beiden psychischen Systeme wurde allen Beobachtern auffällig, daß bei der Schizophrenie vieles als bewußt geäußert wird, was wir bei den Übertragungsneurosen erst durch Psychoanalyse im *Ubw* nachweisen müssen.«[16]

Tatsächlich steht diese klinische Feststellung mit der metapsychologischen Hypothese durchaus in Einklang, da der Schizophrene, der das Objekt aufgegeben hat, nicht versucht, seine Libido einem neuen Objekt zuzuwenden, sondern sie auf sich selbst und seine endopsychische Wahrnehmung verteilt und damit »einen objektlosen Zustand von Narzißmus« wiederherstellt.
Diese metapsychologische Wahrnehmung ist äußerst wichtig, da sie eng mit der Übertragung zusammenhängt. Je möglicher diese unbewußte Kommunikation in bewußter und artikulierter Form ist, desto mehr wird dem Objekt die Besetzung entzogen und desto unmöglicher wird die Übertragung:

»Die Fähigkeit zur Übertragung, welche wir bei diesen Affektionen [den Psychoneurosen] therapeutisch ausnützen, setzt ja die ungestörte Objektbesetzung voraus.«[17]

Somit wären die Psychotiker zur Übertragung unfähig, im Gegensatz zu den klassischen Neurotikern –, der Prüfstein dafür wäre die Besetzung oder Nichtbesetzung des Objekts.

Die Übertragungspsychosen

Alle Psychiater und die meisten Psychoanalytiker, vor allem jene, die sich für die Psychosen interessieren, lehnen diese These rundweg ab und weisen nach, daß auch bei Psychotikern eine Übertra-

16 Ibid., 295
17 Ibid.

gung besteht. Einige sprechen sogar von psychotischer Objektbeziehung in Anlehnung an die neurotische »Objektbeziehung«.

Der Terminus »Objektbeziehung« ist verwirrend, wenn man den Begriff der Übertragung auf jede Beziehung ausdehnen will, die sich zwischen dem Analytiker oder Psychotherapeuten und seinem Patienten herstellen kann.

Wir werden noch zeigen, wie gefährlich es ist, den Begriff der Übertragung so weit auszudehnen, da man ihn schließlich völlig aus den Augen verliert.

Ich für meinen Teil halte an der Auffassung fest, daß der Psychotiker seine Libido vom Objekt abzieht, und ich bin überzeugt, daß der Terminus »narzißtische Neurose« Strukturen bezeichnet, bei denen die Herstellung und Feststellung einer Übertragung unmöglich sind.

Dagegen zeigen viele paranoide Zustände, die beginnenden Schizophrenien, die Remissionsphasen zwischen wahnhaften Anfällen und mehr noch die sogenannten präpsychotischen Zustände, daß sich in der Tat eine Übertragung feststellen läßt und daß in jedem Fall irgend etwas auf den Therapeuten verschoben wird, was von der Projektion zu unterscheiden ist; letztlich darf man sich sogar fragen, ob sich überhaupt irgendeine menschliche Beziehung herstellen läßt, ohne daß die unbewußten Elemente in der Phantasie übertragen werden.

Doch es geht weniger darum, »eine Übertragung zu machen«, als etwas »aus ihr zu machen«.

Ich poche hier keineswegs auf »gesunde Sektoren« der Persönlichkeit, die eine Übertragung leisten können, und auf andere, »weniger gesunde«, die dazu angeblich unfähig sind, sondern ich betrachte im Gegenteil das psychotische Denken sowie das neurotische Denken in ihrer Gesamtheit und bin der Meinung, daß, wenn sie imstande sind, frühere psychische Elemente in der Phantasie zu verschieben, um sie einem aktuellen Protagonisten zuzuschreiben, daß diese Verschiebung und diese Zuschreibung weder dieselben Wirkungen noch dasselbe Schicksal haben.

Diese übertragenen psychischen Elemente sind sowohl Erinnerungen wie Phantasien, Ideen, Rollen, die aufgrund minimaler Ähnlichkeiten oder überhaupt keiner Ähnlichkeit noch Wahrscheinlich-

keit zugeschrieben werden, infolge verbaler, begrifflicher, formaler, situationsbedingter Assoziationen, letztlich: Ideenassoziationen.
Es versteht sich von selbst, daß die Übertragung solcher, im übrigen heterokliter Elemente (so läßt sich z. B. die Übertragung einer Erinnerung und die Zuschreibung einer Eigenschaft nicht auf dieselbe Stufe stellen), ein anderes Schicksal erfahren, je nachdem, ob sie sich in einem psychotischen Denken oder einem neurotischen Denken abspielt.
Das neurotische Denken breitet seine Phantasiewelt anhand innerer Objekte vor sich aus, d. h. es kann sich nur dann als Denken konstituieren, die Vorstellungen, die es schafft, nur dann an Wortreste knüpfen, wenn diese Vorstellungen symbolisierbar sind, denn sonst würden die Worte auf der einen Seite, die Dinge auf der anderen bleiben, und es gäbe niemals den geringsten Grund, daß ein irgendwann gehörter Wortrest dazu dient, die Vorstellung eines Dings zu bezeichnen, wenn dieses Ding nur ein Ding wäre. Es muß nicht nur das Objekt einer Vorstellung sein können, damit es sich als psychisches Element betrachten läßt, sondern diese Vorstellung muß auch als inneres Objekt symbolisch faßbar sein.
Mit innerem Objekt meinen wir nicht nur, daß dieses Objekt als innerlich oder bloß subjektiv wahrgenommen wird, denn dazu ist das psychotische Denken fähig, sondern daß die Verschiebung, die dieses innere Objekt erfahren kann, selbst als symbolische Verschiebung verstanden wird. Die symbolische Verschiebung der psychischen Inhalte ist unerläßlich, damit überhaupt Aussicht besteht, eine Übertragung eines Tages bewußt zu machen.
Paradoxerweise scheinen die Psychotiker einen besonders klaren endopsychischen Blick für die unbewußten Mechanismen zu besitzen, die sich in ihnen vollziehen. Doch diese endopsychische Sehschärfe, die sich in Wahrheit dem Rückzug der Objektbesetzungen in den Innenraum verdankt, trifft auf Inhalte, die wir zwar als symbolisch betrachten können und die in der Tat Symbole sind, doch deren endopsychische Verschiebung sich in einem nicht-symbolischen Raum zu vollziehen scheint.
Oft kommt es vor, daß im neurotischen Denken, insbesondere in den Träumen, Vorstellungen auftauchen, die dem Konflikt der inneren psychischen Kräfte durchaus entsprechen.

Der Bruch eines Damms »übersetzt« den Durchbruch einer bisher zurückgehaltenen Triebregung, aber es bedarf nur der geringsten Deutung oder sogar nur der einfachen Aussage, damit dieser Dammbruch seine volle metaphorische Bedeutung gewinnt, so daß die reale Wahrnehmung eines Dammbruchs notwendig auf den Nachhall eines inneren Bruchs verweist und *vice versa.*
Unterdessen holt der Psychotiker Eimer, um das verschüttete Wasser aufzuschöpfen, ohne daß man zunächst wüßte, wozu.
Ebenso wird er uns irgendeine väterliche Funktion zuweisen, z. B. aufgrund einer Wortassoziation mit unserem Eigennamen, was deutlich zeigt, daß die symbolische Funktion hier entlehnt ist; doch diese symbolische Funktion, da nicht auf die endopsychische Symbolik der Verschiebung zu beziehen, ist nicht zu »gebrauchen«, d. h. sie wird ihre Inhalte verdinglichen. Einerseits wird sie die äußere Realität zurückweisen, weil sie Objektwert hat, andererseits die innere Realität zurückweisen, weil sie den symbolischen Schlüssel zu ihrer Anordnung nicht besitzt.
Das psychotische Denken ist also zur Übertragung fähig, aber vermag sie nicht zu benützen, d. h. psychischen Gewinn aus ihr zu ziehen.
Heißt das, daß dieser psychische Gewinn nur korrelativ zu einer Objektbesetzung denkbar ist? Ich glaube schon, und deshalb meine ich, daß »realistische« Techniken, die in einer klassischen Behandlung unannehmbar sind, bei der Behandlung der Psychotiker durchaus angebracht sein können.
Hier ist die Praxis des Psychodramas beispielhaft, welche die Realität genau an dem Punkt aufpflanzt, an dem die Übertragung ihrer eigenen Enthüllung nicht gewachsen ist und der symbolische Mangel gerade dadurch behoben wird, daß er durch eine Verkörperung dargestellt ist.
Wiewohl man also gültig von Übertragungspsychosen reden kann, weil bei der Behandlung der Psychotiker tatsächlich Verschiebungen und Zuschreibungen zu erkennen sind, so bin ich dennoch der Meinung, daß diese Übertragungen unvollständig sind, jedenfalls mehr zur repetitiven Seite der Übertragung als zu ihrer erneuernden Seite gehören.
Die meisten Psychoanalytiker, die sich mit Psychosen befassen,

halten die Fähigkeit zur Übertragung ihrer Patienten nicht nur für gesichert, sondern behaupten zudem, daß sie es mit »massiven Übertragungen« zu tun haben. Dieser Terminus der massiven Übertragung spiegelt, wie mir scheint, den subjektiven und globalen Eindruck einer Reglosigkeit wider, einer psychischen Beschlagnahme, einer Einkerkerung der Person des Therapeuten im subjektiven Raum des psychotischen Denkens.

Dieser subjektive Raum – subjektiv aufgrund des Verlusts des symbolischen Sinns der inneren Mechanismen, insbesondere derer der Verschiebung und der Verdichtung – hat keinen Begriff mehr von den Grenzen seiner eigenen Innerlichkeit, so daß die inneren Inhalte anderer Subjektivitäten, insbesondere die des Therapeuten, in ein und demselben Raum eingeschlossen scheinen.

In gewisser Weise sind hier alle Seelenvorgänge miteinander verbunden, oder genauer, sind nur noch ein einziger. Das Gefühl, daß so viele Psychiater nach Verlassen der Klinik befällt, sobald sie die Tür hinter sich geschlossen haben, kommt dem eines *habeas corpus* gleich, so als hätte man, wo nicht den Inhalt, so doch den Behälter gerettet.

Das intuitive Eindringen der Psychotiker ins Unbewußte anderer, ihre Fähigkeit, bewußt auszudrücken, was im neurotischen Denken in den Bereich des Undenkbaren fällt, drückt den Bruch der inneren Grenzen des Narzißmus aus und zeugt von einer unausweichlichen und notwendigen »massiven Gegenübertragung«.

Die therapeutische Aktion scheint dadurch merkwürdig verschoben, denn es macht keinen Unterschied, ob man sagt: »der Psychotiker und sein Patient« oder »der Psychotherapeut und der Psychotiker«.

Wer klärt hier den anderen auf? Sobald man einmal in der Arena steht, heißt es Abschied nehmen von der prächtigen »Schachpartie«, die Freud mit den Neurotikern zu spielen pflegte; schwarz und weiß sind gräßlich vermischt. Abschied auch vom intellektuellen Kampf der Vernunft, des Bewußtseins und des Widerstands.

Die Deutung der Übertragung, und es gibt sie, ist keine Deutung innerhalb der Übertragung, sondern eher innerhalb der Gegenübertragung, sie hilft dem Psychotherapeuten, sich selbst in den Zügen einer gespaltenen Vaterfigur zu erkennen, und damit kann

sie den narzißtischen Patienten durchaus an die Überreste einer Objektwelt binden.
Eine Abschwächung erfährt dieses Prinzip durch die – später zu untersuchende – Unterscheidung zwischen direkter und indirekter Übertragung; und wir werden sehen, daß diese Unterscheidung bei den Charakterneurosen und den *border-line*-Fällen eben dazu beiträgt, sie auseinanderzuhalten.

Reduktion der Übertragung auf die Triebregung

Noch eine letzte Überlegung zum metapsychologischen Status der Übertragung; sie betrifft die Reduktion der Übertragung auf die bloße Verschiebung der Objektkonflikte, sogar der Triebregungen.
So betont Béla Grunberger in seiner Arbeit über den Narzißmus[18] zu Recht den Gegensatz zwischen Narzißmus und Triebreife sowie ganz allgemein die Antinomie zwischen den narzißtischen Zuständen und dem Objektkonflikt. Soweit dieser Gegensatz auf der Ebene der psychoanalytischen Situation begriffen wird, steht er hier nicht in Frage und bleibt durchaus überzeugend. In Frage steht vielmehr der Gegensatz von Narzißmus und Übertragung.
Diesem Autor zufolge tritt dem »narzißtischen Stadium« zu Beginn der Behandlung die Übertragung entgegen, die, als Träger der reinen Objekttriebregungen, diese erste Phase stört. Es stimmt zwar, daß in einigen Kuren die Übertragung, den Objektverschiebungen entsprechend, Konflikte erzeugt, die den berühmten analytischen Flitterwochen Schach bieten.
Doch damit bleibt man, wie mir scheint, auf der Stufe einer expliziten Übertragung stehen.[19] Sehr oft können sich die Übertragungsäußerungen sofort bemerkbar machen; sogar die Übertragungsneurose kann, wie wir später zeigen werden, sehr früh entstehen.
Man kann sogar behaupten, daß die Übertragungssituation schon

18 Béla Grunberger, *Le narcissisme*, Paris 1971 (dtsch.: *Vom Narzißmus zum Objekt*, Ffm. 1976), S. 62
19 Vgl. unten das Kapitel über die Register der Übertragung.

vor der eigentlichen Analyse beginnt, wie im übrigen auch die Gegenübertragungssituation. Die Gerüchte, die dem Analytiker und seinem Ruf oder dem Analysanden und seinem Ruf vorauseilen, die Störungen, die zwischen den Patienten desselben Analytikers auftreten, die Beziehungen, die sich unter den Psychoanalytikern herstellen, die Behandlungsanweisungen, die Ratschläge, die wichtige Tatsache, daß ein bestimmter Patient von einem bestimmten Analytiker zu einem anderen geschickt wurde oder von einem bestimmten Patienten empfohlen wurde, usw. – alle diese Dinge, die im übrigen eine wissenschaftliche Untersuchung verdienten, sind von enormer Bedeutung bei der Herausbildung des Komplexes Übertragung–Gegenübertragung und tragen dazu bei, daß er sich sehr frühzeitig entwickelt. Dennoch bleibt es eine Tatsache, daß die der Analyse vorausgehenden Umstände meistenteils erst nach langen Monaten der Analyse zum Vorschein kommen und durch vielerlei andere Äußerungen verdeckt werden können.

Doch es geht weniger um das, was der Übertragung vorausgeht, als um ihre Natur, insofern das, was durch Übertragung oder Gegenübertragung auf den Analytiker oder den Patienten verschoben wird, sich nicht auf Triebregungen oder Objektkonflikte beschränkt, die sich mit Hilfe eines metapsychologischen Skalpells sezieren lassen, sondern vielmehr ganze Ebenen von Konfliktsituationen, Phantasien, Erinnerungen, Ideen verschiebt, die von komplexen Vermischungen zeugen und bei ihrer Verschiebung sowohl narzißtische wie objektbezogene Momente umfassen.

Die historischen Gestalten, die diese Verschiebungen stützen und auf den Therapeuten übertragen werden, zeugen im übrigen, aufgrund ihrer inneren Widersprüche, von der Komplexität der verschobenen Elemente. In *Triebe und Triebschicksale* unterstreicht Freud die Ambiguität und die Vermischung narzißtischer und objektbezogener Positionen.

»Ja, der narzißtische Urzustand könnte nicht jene Entwicklung nehmen, wenn nicht jedes Einzelwesen eine Periode von Hilflosigkeit und Pflege durchmachte, während dessen seine dringenden Bedürfnisse nach Dazutun von Außen befriedigt und somit von der Entwicklung abgehalten würden.«[20]

20 *Triebe und Triebschicksale*, *GW* X, 227 Fn. 1

Diese Behauptung, die im übrigen der mehr metaphorischen zu Beginn des Aufsatzes folgt:

»Stellen wir uns auf den Standpunkt eines fast völlig hilflosen, in der Welt noch unorientierten Lebewesens ...«[21],

verbindet diese Situation der Hilflosigkeit unwiderruflich mit der Bedürfnisbefriedigung, wo nicht der Wunscherfüllung, und integriert die Notwendigkeit einer fürsorglichen Gegenwart, d. h. zumindest eines äußeren Reizschutzes.
Damit trägt die Regression in den Narzißmus, sei er auch noch so primitiv, den Keim eines inneren Widerspruchs in sich. Da dieser Zustand nur im Schatten eines Reizschutzes denkbar ist, der einen Zustand der Abhängigkeit schafft, verdankt er sich also einer instabilen Situation.
Diese wesentliche Instabilität rührt daher, daß der Reizschutz selbst, d. h. die fürsorgliche Anwesenheit, Gegenstand der ersten Triebregungen ist oder sie eben aufgrund seiner Pflege auslöst.
Erst durch eine sehr intensive ursprüngliche Verdrängung kann das so zur Pflege und Hilflosigkeit verurteilte Einzelwesen die Triebregungen von seinem »Beschützer« abziehen, die notwendig an ihn gerichtet sind – seien dieselben nun primär oder sekundär aggressiv, primär oder sekundär libidinös.
Gerade deshalb also, weil die fürsorgliche Anwesenheit einen Reizschutz bildet, wird sie zum Objekt einer Triebregung, denn wenn sie einen Reizschutz bildet, ist sie bereits verführt und übt Verführung aus.
Die Tatsache, zu pflegen oder zu beschützen, bildet allein schon die Grundlage einer Objektwahl, die Freud nach dem Anlehnungstypus beschreibt. Doch diese Wahl ist eine doppelte, denn wenn das Schützen und Pflegen die Objekttriebe anzieht, so sind diese Pflege und dieser Schutz selbst durch eine Verführung bedingt (Autoerotismus und Verführung sind unlösbar verbunden).
Das Kind wird aufgrund der Verführung beschützt, die es ausübt; daß diese Verführung narzißtischer Natur ist, ändert nichts an der Sachlage und verstärkt eher die Vorstellung, daß der Reizschutz

21 Ibid., 212

diese Rolle spielt; nicht nur gegenüber äußeren Reizen, sondern auch gegenüber solchen, die aus ihm selbst stammen.

Indem der Reizschutz eine Zeitlang seine eigenen Triebregungen mit Rücksicht auf das Kind aufschiebt, gelingt es ihm, es einzuschläfern. (Freilich ist dieser Zustand aufgrund der Konstanz des Triebs und der regelmäßigen Wiederkehr des Bedürfnisses prekär.)

Diese Situation findet in der analytischen Situation natürlich ein Echo und konstituiert sich sogar als Wiederholung dieses ersten Erlebnisses. Aber man muß annehmen, daß die Gegenübertragung, doch gleichsam zu spät, die Rolle eines Reizschutzes spielen kann, indem sie versucht, den Übertragungsäußerungen entgegenzutreten, die Objekttriebregungen verraten – was die Notwendigkeit bestätigt, die Gesamtheit der analytischen Situation in ein und derselben energetischen Theorie zu erfassen; in dieser und nur in dieser Hinsicht kann man annehmen, daß sich ein unbewußtes energetisches Gleichgewicht herstellt, das die Gesamtrate der erträglichen Reize einer Sitzung reguliert. Die *acting out* lassen sich sowohl seitens des Analytikers wie seitens des Patienten denken, sie sind gleichsam Abfuhren, die demjenigen, der sie verursacht, nicht unbedingt Erleichterung verschaffen.

Nur in dieser Hinsicht *läßt sich die Gegenübertragung als Reizschutz begreifen.* Sie kann sowohl vor wie nach den Triebansprüchen auftreten, welche die Übertragung enthüllt. Meist folgt sie ihnen, ausgelöst von den Übertragungsäußerungen.

Die Frühzeitigkeit der Übertragungs- und Gegenübertragungsäußerungen, ja sogar ihre Vorgängigkeit in bezug auf die Analyse, sowie die frühe Verschränkung der narzißtischen und der Objekttriebe – der Zwiespältigkeit der Periode der »Pflege und Hilflosigkeit« geschuldet – machen einen Gegensatz Narzißmus–Übertragung schwerlich denkbar.

Wenn der Gegensatz Narzißmus–Objektkonflikt seine Gültigkeit bewahrt, scheint es unmöglich zu sein, Übertragung und Objektkonflikt übereinanderzulegen, weil die Verschiebungen, die in der Neurose wirksam sind, durch ihren Inhalt und ihre Natur die ins Auge gefaßten Triebregungen übersteigen. Andererseits, wie wir später sehen werden, läßt sich die Übertragung nicht schlicht und einfach den Elementen gleichsetzen, die sie verschiebt, es sei denn, die analytische Situation werde verdinglicht. Die Gesamtheit dieser Überlegungen hat uns gezeigt, daß es notwendig ist, Übertragung und Gegenübertragung enger miteinander zu verbinden, als es gewöhnlich geschieht. Dieses Band wird nur möglich durch die Ähnlichkeit ihres Wesens und ihren gemeinsamen unbewußten Ursprung.

Daraus darf man natürlich nicht den Schluß ziehen, es handle sich um ein und dasselbe Phänomen, das sich bald auf dem Sessel, bald auf der Couch äußert, sondern daß gerade der Ort, von dem aus es ausgesagt wird, seine Natur selbst verändert und es sich nicht mit dem gleichsetzen läßt, was aus einer imaginären analytischen Situation erwachsen würde, in der Patient und Analytiker Kopf bei Fuß jeder auf einer Couch läge.

Durch die Grundregel führt die analytische Situation ein wesentliches Ungleichgewicht ein, sogar ohne die technischen Vorschriften, welche die Aktion des Analytikers einschränken.

Dieses Ungleichgewicht beschränkt sich keineswegs auf das Feld der Übertragung–Gegenübertragung; doch in diesem Bereich, der uns hier besonders interessiert, setzt es in der Bewegung der Triebreize und ihres Ausdrucks eine grundlegende Ungleichheit durch, welche die Gegenübertragung als energischen Opponenten gegen die Übertragung einführt und allein aufgrund der Tatsache des Zuhörens eine vektorisierte Situation schafft, die notwendig auf die ursprünglichen infantilen Situationen verweist.

Wir haben gesehen, daß in den Psychotherapien der Psychotiker, die nicht nach dem strengen analytischen Protokoll ablaufen, der Unterschied und Gegensatz zwischen Therapeut und Patient sich abschwächt und seine Vektorisierung verliert, womit er eine engere Verschränkung von Übertragung und Gegenübertragung erlaubt.

Der Hauptunterschied, den die Grundregel erzeugt, drückt sich unverkennbar in der quantitativen Ungleichheit der Rede aus, wiewohl der Vorteil einer gänzlich stummen Behandlung von fast allen Autoren betont wird. Nichtsdestoweniger unterstreicht diese Ungleichheit, sollte es noch nötig sein, die Schwierigkeit, auf die der analytische Prozeß im Gegensatz bewußt–rational–intellektuell und primär–unbewußt–Widerstand stößt. Ein Gegensatz, der bei Freud sehr stark hervortritt. Es liegt auf der Hand, daß sich dieser Prozeß nicht in der Dimension dieses einen Gegensatzes beschreiben läßt und daß das Übertragungsfeld auf beiden Seiten sehr viel umfangreichere unbewußte Vorstellungen mobilisiert.

Reduktion des Affekts auf seinen Betrag

Die Brücke, die es mittels des *Vbw* ermöglicht, diesen strengen Gegensatz zu überwinden, ist, wie jeder weiß, unterminiert. Diese Brüchigkeit tritt deutlich im Feld der Übertragung–Gegenübertragung bei der Betrachtung des zweiten schwachen Punkts der Metapsychologie zutage, der Reduktion des Affekts auf seinen Betrag.

Bekanntlich ist diese Reduktion nur durch das unterschiedliche Schicksal der Vorstellung und des Affekts möglich geworden.

Doch dieser Unterschied der jeweiligen Schicksale gewinnt besondere Schärfe, sobald er im Übertragungsfeld auftaucht, weil das, was in der Übertragung in Termini des Affekts ausgedrückt wird, gerade so formuliert wird, um beim Analytiker eine bestimmte Zahl von Vorstellungen auszulösen, und weil das, was als reine Vorstellung beschrieben wird, einige Affekte auslöst, die manche für verwerflich halten.

Wenngleich die Trennung von Affekt und Vorstellung eine gesicherte metapsychologische Tatsache ist, so ist diese auch durchkreuzender Natur, d. h. indem sie sich trennt, überwindet sie auch die Distanz, welche die Gesprächspartner trennt und schlägt, das Zeichen wechselnd, eine Brücke.

Schon Michel Fain hatte unterstrichen, wie stark bei gewissen Schriftstellern die Leidenschaft, zu schreiben oder zu beschreiben, mit einer Unfähigkeit, zu fühlen, sowie einer erstaunlichen Fähigkeit, *fühlen zu lassen*, einhergeht. Der Terminus Vorstellung ist hier natürlich in seinem bildhaftesten Sinn und mit dem größten »Darstellbarkeits«index zu verstehen. Doch selbst in diesem sehr umfassenden metapsychologischen Sinn, wie ihn Freud häufig gebraucht, mag das Schicksal der Vorstellung noch so sehr vom Affekt getrennt sein, sie berühren einander dennoch, und vor allem *hat die Vorstellung die grundlegende Wirkung, den Ausdruck dieses Affekts zu hemmen.*

Doch das Übertragungsfeld bietet in der analytischen Situation diesem Affekt einen möglichen Ausweg, so daß er, wenn der Patient ihn nicht verspürt, das analytische Feld mit dem Ziel durchkreuzt, vom Analytiker verspürt zu werden. Dieser Austausch von Affekt und Vorstellung scheint in der klassischen analytischen »Technik« einen stillen Hafen zu finden. Da die Deutung im Stil eines »objektiven«, ja »explikativen Kommentars« jede affektive Teilnahme wie gleichzeitig die Einführung neuer Vorstellungen ausschließen würde.

Dieses Durchkreuzen von Affekt und Vorstellung, in jeder »praktischen« analytischen Situation zu bemerken, widerlegt die streng monadische Auffassung der Metapsychologie. Es läßt außerdem besser begreifen, wie das institutionelle Ungleichgewicht der analytischen Situation aufgrund der bloßen Tatsache, daß der eine spricht und der andere zuhört, einen Übertragungs- und einen Gegenübertragungspol schafft.

Zum Schluß dieses Kapitels über die Gegenübertragung und die Metapsychologie müssen wir nun einige Aspekte ihrer inneren Beziehungen analysieren, da die Gegenübertragung zum psychoanalytischen Denken gehört und die Metapsychologie dessen Lehrgebäude darstellt.

Wir haben gesehen, daß diese Beziehungen wo nicht strittig, so doch problematisch sind, da die monadische Konzeption der Metapsychologie, erheblich beeinflußt von ihrem starken narzißtischen Exponenten, schwer anzuwenden ist, sobald es um die analytische Situation geht. Indem diese Situation ein dialektisches Feld der Übertragung–Gegenübertragung ins Spiel bringt, konnte sie sich nicht mit einem monadischen Nebeneinander zweier Protagonisten begnügen. Sie mußte im Gegenteil ihre energetische Struktur auf die dialektische Gesamtebene, die des analytischen Prozesses heben.

Im übrigen konnte auch ihre dynamische, d. h. konflikthafte Konzeption sich nicht auf eine Art Gegensatz reduzieren – bewußt einerseits, unbewußt andererseits; wir mußten diese »metapsychologische Distanz« zwischen dem Analytiker und seinem Patienten für unzureichend erklären, die durch die analytische Situation geschaffene Übertragungsbeziehung zu beschreiben.

Die von Freud beschriebenen Brücken zur Überwindung dieser Distanz scheinen, wie Freud selbst sagt, unsicher und durch den narzißtischen Charakter ihres jeweiligen Ursprungs auf ewig verschleiert. Die narzißtische Identifizierung, die zwar den besten »Übergang« von einem Unbewußten zum anderen bietet, kann nur zur Illusion eines zweiten Bewußtseins, dem ersten vergleichbar, führen.

Das innigste Band zwischen zwei unbewußten Entitäten schien sich uns in der Beziehung des Psychotikers und seines Therapeuten abzuzeichnen, die nun eine Art »neue Metapsychologie« einführt, in welcher der Begriff des Therapeuten selbst zu wanken oder, genauer, sich auf die beiden Protagonisten zu verteilen scheint.

Diese neue Verteilung schien uns die Verschränkung von Übertragung und Gegenübertragung zu bestätigen und erlaubte uns, die Illusion einer massiven Übertragung allein seitens des Patienten zu zerstreuen.

Damit hielten wir uns von zwei wesentlichen Klippen fern: derjenigen, Übertragung und Gegenübertragung, unter dem Vorwand ihrer Verschränkung, als ein und dieselbe begriffliche Einheit zu sehen. Diese Verschränkung und dieses dialektische Band schienen uns nur aufgrund eben ihrer Widersprüche möglich zu sein.

Diese Widersprüche rühren, wie wir meinen, im wesentlichen vom unterschiedlichen Ursprung ihres Ausgangspunkts her, einem Unterschied, der von den konkreten Modalitäten der analytischen Situation und der protokollarischen analytischen Sitzung gestützt, ja geschaffen wird.

Die zweite Klippe ist die einer Verdinglichung der analytischen Situation, die das dialektische Feld der Übertragung–Gegenübertragung auf das einer »schlichten Objektbeziehung«, der sogenannten Übertragungsobjektbeziehung reduzieren würde, offenbar entsprechend einer Übertragungsregression. Wenngleich wir uns vorbehalten, diese Realität oder Virtualität der Übertragung weiter unten näher zu bestimmen, so haben wir, anläßlich des Gegensatzes Narzißmus–Übertragung, auf die Gefahr hingewiesen, die letztere mit dem schieren Auftauchen unveränderter Triebregungen im analytischen Feld zu verwechseln.

Wir müssen also hinsichtlich der Metapsychologie noch einige Beispiele für die Beziehungen untersuchen, welche sie in der Gegenübertragung mit dem analytischen Denken knüpfen kann.

Wir haben sie in drei Hauptkategorien eingeteilt, die das gesamte Problem zwar nicht decken, uns aber besonders wichtig erschienen, nämlich: die Gefahr, die Metapsychologie als eine Methode aufzufassen; die Gefahr, sie als eine Legislation unbewußter Phänomene aufzufassen; schließlich die Gefahr, ihre Inhalte zu verdinglichen, um die Instanzen, die sie begründen, als Realitäten aufzufassen.

Die Verwendung der Metapsychologie im Prozeß des analytischen Denkens stellt das Problem des Sinns des Begriffs der Metapsychologie selbst, dem im übrigen der Begriff der Metabiologie gegenüberstehen müßte, den es jedoch nicht gibt.

Diese Überlegungen, das wollen wir betonen, sind für das Verständnis der Übertragung nicht wesentlich, sie bezeichnen vielmehr im analytischen Denken die Widerstände, die sich diesem Verständnis in den Weg stellen; ebenso in der Geschichte des Begriffs der Übertragung, die wir im folgenden Kapitel behandeln, wie in der Praxis der analytischen Behandlung selbst und ihrer Ausrichtung.

Die Klippen der Metapsychologie

Die Metapsychologie definiert sich als Übung eines dreifachen Gesichtspunkts: des topischen, dynamischen und ökonomischen. Die Originalität eines solchen dreifachen Gesichtspunkts steht hier nicht zur Debatte, vielmehr, ob es sich um einen Gesichtspunkt und sonst nichts handelt, was, in Anbetracht der jeder Metapher immanenten sensorischen Projektion, der gerade die Metapsychologie Rechnung getragen hat, einen Punkt bezeichnet, von dem aus man spricht, oder, wenn man lieber will, eine Art, von dem zu sprechen, was psychisch ist. Von dem zu sprechen, was psychisch ist, erfordert einen Begriffsapparat, der einem Status der Psyche Rechnung zu tragen vermag.

In keinem Fall heißt in der Freudschen Metapsychologie von

dem sprechen, was psychisch ist, von Psychologie sprechen. Ebensowenig wie die These, daß das Unbewußte wie eine Sprache strukturiert ist, zu der Ansicht berechtigt, es sei wie die Linguistik strukturiert. Wenn der Standpunkt, auf den man sich stellt, nur die Metapsychologie beträfe, wäre er noch der Psychologie zuzuordnen. *Meta* verweist auf eine Distanz, und von dieser Distanz wollen wir sprechen. Sie weist also auf einen Punkt des Denkens hin, der nicht in den Strukturen befangen ist, die er aufhellen soll.

Dieser Gesichtspunkt ist folglich ein Kunstgriff. Dieser Kunstgriff läßt sich nur begreifen, wenn man mit Freud der Ansicht ist, daß der Punkt, von dem aus man spricht, ein bewußter Punkt ist und daß wir vom Bewußtsein aus die Gebote einer Metapsychologie artikulieren, die auf etwas ganz anderes zielt als auf das Bewußtsein selbst. In diesem Sinne bricht die Metapsychologie radikal mit jedem metaphysischen Unternehmen, das die Beziehungen, welche sie als Doktrin mit dem Gegenstand dieser Doktrin vereinen, nicht umgehen kann; anders gesagt, das keinen Satz formulieren kann, ohne sich augenblicklich genötigt zu sehen, die Tatsache, diesen Satz ausgesprochen zu haben, zu problematisieren.

Hier hingegen zerschlagen die beiden Hypothesen, welche die Metapsychologie begründen, das Bewußte auf der Ebene des einzigen Standpunkts, der es erlaubt, von etwas anderem zu sprechen als von sich selbst. Die beiden Grundhypothesen lauten:

1. Der Ort der Handlung des Seelenlebens ist sein somatisches Organ: das Gehirn;

2. die unmittelbare Kenntnis der bewußten Vorgänge durch das Bewußtsein, und die Unmöglichkeit, sie durch irgendeine Beschreibung besser zu erkennen.

Wenn das Bewußte bewußt ist, ist es nichts anderes darüber hinaus, und der Status, bewußt zu sein, genügt ihm. Die Metapsychologie wird sich also niemals Fragen über sich selbst stellen, auch nicht über ihren Daseinsgrund. Man kann folglich von einem Kunstgriff sprechen, möglich geworden durch die Hypothese, daß, da sich das Seelenleben nicht auf das Bewußtsein reduzieren läßt, der Bruch zwischen dem Ort, von dem aus man spricht, und dem Objekt dieses Sprechens dazu berechtigt, von einem Gesichtspunkt und von sonst nichts zu sprechen.

Die Metapsychologie als Methode

Damit könnte man versucht sein, die Metapsychologie einer schlichten Methode gleichzusetzen. In gewissem Sinn ist sie auch eine Methode, da die Übung des dreifachen Gesichtspunkts ausreicht, dieses Unternehmen als metapsychologisch zu charakterisieren. Doch eine Methode, sei sie auch eine annähernde, ist niemals konstitutiv für das Objekt, dem sie sich annähern will. Durch den Kunstgriff der Distanz sowie durch ein gewisses Maß an Objektivierung, von der wir später sprechen werden, übersteigt hier die Metapsychologie die Ebene einer Methode, denn von einem topischen, dynamischen und ökonomischen Gesichtspunkt sprechen, heißt, sowohl auf diese Weise sprechen wie dafürhalten, daß das, wovon man spricht, selbst wieder auf quantitative, konflikthafte und dissoziierbare Weise strukturiert ist. So läßt sich die Metapsychologie nicht einer bloßen Methode gleichsetzen, obwohl sie eine ist. Sie übersteigt diesen Rang in dem Maße, in dem sie, durch den Kunstgriff der Distanz, für die Instanzen konstitutiv erscheint, die sie zum Gegenstand ihrer Untersuchung macht. Auf der einen Seite begründet sie die Existenz einer Instanz, zum Beispiel das Ich. Auf der anderen Seite erklärt sie diese Instanz für rätselhaft und kann sie nur dadurch zu qualifizieren suchen, daß sie die Beziehungen dieser Instanz zu anderen aufklärt. Da sich der topische Gesichtspunkt nur im Licht des dynamischen und des ökonomischen Gesichtspunkts erhellen läßt, sind die drei Gesichtspunkte eng miteinander verbunden und verbürgen den begründenden Aspekt der Topik. Diese Notwendigkeit der Metapsychologie, die drei sie charakterisierenden Gesichtspunkte zu vereinen, verbietet z. B., an die Schaffung einer neuen Instanz zu denken, welche die Hypothese ihrer Existenz nur der Feststellung historischer Elemente verdanken würde, wie man sie durch unmittelbare Beobachtung oder durch ausschließlichen Gebrauch dessen sammeln kann, was man den genetischen Gesichtspunkt in der Psychoanalyse genannt hat (zudem bin ich es, der hier von Gesichtspunkt und nicht von genetischer Psychoanalyse redet).

Dieses Unternehmen entgeht der Metapsychologie als solcher und muß auf der Ebene der allgemeinen Theorie diskutiert werden, wobei es dann darum geht, ob diese Theorie mit der Praxis des analytischen Zuhörens vereinbar ist. Sagen wir abschließend, daß es durchaus möglich ist, sich vorzustellen, einen topischen, ökonomischen und dynamischen Gesichtspunkt auf ganz anderes als das Seelenleben anzuwenden, z. B. auf das Studium der Brücken, doch dann würde sie ihren begründenden Wert verlieren, insofern die von ihr als Instanzen eingegrenzten Regionen nicht mehr spezifisch psychisch wären oder vielmehr dem entgehen würden, was Freud das Seelenleben nennt.

Als Legislation

Die zweite Versuchung bezüglich der Metapsychologie besteht darin, sie als eine Legislation zu betrachten, d. h. als einen Text, der die Gesetze erläßt, welche die Beziehungen zwischen den Entitäten regeln, die sie zuvor definiert hat.

In der Tat ist die Metapsychologie ein System, das Beziehungen regelt; die Beziehungen zwischen den Instanzen zum Beispiel. Doch der Text unterscheidet sich von ihm in einem grundlegenden Punkt, nämlich darin, daß eine Legislation von Beziehungen, d. h. die Gesamtheit der Gesetze einer Lehre oder einer wissenschaftlichen Theorie, sich auf eine Axiomatik stützt, d. h. auf als bekannt vorausgesetzte Tatsachen. Selbst wenn diese Tatsachen einen hypothetisch-deduktiven Charakter haben sollten, wäre die Metapsychologie in diesem Sinne eine Legislation der psychischen Tatsachen.

Doch sie unterscheidet sich von dieser hauptsächlich durch den gleichförmig hypothetischen Charakter ihrer Behauptungen, ohne daß je eine Deduktion als solche auf den Plan träte. Ihr Verfahren ist von Grund aus neu, insofern die in Frage stehenden Tatsachen vollkommen heterogen sind.

Bald handelt es sich um Begriffe, die anderen Disziplinen entlehnt sind, bald um klinische Tatsachen, bald um Hypothesen, die wie Fakten behandelt werden. Doch das Merkmal dieser Tatsachen ist, daß sie alle vollkommen rätselhaft sind. Dieses oder jenes System z. B. ist der Definition und sogar seinem Wesen nach rätselhaft, d. h. signifikant, aber Signifikant mit doppeltem Boden, da das Signifikat, auf das es sich möglicherweise bezieht, niemals selbst eine Tatsache ist und nur die Tatsache seiner Signifikanz als Tatsache zu konstituieren vermag, einer Signifikanz, die durch die Unterscheidung *Ubw–Bw* als Prinzip gesetzt ist. Was die Begriffe angeht, die den anderen Wissenschaften oder gegebenenfalls ganz schlicht dem gesunden Menschenverstand entlehnt wurden, diese angeblichen Tatsachen, von ihrer ursprünglichen Wissenschaft abgelöst – sie verdanken ihre Bedeutung und ihren Sinn nur der Tatsache, daß die Metapsychologie sie in sich aufgenommen hat.

Die Tatsache also, daß die Metapsychologie von rätselhaften Elementen ausgeht, verbietet es, sie als reine Legislation dieser Tatsachen zu betrachten. In diesem Sinne entspricht die Metapsychologie den Tatsachen, die sie begründen, doch kann sie die Dinge um keinen Schritt weiter bringen. Sie ist nicht schneller als die rätselhaften Tatsachen, denen sie Rechnung tragen soll.

Keine Deduktion ist möglich, die das Verständnis schneller vorantreiben könnte als die Tatsachen und Hypothesen, von denen sie ausgeht. Sie verfährt niemals durch Deduktion oder Induktion, sondern stellt neue Hypothesen auf, die unmittelbar auf neuen Tatsachen beruhen. Nur neue und wiederum rätselhafte Tatsachen können sie veranlassen, sich zu modifizieren, voranzuschreiten und andere Hypothesen zu begründen.

Man kann diesen Behauptungen also schwerlich den Charakter von psychischen Tatsachen zuerkennen, und zwar aufgrund des enigmatischen Charakters ihrer Natur selbst – die Behauptung der Metapsychologie steht über den eigentlichen psychischen Tatsachen, wie sie die Psychologie sammeln und beschreiben könnte, und genau in diesem Sinn ist sie eine *Meta*psychologie.

Die unmittelbare Übersetzung einer Beobachtung (die ihre Inhalte notwendig objektiviert) in einen metapsychologischen Begriff ist notwendig schief. Denn sie überbrückt jene Distanz zwischen Psychologie und Metapsychologie, ohne sie zu definieren.

Diese Unvereinbarkeit zwischen der »Beschreibung« oder »Darstellung« einer Analyse und ihrer Übersetzung in metapsychologische Termini läuft meist auf eine doppelte Aussage hinaus: eine klinische und eine theoretische.

Die zweite soll angeblich die erste erklären. In Wahrheit erklärt die Metapsychologie gar nichts, sondern stellt die erste, »klinische« Aussage wieder in die allgemeinen Perspektiven, d. h. die der Psyche in ihrer Gesamtheit. Eher sind es die klinischen Tatsachen, welche die Metapsychologie erhellen.

Schlecht und recht können sich also die theoretischen und klinischen Aussagen gegenseitig stützen, durch einen ständigen Austausch ihrer Darstellungen oder ihrer Prädikate. Doch sobald man das spezifische Feld der Übertragung–Gegenübertragung in Angriff nehmen will, muß man jede Hoffnung begraben, die Metapsychologie als Axiomatik zu verwenden.

Den Kategorien der Instanzen mißlingt es, die Übertragungsstrukturen einzukreisen, da diese in höchstem Maße dialektisch sind.

Es verwundert nicht, daß einige (besonders Lacan) versucht haben, in der Sprache selbst solidere Grundlagen für eine Axiomatik zu finden, d. h. die logischen Vertraulichkeiten des Unbewußten notwendig auf der rhetorischen Ebene seines Ausdrucks zu finden.

Dies setzt die Übersetzung einiger metapsychologischer Begriffe, wie z. B. Verdichtung und Verschiebung, in die Termini der Metonymie und der Metapher voraus. Doch eine solche Übersetzung entfernt diese letzteren von jedem Rückgriff auf einen ökonomischen Gesichtspunkt.

Im übrigen ist es eine Tatsache, daß Freud, wenn er seine exemplarischen Kuren oder den qualitativen Gegensatz von bewußt und unbewußt darstellt (*Psychopathologie des Alltagslebens* und *Der Witz*), sich lieber auf die dialektischen Umwege des vorbewußten Austauschs als auf die Instanzengegensätze der Metapsychologie verläßt. Wenn es einen Schnitt gibt zwischen der *Metapsychologie* und der *analytischen Technik*, so gibt es auch einen Schnitt zwischen der *klinischen Darstellung* und eben dieser *Metapsychologie*.

Ebensowenig wie wir es bei der Darstellung des spezifischen Feldes der Übertragung nicht bei den metapsychologischen Begriffen bewenden lassen können, können wir – aus den oben genannten Gründen, d. h. der Notwendigkeit, eine energetische und dynamische Gesamtkonzeption der Behandlung zu erarbeiten – den ökonomischen und dynamischen Gesichtspunkt aufgeben. Diese Gesichtspunkte zwingen uns zu der Ansicht, daß die Lust–Unlust-Zirkulation den Protagonisten der Kur gemeinsam und der Konfliktgegensatz, der aus dem Ungleichgewicht der analytischen Situation erwächst, wesentlich ist.

Die Metapsychologie als Substanz

Der dritte, topische Gesichtspunkt der Metapsychologie führt uns zu einer dritten Klippe, zweifellos der gefährlichsten, auch am schwersten zu erkennenden, nämlich der Objektivierung ihrer Inhalte, d. h. der Substantiierung der psychischen Instanzen.

Diese Auffassung kann meiner Meinung nach nur dann korrekt sein, wenn man zwischen der ersten und der zweiten Topik eine vollkommene Kontinuität sieht. Oft spricht man von zwei unterschiedlichen Bewegungen des Freudschen Denkens, von denen die eine die Unterscheidung *Ubw–BW–Vbw* in deren differentiellem Sinn, die andere in der Substantiierung ihrer Inhalte beträfe – so als würde die zweite Topik die erste widerlegen und sie nicht mehr berücksichtigen. Ganz im Gegenteil, so scheint mir, überwindet sie sie, indem sie sie aufbewahrt, und ist nicht ohne sie zu begreifen.

Wir sahen, daß die Metapsychologie weitgehend hypothetisch ist, da sie rätselhaften Tatsachen in immer größerer Zahl Rechnung trägt und sich bemüht, sie in eine Formulierung einzubringen, die sie zusammenfaßt, nicht aber in eine Theorie, die sie erklärt. Diese Zusammenfassung ist aber kein simples Anhäufen von Tatbeständen. Die Metapsychologie muß ihnen eine Perspektive und eine Ausdehnung geben, nicht aber eine Finalität; einen begrifflichen Rahmen, aber keinen kausalen Bezugspunkt. Verlieren wir nicht aus den Augen, daß sie immer nur ein Gesichtspunkt und eine Sprechweise ist. Diese Ausdehnung, diese Dimension wurde ihr nun aber einzig durch die Formulierung einer ersten Topik verliehen, die das Geistige mit einer Ausdehnung und einer Richtung versah. Man weiß, daß für Descartes die Unterscheidung zwischen ausgedehntem Körper und denkender Seele eine klare Unterscheidung war: zwar gibt es für ihn die Einheit von Körper und Seele, aber nicht auf der Ebene der klaren Gedanken. An die Prinzessin Elisabeth schreibt er:

»... und indem man schließlich nur das Leben und die alltäglichen Gespräche benutzt und sich des Nachdenkens und des Studiums von Dingen enthält, die die Vorstellungskraft üben, lernt man die Vereinigung von Seele und Körper begreifen.«

Gewiß stellt Freud, eben dadurch, daß er sich an die alltäglichen oder angeblich alltäglichen Dinge hält, die Beziehungen der Ausdehnung zum Seelenapparat her. Es ist frappierend, wie sehr Descartes' Schema, insbesondere sein Erinnerungssystem, dem von Freud beschriebenen Seelenapparat ähnelt. Doch der von Freud in seiner Grundhypothese implizierte Bruch gibt dem Seelenleben eine Richtung in der Ausdehnung, eine progrediente oder eine regrediente, doch gleichzeitig eine streng metapsychologische Ausdehnung in die Tiefe. Diese Ausdehnung ist metapsychologisch insofern, als sie einen zerebralen organischen Raum (äußere kortikale Zonen), einen phylogenetischen Raum (jüngst erworbene Zonen) und einen psychischen Raum, der eine Tiefe und eine Oberfläche besitzt, in Übereinstimmung zu bringen vermag. Die von Freud konzipierte Ausdehnung reicht von einer der beiden Grundhypothesen zur anderen, d. h. vom Hirn zur Wahrnehmung, folglich zur Realität, sie entwickelt sich zwischen zwei Gewißheiten. Zwischen diesen beiden Gewißheiten konstruiert er einen Apparat, der eine Ausdehnung besitzt. Die Metapsychologie setzt also mehrere übereinanderliegende Pausbilder. Phylogenese, zerebrale Organisation, vektorielle Richtung der psychischen Vorstellung sowie der Strecke der Affekte; Pausbilder, die zwar nicht haarscharf übereinstimmen, aber, als vormetapsychologische, ihre virtuelle Adäquatheit als möglich setzen. Der Terminus Apparat ist also der Metapsychologie durchaus eigentümlich. Er bedeutet nicht, daß der fragliche Apparat materiell von dem Organ dargestellt ist, das ihn trägt, aber daß er dennoch aus ihm hervorgeht; er ist metaphorisch durch einen optischen Apparat dargestellt: was von diesem optischen Apparat gesehen und wahrgenommen wird, wird als bekannt, da bewußt, vorausgesetzt. Doch der optische Apparat ist selbst der Untersuchungsgegenstand. Dieser Apparat

läßt sich in keinem Fall mit einem Schema vergleichen, das man einem organischen System oder einer Reihe von Vorstellungen überstülpte. Er verschmilzt auch nicht mit dem Organ, das der Ort seiner Handlung ist. Er ist eine imaginäre Struktur der Psyche, deren begriffliche Elemente selbst metakonkret sind, d. h. deren Konkretheit nur in einer Ausdehnung mit mehreren Begriffsstufen faßbar ist. Die phylogenetische, also historische Ausdehnung und die Ausdehnung, die von der Tiefe zur geistigen Oberfläche reicht (z. B. zur Motorität) wirken also zusammen, um bevorzugte, Instanzen genannte Regionen zu definieren. Doch in keinem Fall kann eine dieser Instanzen in einem einzigen Begriff der Ausdehnung erfaßt werden. Es ist z. B. absurd, von einem rein phylogenetischen oder rein ontogenetischen Ich zu sprechen.
Zur Veranschaulichung dieser metapsychischen Konzeption erinnern wir an die Definition von J. Laplanche und J.-B. Pontalis, denen zufolge die Verdrängung das Unbewußte begründet. Diese Auffassung der Verdrängung substantiiert die Verdrängung, indem sie ihr nur eine ontogenetische Dimension verleiht.
Doch es erscheint notwendig, eine Unterscheidung zu treffen zwischen dem, was begründend, und dem, was ursprünglich ist. Um sagen zu können, ein Element sei begründend, muß man es in einer einzigen Dimension der psychischen Ausdehnung isolieren und ihm eine konkrete Substantiierung zuerkennen, während man durchaus sagen darf, daß es in der Genese der Prozesse ursprünglich ist, durch welche das, was unbewußt war, bewußt werden kann. In diesem Sinne sehen wir, daß die Metapsychologie der ersten Topik nicht entraten kann, die ihr in ihrer Darstellung zwar vorausgeht, aber vollkommen gültig bleibt.
Diese Klippe der metapsychologischen Substantiierung findet einen Ausdruck in den Theorien, die eine Verschiebung der Instanzen während der Übertragung vermuten: Übertragung des Über-Ich auf den Analytiker, Übertragung des Es; Rolle des Hilfs-Ich, die dem Analytiker anheimfällt, usw. Diese Ausdrücke sind zwar nicht völlig sinnlos, ähneln jedoch eher Projektionsphänomenen als der eigentlichen Verschiebung.
Es ist anzumerken, daß sie Situationen zu charakterisieren scheinen, die gerade die unterste Grenze der Übertragung kennzeichnen.

Diese Situationen gleichen in vieler Hinsicht der Hypnose, die metapsychologisch durch eine Verschmelzung der Instanzen charakterisiert ist.

Doch wenn es sich um eine wirkliche Verschmelzung handelte, wäre es unmöglich, das Agens des Patienten zu erkennen. Diese verdinglichte, auf die analytische Situation angewandte Anschauung der Verschmelzung übersieht die subjektive Natur dieser Verschmelzung.

Paradoxerweise sollen diese Verschmelzungszustände in der analytischen Situation stärker zu spüren sein als in der Hypnose, insofern die Gegenübertragung, da weniger als in der Hypnose darum besorgt, die Initiative der aktiven Regungen zu behalten, sich darauf einläßt, an besagtem Verschmelzungszustand teilzunehmen.

Doch dann ist es ausgeschlossen, von echter Übertragung zu sprechen. Diese impliziert, daß eine ausreichende Distanz, eben jene, die zur Verschiebung der Übertragungselemente notwendig ist, eine solche Verschiebung und ihre Spezifizierung zu erkennen erlaubt. Ebensowenig können die Mechanismen einer projektiven Identifizierung, wie sie Melanie Klein beschrieben hat und deren subjektive Dimension man sich stets vergegenwärtigen muß, wiewohl sie ein schwer zu bezwingendes Band zwischen dem Analytiker und seinem Patienten herzustellen scheinen, zur Kategorie der Übertragung gerechnet werden, selbst wenn sie in der frühesten Kindheit des Patienten ihre Modelle finden. Die Übertragung kann sich hier nicht auf die bloße Wiederholung früherer Modelle oder auf ein »pattern« reduzieren.

Diese Versuche oder Versuchungen, die psychischen Instanzen zu substantiieren, scheinen ein besseres Fundament zu finden, wenn man die hierarchischen Stufen hinaufsteigt, welche die Metapsychologie notwendig einführt.

So zum Beispiel bei der »Verschiebung des Ichideals«, der »Übertragung des Ichideals«. Auch wenn sich die analytische Kur zuweilen nach den Linien zu brechen scheint, welche die Metapsychologie festgelegt hat, so darf man sie meiner Meinung nach trotzdem nicht der Übertragung zurechnen.

Gewiß, der Widerstand bedient sich der Übertragung, und die

Übertragung ist, wie wir noch sehen werden, ein Widerstand, und es kann vorkommen, daß eine der Modalitäten dieses Widerstands die Bahnen einer Art Teilung des Unbewußten benutzt, wobei es den Anschein hat, als gäbe es eine neue Verteilung der psychischen Kräfte, die nun von zwei verschiedenen Subjektivitäten getragen würden.

Dieser Widerstand ist in der Tat sehr stark und verdient nähere Betrachtung. Doch es kommt dann selten vor, daß er sich »in der Übertragung« deuten läßt, ohne daß man irgendein Element der Realität ins Spiel bringt. Als ob diese Substantiierung der psychischen Instanzen, hier des Ichideals, notwendig auf einer Realität fußen müsse. Eine doppelte, theoretische wie technische Falle, sich so auf eine Verdinglichung zu stützen; anders gesagt, diese Verdinglichung ist sowohl die des Theoretikers wie die des Patienten (ganz allgemein kann man sicher sein, daß alle theoretischen Irrtümer während einer Behandlung früher oder später durch einen Widerstand des Patienten dargestellt werden, der Zug um Zug diese irrige Sicht reproduziert).

So zum Beispiel der Patient, der in seinem Analytiker schon in der ersten Sekunde des Gesprächs seinem Ichideal »begegnet«. Es erfolgt dann eine Art Erstarrung, die dem »*coup de foudre*«, der »Liebe auf den ersten Blick« ähnelt, jedoch in Form einer starken negativen Übertragung einen fast unüberwindlichen Widerstand nach sich zieht – während in Wahrheit gerade das Übermaß an positiver Übertragung ihn so zu versteinern scheint. Mehr als um eine Substantiierung geht es hier um eine »Statufizierung«; die zugrunde liegenden erotischen Elemente sind schwer auffindbar, so sehr scheinen sie durch eine narzißtische Verdinglichung verschleiert: eine Inkarnation.

Dasselbe Phänomen tritt auf, obzwar in geringerem Maße, wenn der Analytiker in der Realität seiner physischen Person eine allzu frappierende Ähnlichkeit mit einer der historischen Gestalten aufweist, die am Ursprung der Übertragung stehen. Dann kommt es zu einer Art Verblüffung des Unbewußten und gleichsam zu einer Interferenz, welche die beiden Bilder trübt und die Beurteilung der Verschiebung unmöglich macht.

Dieses Phänomen ist an sich kaum bedeutsam, doch man darf sich fragen, ob die unsichtbaren Ähnlichkeiten, die nicht mehr auf der Ebene der greifbaren Realitäten, sondern der psychischen Realitäten liegen, die strukturellen Identitäten, die nicht nur unbewußt, sondern für den Analytiker unkenntlich sind, nicht bestimmte phobische Verhaltensweisen nach sich ziehen und dadurch erhellen; so als fände durch die Auswirkung dieser Ähnlichkeiten eine Art Substantiierung der Übertragung statt. Es versteht sich von selbst – aber man muß soweit kommen, es auszusprechen –, daß jede Gegenübertragungshaltung, die aus narzißtischer Gefälligkeit diese Ähnlichkeit unterstützen wollte, dieselbe, diesmal unwiderrufliche Verblüffung zur Folge hätte.

Zweiter Teil
Zur Geschichte der Übertragung

Kapitel I: Historischer Zusammenhang des Begriffs

Wenn jeder Mensch die unfehlbare Kraft hat, allem, was ihm begegnet, die Spuren dessen aufzudrücken, was er geliebt hat, so ist nicht einzusehen, daß dieses Privileg sich auf so besondere Umstände wie die einer Analyse beschränken sollte.

Das Phänomen

Deshalb geht die Übertragung als Phänomen weit über den Rahmen der psychoanalytischen Praxis hinaus.
Nicht nur die Techniken oder Disziplinen, die mehr oder weniger der Analyse unterstehen, können dies veranschaulichen.

Seine Ausdehnung

Sondern alle menschlichen Beziehungen, ob sie nun spontan entstehen oder die Erhellung eben dieser Beziehung zum Gegenstand haben, können sie unwissentlich benutzen und letztlich von ihr abhängen.
Doch weil die Psychoanalyse sie auf den Begriff gebracht und ihre Bedeutung unterstrichen hat, hat sie die Kraft und vielleicht die Pflicht, ihren Sinn zu erhellen.

Zeitliche Ausdehnung

So wie das Phänomen der Übertragung den Rahmen der Analyse sprengt, ebenso läßt sich der Ursprung des Begriffs lange vor dem Datum seiner Erfindung (1895) nachweisen.
Für unser Vorhaben scheint es jedoch sinnlos, seine Ursprünge allzuweit zurückzuverfolgen, denn dann müßten wir uns fast die gesamte Geschichte der menschlichen Beziehungen vornehmen und sogar darüber hinaus, da sich die Freudsche Theorie der phylogene-

tischen Schemata, welche die Überreste einer Artgeschichte bis in die Aktualität der Kur hinein verfolgt, selbst in eine große Übertragungsaktion einschreiben ließe.
Wir beschränken uns auf das 18. Jahrhundert, das in seiner epistemologischen Suche unseren heutigen Problemstellungen zuweilen so nahesteht.
Zu jener Zeit suchte das medizinische Denken in den elektrischen Phänomenen eine rationalere Begründung der pathologischen Erscheinungen als die der mysteriösen Einflüsse aus dem Jenseits.

Mesmer

Da erschien Mesmer. Er kam aus Wien und siedelte im Frühjahr 1778 nach Paris über.
Anton Mesmer war ein gebildeter Arzt, er verkörperte die mystische Tendenz seiner Zeit. Die Lehre der »Emanationen« erfreute sich in ganz Europa großer Beliebtheit. Der Gnostizismus von Svendenborg in Stockholm handelte von den »dem Göttlichen entwichenen Geistern«. In Deutschland hatte Gaßner, Priester aus Graubünden, einige Jahre zuvor in Regensburg Kranke exorzisiert und war kürzlich von Josef II. vertrieben worden. In Frankreich wirkte noch der Wahn der Rosenkreuzer nach, der in der ersten Hälfte des 17. Jahrhunderts besonders heftig gewütet hatte, und dem Grafen von Saint-Germain, der behauptete, in vertrautem Verkehr mit Jesus Christus und einigen großen Geistern der Vergangenheit zu stehen, war am Hofe Ludwig XV. ein schöner Erfolg beschert gewesen.[1]

Mesmers Kontext

In diesem Kontext erschien Mesmer als ein Wissenschaftler. Hatte er nicht 1766 eine Abhandlung *De Planetarum influxu* verfaßt, in

1 Diese Passage ist ein Auszug aus Dechambre, *Dictionnaire encyclopédique des sciences médicales,* Bd. VII, MDCCLLXXIII, S. 143

welcher er die Theorie des universellen Fluidums wieder in Mode brachte?

»Gesundheit oder Krankheit hängen von der Menge des im Körper verteilten Fluidums ab; diese Menge muß durch eine künstliche Flut reguliert werden.«

Die königliche Kommission

Ausgerüstet mit seiner Doktrin, läßt er sich an der Place Vendôme nieder und wird reich. Man strömt zu ihm; eine Subskription, die 340 000 Pfund einträgt, lanciert die »Sociétés de l'harmonie« in Paris, dann in ganz Frankreich. Man verkündet den »tierischen Magnetismus«. Einige auserwählte Adepten, darunter d'Elson, gelangen in die medizinische Fakultät; so daß sich am 12. März 1784 eine königliche Kommission bildet, welche die 27 Thesen von Mesmer über das magnetische Fluidum untersuchen soll; auch Dr. Guillotin, ein humanistischer und höchst rationeller Geist, nahm an der Kommission teil.
Diese verurteilte aus moralischen, genauer polizeilichen Gründen Mesmers Praktiken. Die Beschreibung der Verfahren durch Berühren und Anschauen, die die Kommission gab, ist eine der ersten wissenschaftlichen Untersuchungen der magnetischen Sitzungen.

Protokoll des Magnetismus

»Der Magnetiseur setzt sich, mit dem Rücken zum Norden, der Person gegenüber, Auge in Auge. Bald legt er die Hände auf die Weichen, die Daumen zum Hypochondrium gewandt, bald zeigt sein Daumen oder Zeigefinger zur Herzgrube. Entweder verharrt er reglos in dieser Stellung, oder er beschreibt mit den Fingern, bei ruhendem Daumen, links und rechts einen Halbkreis. Schließlich legt er die Hände auf die Lendengegend, in Sonderheit, wenn es sich um Frauen handelt.«[2]

2 Ibid., Bd. XXXII

Doch Mesmer verwandte noch andere Methoden: magnetische Leiter wie Stäbe aus Glas oder Eisen. Für notleidende Kranke hatte er eigenhändig einen Baum auf dem Boulevard Saint-Martin magnetisiert.
Die Wirkungen der magnetischen Sitzungen äußerten sich in Gähnen, Pandikulationen[3], Schluckauf, Tränen, Schluchzen, unbezwinglicher Anziehung zum Magnetiseur.
Mesmer wurde von der königlichen Kommission verurteilt, ebenso von der Nachwelt, die ihm seine Scharlatanerie und sein rasches Vermögen vorwarf. Das heißt verkennen, daß Zynismus etwas Seltenes ist und daß es eines ungewöhnlichen Glaubens bedurfte, eine so seltsame Karriere anzustrengen.

Die Kübel

Wir wollen nun, nach Dechambre, die Praxis der »Kübel« beschreiben, denn aus diesen sind Hypnose, Suggestion und schließlich Breuers kathartische Methode entstanden.

»In einen geschlossenen und stillen Raum mit gedämpftem Licht stellte man einen runden Bottich aus Eichenholz von sechs Fuß Durchmesser und anderthalb Fuß Höhe ... Auf dem Boden des Zubers waren wassergefüllte Flaschen strahlenförmig so angeordnet, daß die erste Schicht von Flaschen mit dem Hals zur Mitte, die zweite zur Peripherie usw. wies. Diese Flaschen waren mit Wasser bedeckt und lagen auf einer Mischung aus zerstoßenem Glas und Eisenspänen. Aus den Löchern im Deckel ragten Eisenstäbe, deren unteres Ende in die Flüssigkeit tauchte und deren oberes, gebogenes Ende, beweglich und spitz zulaufend, auf den Körper des Kranken appliziert wurde. Diese Stäbe waren lang genug, um auch die zweite oder dritte Reihe zu erreichen, denn der Zulauf war groß. Die Kranken, um den Zuber sitzend, waren mit einem Seil, das aus dem Kübel kam, miteinander verbunden; war das Seil nicht lang genug, so hielten sich die Kranken der zweiten Reihe an einem oder mehreren Fingern. *Doch magnetisch wird die Sache erst, wenn Mesmer selbst sich in die Kette eingliedert.* Ist der Magnetiseur anwesend, dann bedarf es des Seils nicht mehr, er braucht die Kranken nur zu berühren, sogar nur die

3 Eine Bewegung, bei der die Arme sich ausbreiten, Kopf und Rumpf nach hinten fallen.

Finger oder den Stab oder auch einfach den Blick auf sie zu richten. Es ist die Praxis des ›großen Stroms‹: der animalische Strom des Magnetiseurs, der mit dem des Kübels zusammentrifft, wird im Körper der Aneinandergebundenen zu einer wahren Sturmflut: ›Die Augen verdrehen sich, die Hälse recken sich in die Höhe, die Köpfe fallen nach hinten, man zittert, weint, lacht, hustet, spuckt, schreit, stöhnt, ringt nach Atem, fällt in Ekstase, fühlt geheime Leidenschaften.‹
Dann folgen Schreie, Erstickungsanfälle, Zuckungen, Verrenkungen, Stürze, vor allem die Frauen werfen sich aufeinander, rot oder bleich, mit verzerrten Zügen, flatternden oder an den Schläfen klebenden Haaren, umarmen sich, stoßen einander zurück, wälzen sich am Boden und schlagen mit dem Kopf gegen die Wände (die zu diesem Behufe gepolstert sind). Man hört die rituelle Formel schreien: ›Hilfe! Hilfe!‹ Dann wirft der Meister seine Mundharmonika beiseite (denn die Musik förderte den Magnetismus). Er eilt zu den Rasenden, durchdringt sie mit einem scharfen und tiefen Blick, faßt sie an den Händen oder streicht mit den seinen über die bebendsten Körperteile.«

Der Mesmerismus

Mesmer zufolge kann der tierische Magnetismus unmittelbar Nervenleiden und mittelbar alle anderen Leiden heilen, er erhöht die Wirkung der Medikamente, verursacht und lenkt *heilsame Krisen*, so daß man ihrer *Herr werden* kann; durch ihn weiß der Arzt um den Gesundheitszustand jedes Individuums und erkennt mit Sicherheit die Ursache und die Natur der kompliziertesten Krankheiten. Er verhindert ihre Ausbreitung und erzielt die Heilung ohne gefährliche Nebenwirkungen, unabhängig vom Alter, Temperament und Geschlecht der Person.
Mesmer ließ sich im übrigen von einem »Berührungsdiener« helfen. Doch die Kommission, die sich einzig an d'Elson hält, Mitglied der medizinischen Fakultät, läßt Experimente mit besonderen Kübeln vornehmen – ohne Ergebnis. Und als sie von einem Geheimbericht Kenntnis erhält, der auf die Gefahr sexueller Ausschweifung, ja sogar Vergewaltigungen hinweist, spricht sie das Urteil. Ein einziges ihrer Mitglieder verweigert die Unterschrift, Laurent de Jussieux: er meint, daß Mesmer einer fruchtbaren Wahrheit

auf der Spur ist, die nur durch die wissenschaftliche Unzulänglichkeit verdorben sei, und daß es der wahren Wissenschaft zukomme, sie aufzugreifen und zu befruchten.
Die Verurteilung durch die Kommission hätte nicht ausgereicht, wenn nicht auch der Adel den Magnetismus verdammt hätte. Heinrich von Preußen, Großmaul und Bruder von Friedrich dem Großen, der im Schloßpark von Beaubourg einen Baum hatte magnetisieren lassen, erklärte, nichts verspürt zu haben, ebensowenig wie die Prinzessin von Lamballe. Mesmer mußte fliehen.

Interpretation des Mesmerismus

Rückblickend gibt Freud Mesmer Sinn. Zwar wurde die Idee eines unmittelbaren und materiellen Einflusses des Menschen auf seinesgleichen zumindest in dieser Form nicht beibehalten.[4] Doch die Umstände, unter denen dieser Einfluß an den Tag kam, sind, wiewohl gereinigt, trotz oder aufgrund ihrer Ambiguität in der Praxis der Analyse bewahrt worden.
Diese Ambiguität läßt im übrigen die Erben ungeteilt, denn die Frage ist noch immer offen, ob die materiellen Umstände, unter denen eine Analyse stattfindet (Zeitplan, liegende Stellung, Unsichtbarkeit des Analytikers usw.), die Übertragung induzieren, ihr nur zum Ausbruch verhelfen oder sie lediglich begünstigen, und auf welche Weise und in welchem Maße.
In den Arbeiten von Ida Macalpine und Winnicott finden wir unter anderen eine implizite und explizite Auffassung der Übertragung wieder, welche die materiellen und moralischen Umstände der Übertragung (äußere Verhältnisse) in die Übertragung selbst integriert.
Der Rückstand dieser Ambiguität begründet somit das Problem der »Realität der Übertragung«, dem wir ein besonderes Kapitel widmen werden.
Doch es bedurfte des ungeheuren Zwangs des 19. Jahrhunderts, damit Freud die erotische und aggressive Ladung wiederentdeckte,

4 Doch man findet sie in den Theorien von Wilhelm Reich über das Orgon und die Akkumulation menschlicher Energie wieder.

welche die hypnotische Praxis in verfänglicher Weise manipuliert hatte. Die Menschen des 18. Jahrhunderts waren über die krampfhaften Verzückungen ihrer Artgenossen nicht sonderlich entsetzt, es mußte erst eine königliche Kommission eingreifen, um dem Einhalt zu gebieten, was der Geheimbericht schlicht und einfach als Gefahr der Vergewaltigung bezeichnet. Doch für Mesmer wie für seine Zeit ging es um eine »heilsame Krise«. Daß diese Krise Ausdruck einer erotischen Entladung war, stand außer Frage, doch wie der Terminus »heilsam« besagt, mußte man die Dämonen ja schließlich vertreiben.

Mesmers gliederzuckende Patienten wurden einer religiösen oder wissenschaftlichen Deutung unterzogen. Für die Kirche unterstanden sie noch dem Exorzismus, da sie von den Kräften des Bösen besessen waren. Für Mesmer ist die Äußerung des Bösen heilsam. Doch er führt das eher weltliche denn wissenschaftliche Element eines Fluidums und einer universellen Energie ein. Diese nicht quantifizierbare Energie kann durch den Bruch einer zwischenmenschlichen oder genauer einer zwischentierischen Beziehung zumindest einen Verlust erfahren. Die Vorstellung einer Weltenergie, des Abfangens dieser Energie, ihrer Bindung und möglichen Übermittlung, schließlich ihrer Abfuhr leitet die Vorstellung der Katharsis ein, selbst wenn der psychische Inhalt, der diese Energie begleitet, noch nicht entdeckt ist.

Ausgehend von Mesmer geht die Deutung der durch Magnetismus erzeugten Phänomene in die Richtung einer immer stärkeren Subjektivierung. Im Verhältnis zu dem Entsetzen, das die erotischen Erscheinungen des Magnetismus hervorrufen, entfernt sich der Arzt materiell von seinem Patienten. Aus diesem Grunde gibt er der subjektiven Deutung der Phänomene Vorrang vor der Konstatierung der erotischen Erscheinungen.

Die Kirche führt den Kampf der Spiritualität in diesem Sinne und bis zu dem Punkt, da sie die Natur des Unbewußten streift.

Die Kirche und der Abbé Faria

Schon 1837 sagt sich der Abbé Faria, obwohl ein Schüler des Mesmerismus, von ihm los. Er ist Brahmane, voller spiritualistischer Theorien, der die physikalischen Thesen des Magnetismus diskreditiert und behauptet, daß die Ursache des »Somnambulismus« im Subjekt selbst und nicht im Magnetiseur liege, da der magnetische Schlaf selbst gegen dessen Willen eintreten könne. Der Abbé Faria schläferte seine Klienten *durch das Wort* ein; er gebot ihnen, zu schlafen, und erzielte einen »lichten Schlaf«. *Seine Entdeckung ist insofern bedeutsam, als sie magnetische Phänomene in die Subjektivität verlegt.* Mehr noch, sie führt die Sprache als Vermittler des Somnambulismus ein. Doch die Sprache ist hier auf ihre niedrigste Stufe beschränkt, die des Befehls. Zwischen dem Imperativ und dem Informativ befangen, erwartete sie keine Antwort, sondern eine Befolgung. Das Wort ersetzt das Seil oder den Elektrizität leitenden Stab, ist jedoch eher ein Zwischenträger denn ein Vermittler. In unseren zeitgenössischen Zeichnungen würde es als Sprechblase erscheinen. Es bewirkt damit einen Schnitt zwischen der Sprache und der Idee, so daß die Idee »Schlafen Sie!« ganz allein zu wandern scheint. Die Idee allein ist wirksam. Sie ist es, die übermittelt wird. So als hätte sie ihren Ausgangsort vergessen. Doch im selben Augenblick, da Faria die Materialität der Beziehungen zwischen Magnetiseur und Magnetisiertem widerlegt, widerlegt er auch die Natur dieser Beziehung, die wir heute libidinös nennen würden. Man kann sagen, daß er direkt auf das Problem der Übertragung stößt.

Doch lassen wir die religiöse Sackgasse der Deutung des Magnetismus sich schließen, um ihrer wissenschaftlichen Abzweigung zu folgen. Dazu müssen wir uns Mesmers Nachfolgern zuwenden.

Chastenet de Puységur

Wir erinnern vor allem an Chastenet de Puységur; seine Redlichkeit, sein Wissensdrang, sein glänzender Stil machten ihn zu einem wissenschaftlichen Schriftsteller ersten Ranges.

Der Marquis von Puységur war ein ehemaliger Artillerieoffizier, der sich zusammen mit zwei seiner Brüder, dem Grafen von Puységur und ihrem Bruder Maxime, auf seinen Landsitz in Buzanzy zurückgezogen hatte, wo alle drei die Praktiken des Mesmerismus pflegten. Der Marquis heilte die Tochter seines Verwalters innerhalb von zehn Minuten von Zahnschmerzen, einen jungen Mann von einer Lungenentzündung. Aber Puységur wundert sich: der Patient schläft friedlich ein, doch während des Schlafs spricht er, kümmert sich um seine Angelegenheiten, singt Melodien, die man ihm geistig eingibt (8. Mai 1874). Dann magnetisiert er eine Ulme mitten im Dorf und erzeugt einen »vollständigen Somnambulismus«.

Ein entmagnetisierter Kranker, den man zu ihm bringt, erinnert sich an nichts.

Im Laufe ihrer Praxis verfeinert sich die Technik. Auf seiten des Magnetiseurs genügt ein Blick, eine Geste. So kann man die Handlungen, die Ideen des Subjekts lenken. Auf seiten des Somnambulen kommt es zu sehr merkwürdigen Ergebnissen: Erscheinungen, Voraussagen, präzisen Zeitangaben, die im Wachzustand unmöglich sind.

Die gegenseitigen Konsultationen

De Puységur führt nun die Praxis der »gegenseitigen Konsultationen« ein, die, wo nicht in der Praxis, so doch in ihren Wirkungen die Thesen von Melanie Klein vorzeichnen: ein Bauer, Vielet, wird einer Bäuerin gegenübergestellt, Catherine. Diese beschreibt in somnambulem Zustand, d. h. einer Art Wachschlaf, die inneren Teile von Vielet. Was diesem *das Recht gibt,* mit den inneren Teilen von Catherine *ein gleiches zu tun.*

Vielleicht hat man diese spektakulären Äußerungen des Unbewußten vergessen oder tut so, als würde man sich nicht mehr darüber wundern. Doch es gibt sie, wie sich in jeder Analyse zeigt: präzise Zeitangaben in Träumen, Intuition der Dauer, Vorahnungen, die Phänomene phantasierter gegenseitiger Durchdringung, die erstaunliche Divinationsgabe der Psychotiker usw.

Die geniale Idee von Puységur, die Gegenüberstellung zweier Personen, für welche die Wahrnehmung der inneren Organe des anderen kein Geheimnis mehr ist, »Konsultation« zu nennen, erhellt zweifellos die Urphantasie, welche die Grundlage jedes medizinischen Denkens bildet, nämlich:

Interpretation des medizinischen Denkens

Die Durchdringung des mütterlichen Körpers und die Möglichkeit, eine klare Anschauung seiner Inhalte zu erlangen. Die aggressive Ladung, die von dieser Urphantasie befördert wird, erhellt den Sinn des »Rechts«, das Vielet sich zuspricht, »ein gleiches zu tun«. Dieses »Recht, ein gleiches zu tun« ist eben das, das wir gemeinhin »Doktorat der Medizin« nennen und das damit einen Teil der strittigen Beziehungen erhellt, die zwischen Medizin und Psychoanalyse bestehen. *Sein grundlegender Erwiderungscharakter* erklärt zweifellos das tiefe Schuldgefühl derer, die keine Ärzte sind und sich deshalb nicht dazu berechtigt fühlen. Es versteht sich von selbst, daß die Ausübung der Psychoanalyse durch ihren Charakter der Durchdringung der inneren Teile in höchstem Maße eben dieser Geisteshaltung entspricht und auf denselben unbewußten Phantasien beruht. In gleicher Weise legen die Ärzte Wert darauf, dieses Recht auf *Erwiderung* als ausschließliches Privileg zu instituieren, da der Titel, den sie tragen, sie vor solchem Schuldgefühl bewahrt.
Diese Bemerkung ist nur scheinbar eine Parenthese, denn in Wahrheit scheint die Geschichte der Entdeckung der Übertragung aus den sukzessiven Anstürmen dieses Schuldgefühls zu bestehen, das, mittels der Abwehrmöglichkeiten, die es auslöst, zu verschiedenen Forschungsstilen und mehr oder weniger Glück bei der Entdeckung führt.

Wir wissen nämlich, daß dieses »Recht, ein gleiches zu tun« kein Patentrezept für Hellsichtigkeit ist. Die Mediziner des 19. Jahrhunderts haben bei weitem nicht die Folgen und vor allem die Implikationen des Magnetismus ans Licht zu bringen vermocht. Wie gewöhnlich schienen sie es eiliger zu haben, seinen Erfolg zu denunzieren und ihn im Namen wissenschaftlicher Objektivität als Scharlatanerie zu brandmarken.
Zweifellos hätten die Ärzte von Paris besser daran getan, Maine de Biran zu lesen. Freilich hatten sie nicht das Glück, eine »medizinische Gesellschaft« zu haben wie die in Bergerac, die von einem Philosophen und zudem Unterpräfekten gegründet worden war.

Birans Kritik

Maine de Biran schrieb 1809 ein Werk über den Somnambulismus und den Traum[5] und später, in seinem anthropologischen Werk[6], einige Gedanken über den Magnetismus. Von den Beziehungen zwischen Körper und Geist besessen, ersetzt er in seiner grundlegenden Kritik an Descartes, obwohl er das Primat der Subjektivität bewahrt, das »ich bin« des Cogito durch ein »ich will«, welches das wahre Problem der Aktivität und der Passivität stellt, das ihn sein ganzes Leben beschäftigen wird. Schreibt er nicht zu Beginn seines Aufsatzes über den Magnetismus: »Das Verlangen ist ein gemischter oder zusammengesetzter Modus, bei dem Handeln und Leidenschaft einander folgen.«[7]
Damit weist er dem Problem des Magnetismus seinen wirklichen Ort zu: den der *Beziehung* zwischen Magnetiseur und Magnetisiertem. Die Schlußfolgerungen, die er daraus zieht, sind, wie wir im folgenden Abschnitt sehen können, die genaue Vorform dessen, was Ferenczi ein Jahrhundert später mit dem Begriff Introjektion

5 M. de Biran, *Nouvelles considérations sur le sommeil, les songes et le somnambulisme*, Paris 1952, Bd. V, S. 130-203
6 M. de Biran, *Nouveaux essais d'anthropologie*, Paris 1952, Bd. XIV
7 Ibid., S. 335

entdeckt. Es fällt auf, daß die Argumentation wie die Bewegung des Denkens dieselben sind. Für Maine de Biran wie für Ferenczi läßt sich durch die Analyse der Beziehungen zwischen der Einbildungskraft und der Struktur der inneren Organisation die Ausdehnung dieser Kraft auf eine fremde Person erklären. Dazu müssen, wie er sagt, die inneren Organe dem Ich fremd werden. Doch diese Indikation rührt von seiner allgemeinen Auffassung der subjektiven Erkenntnis her. Denn für ihn, der die Existenz und die Rolle der Zensur nicht entdeckt hatte, bestand dennoch eine Trennung zwischen dem bewußten Ich und dem unbewußten Ich. Damit man Bewußtsein vom Inhalt des anderen erlange, muß man gegenüber diesem letzteren auf Distanz gehen, Vorbedingung jeder Erkenntnis.

Doch man urteile selbst anhand der folgenden Passage, die den *Nouveau essais d'anthropologie* über den Magnetismus entnommen ist.

Biran-Zitat[8]

»Für ein menschliches Wesen, ein Ich, das aus seiner eigenen Kraft des Wollens und Handelns besteht, kann es keine Macht gleichen Namens geben, die fähig wäre, sich an seine Stelle zu setzen, um dieselben Bewegungen auszuführen, die es sich selbst als willentliche, d. h. mit Anstrengung verbundene zuschriebe. Aber es ist nicht ausgeschlossen, daß es einem lebhaften und anhaltenden Begehren oder einer Einbildungskraft, die sich heftig und leidenschaftlich mit bestimmten Ideen beschäftigt, die geeignet sind, in seiner Organisation bestimmte organische Phänomene zu erzeugen, nicht ebenfalls gelänge, sie in einer fremden Organisation hervorzurufen, wo nicht unmittelbar, so doch mittels der Einbildungskraft...

Doch an dem lebhaften und anhaltenden Begehren, das durch seine Dauer den Charakter einer Leidenschaft annimmt, sind nun aber stets zwei verschiedenartige Funktionen, gleichzeitig oder nacheinander, notwendig beteiligt, die einander wahrhaft harmonisch entsprechen, nämlich die Funktionen der Einbildungskraft, die größtenteils dem Willen unterworfen sind, der sie zunächst ins Spiel bringen und fest mit einer bestimm-

8 Ibid., S. 340

ten Sorte von Ideen verknüpft halten kann, und die Funktionen des inneren Organismus, der infolge dieser Ideen sympathisch affiziert wird. Durch eine sei's natürliche oder ursprüngliche, sei's zufällige oder gewohnheitsmäßige Assoziation kann, aufgrund jener zumindest zum Teil bestehenden Kraft des Willens über die Erzeugung der Bilder, ein Individuum, dem eine bestimmte Form der Einbildungskraft zusammen mit einer genügend beweglichen inneren Organisation glückt, bis zu einem gewissen Punkt einiger organischer Bewegungen Herr werden, die sich ihrer Natur nach jedem direkten und unmittelbaren Einfluß des Willens entziehen. Die Kraft des Willens drückt sich weit stärker darin aus, diese Bewegungen zum Stillstand zu bringen, als sie anzuspornen. Mir scheint nun aber, daß es kaum schwieriger ist zu begreifen, auf welche Weise ein Begehren, eine Leidenschaft, eine starke und anhaltende Neigung der Seele Einfluß auf das äußere, sinnliche, beseelte Wesen haben kann, welches den Gegenstand dieser Neigung bildet, als den Einfluß der Wünsche oder der Einbildungskraft des Agens selbst auf die Affekte und Regungen seiner eigenen inneren Organe zu erklären. Diese lassen sich in der Tat als dem Ich fremde betrachten, insofern sie außerhalb der Sphäre des Willens liegen, oder der Anstrengung, die sie schafft. Wenn es also möglich wäre, die Bedingungen oder die organischen Mittel dieser letzteren sympathischen Aktion genau zu bestimmen, so könnte man sie höchst wahrscheinlich, mit einigen Modifikationen, auch auf die verschiedenen, mehr oder minder geheimnisvollen Modi dieses sympathischen äußeren Einflusses ausdehnen, aufgrund dessen ein beseeltes Wesen, das mit einer bestimmten Kraft fühlt und handelt, sich die fremden Organisationen untertan macht und sie gleichsam anzieht, über die es in manchen Fällen fast wie über seine eigene zu verfügen scheint.«

So schreiben die Philosophen die Dinge, wie man sie denken sollte, und die Ärzte denken sie sehr viel später und glauben, sie entdeckt zu haben; das ist das traurige Privileg und zugleich die Größe der Praxis. Zu ihrer Entlastung sei gesagt, daß es weniger schwierig ist, von »fremden Organisationen« zu sprechen und ungehindert über sie zu reflektieren, als ihnen einfach ins Auge zu sehen.

Für Maine de Biran ist es nicht schwieriger, den Einfluß eines Subjekts auf eine fremde Person zu begreifen, als diesen Einfluß auf die eigenen inneren Organe zu begreifen, da sie fremd sind. Fremd hier im Sinn von unbewußt, denn für ihn ist die Konstante des wollenden Ich das Bewußtsein.

Bei Ferenczi führt dieselbe Denkbewegung zur Begründung des Begriffs der Introjektion. Ihm zufolge sucht das Kleinkind unter den es umgebenden Objekten die Gestalt seiner eigenen Organe oder der Funktionen, die diesen Organen anhaften. Die Identifizierung, die ein erster Schritt zur Symbolisierung ist, assimiliert die äußeren Objekte nach ihrer formalen oder funktionalen Ähnlichkeit mit den integrierenden Bestandteilen des Subjekts:

»Solches Anwachsen, solche Einbeziehung des geliebten Objekts in das Ich nannte ich Introjektion. Ich stelle mir – wie gesagt – den Mechanismus jeder Übertragung auf ein Objekt, also jede Objektliebe als Introjektion, als Ichausweitung vor.«[9]

Wir werden auf diesen Begriff der Introjektion sowie auf die allgemeine Konzeption der Übertragung gemäß Ferenczi noch zurückkommen. Doch statt an die chronologische Folge der Ideen wollten wir uns lieber an die kohärentere ihrer Ähnlichkeit und ihrer Entwicklung halten. Zwischen Maine de Biran und Ferenczi besteht eine frappierende Analogie. Denn beide berücksichtigen in erster Linie das Übermaß an Energie:

»Eine Einbildungskraft, die sich heftig und leidenschaftlich beschäftigt ...«; »das lebhafte und anhaltende Begehren, das aufgrund seiner Dauer den Charakter einer Leidenschaft annimmt« etc.

Und Ferenczi sagt, daß

»das übermäßige Hassen, Lieben und Mitleiden der Neurotischen auch nichts anderes als Übertragungen sind, wobei längst vergessene psychische Erlebnisse (in der unbewußten Phantasie) zum aktuellen Anlaß oder zur gegenwärtigen Person in Beziehung gebracht werden und der Affekt unbewußter Vorstellungskomplexe die aktuelle Reaktion übertreibt«.[10]

Ferenczi stützt sich offenkundig auf die Individualgeschichte des Kleinkinds und bezieht sich, aufgrund der autoerotischen Besetzung seiner Organe, auf die kindliche Sexualität. Dieses Denken, wie-

9 Sandor Ferenczi, *Zur Begriffsbildung der Introjektion*, in: *Schriften zur Psychoanalyse* I, Frankfurt 1970, S. 100
10 *Introjektion und Übertragung*, a. a. O., S. 13

wohl es explizit nichts über den Autoerotismus sagt, ist auch Maine de Biran nicht fremd, für den die erste Identifizierung zwischen dem inneren Organismus des Säuglings und dem der Mutter *in utero* geschieht.

Biran – Ferenczi – Klein

Diese Linie des Denkens, die Melanie Klein explizit verfolgt, muß sich natürlich über die Beziehung zwischen dem »Vorstellungskomplex« und der Intensität des Wunschs, der eine Einheit mit ihm bildet, äußern. Bekanntlich ist für Melanie Klein eine unbewußte Phantasie nichts anderes als die psychische Manifestation der Triebregung, und das Ich stellt von Geburt an seine ersten Objektbeziehungen sowohl in der Realität wie in den unbewußten Phantasien her. Zwischen der phantasierten Welt und der realen Welt besteht Korrelation, Interferenz und Adäquatheit.

James Braid

Doch nun müssen wir einen doppelten Schritt zurücktun, in der Zeit wie im Denken, um wieder zu den Nachfolgern des tierischen Magnetismus zu stoßen.
Die Lehre vom magnetischen Fluidum wird endgültig von James Braid aus Manchester widerlegt, der sie 1851 durch die der Suggestion ersetzt: es gibt kein magnetisches Fluidum, keine geheimnisvolle, vom Hypnotiseur ausstrahlende Kraft. Der hypnotische Zustand und die von ihm abhängigen Erscheinungen sind einzig und allein subjektiver Natur und haben ihren Grund im Nervensystem des Hypnotisierten. Die Fixierung eines glänzenden Gegenstandes mit nebenher gehender Müdigkeit des Oberlids und Konzentration der Aufmerksamkeit auf eine einzige Vorstellung ruft den Schlaf hervor. Für Braid, dessen Denken in Wahrheit phrenohypnotisch ist, kann man durch die Stellung, die man dem Hypnotisierten gibt, durch den Zustand, in den man die Muskeln seiner Glieder oder seines Gesichts versetzt, bei ihm die Empfindungen,

Leidenschaften und Handlungen erzeugen, welche diesen anatomischen Stellungen entsprechen, ebenso wie die Suggestion gewisser Empfindungen.

Liebault

1866 veröffentlicht Liebault aus Nancy ein Buch mit dem Titel *Du sommeil et des états analogues considérés surtout au point de vue de l'action du moral sur le physique.* Anhänger des Braidismus und der Suggestionstheorie, die er zu therapeutischen Zwecken verwendet, versucht er, die bei der Suggestion beobachteten Erscheinungen durch psycho-physiologische Gesichtspunkte zu erklären. Bernheim sagt:

»Seine Lehre nähert sich jener von Durand aus Gros: die Einengung des Denkens auf eine einzige Vorstellung, nämlich die, einzuschlafen, welche durch das Starren der Augen erleichtert wird, führt zur Unbeweglichkeit des Körpers, zur Betäubung der Sinnesorgane und zur Aufhebung des Zusammenhanges der letzteren mit der Außenwelt; in weiterer Folge zur Einstellung der Denktätigkeit und zur Unveränderlichkeit der Bewußtseinszustände. Eine Folge dieser Einstellung der Denktätigkeit ist auch die suggestive Katalepsie. Der Hypnotisierte verbleibt im Rapport mit der Person, die ihn eingeschläfert hat, hört auf dieselbe und empfängt nur von ihr seine Sinneseindrücke. Bei der *Starre seines Vorstellungsvermögens (idée fixe)* ist er unfähig, *von einer Vorstellung auf eine andere überzugehen*; er hält sich daher an die Vorstellung, welche ihm suggeriert worden ist, und von dem Augenblick an, da ihm z. B. die Vorstellung eingegeben wird, die Arme gestreckt zu halten, hält er dieselben gestreckt« etc.[11]

Die fixe Vorstellung

Dieses Prinzip der *idée fixe* steht in direktem Gegensatz zu dem der freien Assoziation. Es fällt auf, daß Freud in seinen Anfängen

11 H. Bernheim, *Die Suggestion und ihre Heilwirkung* (Übers. von Freud), Leipzig–Wien 1888, S. 107 f. (Hervorhebungen von uns)

ebenfalls versucht, die Ideen und Vorstellungen durch Handauflegen zu »fixieren«. Das Scheitern dieser Fixierung bringt ihn auf den Weg der freien Assoziationen. Das Prinzip der fixen Idee ist die Negation der Übertragung, denn das einzige geistige Band zwischen Hypnotiseur und Hypnotisiertem, das hier ins Auge gefaßt wird, ist das der *Vorstellung*, die jedoch auf den elementaren Status eines Befehls und eine Art anatomischer Entsprechung reduziert ist. Durch die Reduzierung auf diese einzige Dimension läßt sich keinerlei Übertragungsäußerung nachweisen, denn es ist nicht vom Hypnotiseur oder seiner Person die Rede, sondern nur von der Vorstellung, die er suggeriert. Hier zeichnet sich eine erste Art der Gegenübertragung ab. Im übrigen ist die Wissenschaft da, um die Objektivität zu garantieren. Wie Bernheim sagt:

»Ich wähle mit Absicht recht merkwürdige Beispiele dieser Art, um die Tatsache auffällig hervortreten zu lassen. Einem Sch. suggerierte ich eines Tages, daß er sich nach dem Erwachen meinen Hut auf den Kopf setzen, denselben dann in den nächsten Saal bringen und mir aufsetzen würde. Er führte es aus, ohne sich Rechenschaft zu geben, warum.« (S. 31)

Bernheim konnte damals nicht wissen, daß eine »absichtliche Merkwürdigkeit« eine gute Definition für eine bewußte Phantasie ist, auch nicht, daß die Symbolik des Huts, die einige Jahre später Freud entdeckte, ihr eine unbewußte Bedeutung verleiht, die er zweifellos nicht ahnte, die aber durch jene vorübergehende Delegierung der Kastration eine Seite der Hypnose erhellt.

Bernheim

1884 erscheint also die erste Ausgabe von *De la suggestion* von Bernheim. Er definiert darin die Somnambulen, die ein Sechstel der hypnotisierten Kranken ausmachen, d. h. diejenigen, die in einen tiefen Schlaf verfallen und sich beim Erwachen an nichts erinnern. So erzeugt er auch suggestive Katalepsie, provozierte Kontraktur, automatische Bewegungen.

Freud und Bernheim

Während seines Aufenthalts in Nancy interessiert sich Freud für dieses Werk und übersetzt es. In seiner Vorrede sagt er:

»Nein, der hypnotische Schlaf ist kein pathologischer Schlaf! Der hypnotische Zustand ist keine der Hysterie vergleichbare Neurose. Sicher lassen sich bei den Hypnotisierten hysterische Erscheinungen erzeugen, man kann bei ihnen eine echte hypnotische Neurose entwickeln, doch diese Erscheinungen sind nicht der Hypnose zuzurechnen, sondern der Suggestion des Operateurs. Niemand kann hypnotisiert werden, wenn er nicht die Idee hat, daß er es sein werde.«

Von diesem Unternehmen, Bernheim zu übersetzen, war Freud gewiß nicht begeistert, wie aus seinem Brief an Fließ vom 29. 8. 1888 ersichtlich:

»Was es mit der Suggestion für Bewandtnis hat, wissen Sie. Ich habe die Arbeit sehr ungern unternommen, nur um bei einer Sache, welche in den nächsten Jahren gewiß die Praxis der Nervenärzte tief beeinflussen wird, eine Hand im Spiel zu behalten. Ich teile Bernheims Ansichten, die mir einseitig scheinen, nicht, und habe in der Vorrede den Standpunkt Charcots in Schutz zu nehmen versucht.«[12]

Wie dem auch sei, Bernheims Einfluß auf die Entwicklung von Freuds Denken ist nicht gering zu veranschlagen. Eine Zeitlang wird die hypnotische Suggestion sein hauptsächliches Arbeitsmittel. Hier, so sagt er bezüglich des Spitals von Nancy, »holte ich mir die stärksten Eindrücke von der Möglichkeit mächtiger seelischer Vorgänge, die doch dem Bewußtsein des Menschen verhüllt bleiben«.[13]

Die Schule von Nancy

Es steht außer Zweifel, daß die Schule von Nancy, obwohl es ihr nicht gelang, eine kohärente Theorie ihrer Erfahrungen zu liefern, da wahrscheinlich zu stark damit beschäftigt, die physiologischen

12 *Aus den Anfängen der Psychoanalyse*, Frankfurt 1962, S. 56
13 *Selbstdarstellung*, GW XIV, 41

Erscheinungen und ihre zerebrale Lokalisierung den eigentlich geistigen Erscheinungen gegenüberzustellen, sich nichtsdestoweniger, wo nicht einer Kenntnis des Unbewußten, so zumindest einer Manipulation beträchtlicher unbewußter Kräfte näherte. Das wenigstens sagt Ferenczi, der doch der französischen Schule keineswegs wohlgesonnen ist.

In der Vorrede zu Bernheims *Die Suggestion*, die Freud 1888 schrieb, konnte er sich nicht dazu entschließen, einen radikalen Gegensatz zwischen physiologischen und seelischen Vorgängen anzuerkennen, ebensowenig wie zu einer ausschließlichen Lokalisierung der ersteren in einer subkortikalen Substanz: »Wir besitzen kein Kriterium, welches einen psychischen Vorgang, einem Akt in der Großhirnrinde, von einem Akt in den subkortikalen Massen exakt zu trennen gestattete.«[14]

Freuds Vorbehalte

Es scheint, als ob Freud, wiewohl er noch keine allgemeine Konzeption des Seelenlebens gefunden hatte, nichtsdestoweniger alle Begriffe von sich fernhielt, die Gefahr liefen, die künftige Theorie, die er in sich trug, in eine Sackgasse zu führen.

Dennoch zeigte das Unbewußte bei Bernheim seine Nasenspitze. Sagte nicht Liebault anläßlich der Irren, Epileptiker und Hypochonder, daß ein scheinbar unmotiviertes Gefühl wie die Angst »seinen Ursprung *in einem Mangel an Wissen über seine Ursachen und in den Träumereien fände, an welche sie die Erinnerung verloren hätten*«.

An anderer Stelle ist er nicht weit von der Entdeckung einer der ersten Bedeutungen der Übertragung entfernt, der eines Wiederauftauchens des Gehorsams gegenüber den Eltern, wenn er schreibt, daß nicht nur Frauen und Kinder hypnotisierbar sind:

»Ich habe wie Herr Liebault gefunden, daß Leute aus dem Volke, alte Militärs, Handwerker, kurz Leute mit gefügigen Gehirnen, die an passiven Gehorsam gewöhnt sind, die Suggestion besser aufnehmen als Köpfe mit selbständigen und reichen Gedankengängen ...«

14 *Aus den Anfängen der Psychoanalyse*, S. 401

Suggestion und Hypnose wurden damals fast ausschließlich im Spital praktiziert, die Kundschaft war sehr arm, das Elend alltäglich. Dieselbe Situation herrschte auch bei Charcot in der Salpêtrière. In Wien war die Lage noch schlimmer. Um sich davon zu überzeugen, braucht man nur die medizinische Dissertation von Louis-Ferdinand Céline über Semmelweis zu lesen, der den Zustand der Wiener Krankenhäuser zur Zeit Freuds schildert.

Gegenüber den ersten Widerständen ...

Das macht zweifellos besser verständlich, warum der Begriff der Suggestion eine abträgliche Bedeutung gewinnen konnte – »nichts als Suggestion«, was sowohl die Kranken wie die betreffenden Phänomene meint. Der Janet so teure Begriff der Entartung läßt sich nicht aus dem sozialen Zusammenhang lösen, in dem er entstanden ist. Das liefert zweifellos den Maßstab für Freuds Interesse, der bei Charcot die »Echtheit der hysterischen Phänomene« feststellt.

Die deutschen Ärzte lassen es sich im übrigen nicht nehmen, die Suggestionstheorie der Simulationstheorie gleichzustellen.[15]

Auch wenn Freud die anatomischen Implikationen der Suggestionstheorie ablehnt, akzeptiert er dennoch ihre Praxis, und Charcots berühmtes Wort: »ça n'empêche pas d'exister« ließ sich durchaus auf die Suggestion anwenden.

Die Suggestion manipuliert, ohne es zu wissen, eine geistige Masse, deren Elemente Freud später zerlegt. Einige Punkte von Bernheims Lehre verdienen Aufmerksamkeit, da sie sich so stark der Entdeckung des Unbewußten nähern; doch genau in dem Maße, in dem die Übertragungselemente in der Suggestion und ihrer Theorie ertrinken, darf man sich vorstellen, daß die Gegenübertragungsantworten, die sie bestimmen, eben diejenigen sind, welche die Entdeckung am Fortschreiten hindern.

15 Vgl. den Brief Nr. 5 an Wilhelm Fließ, a. a. O., S. 56

Dennoch werden die neun Stufen, die für Bernheim die Tiefe des suggestiven Schlafs kennzeichnen, gemäß ihrer Beziehung zur Erinnerung beurteilt. Von der ersten Stufe der geschlossenen Augen bis zur neunten Stufe, auf der die Möglichkeit auftritt, hypnotische Halluzinationen hervorzurufen, wird die Tiefe des Schlafs an der Amnesie beim Erwachen gemessen. Die zweite Stufe der Hypotaxie oder der suggestiven Katalepsie wird auch »Zustand der Entrükkung« genannt, doch bei dieser hält man sich am wenigsten auf.

Bernheims Erklärung besteht darin, die Identität von gewöhnlichem Schlaf und hypnotischem Schlaf nachzuweisen. Die Träume bestehen aus *Empfindungen oder Erinnerungsbildern*, diese Erinnerungsbilder werden von den Nerven der Sensibilität oder des organischen Lebens geweckt. Die Träume sind also spontan, d. h. vom Schläfer selbst suggeriert. Der hypnotisierte Schläfer dagegen schläft ein, *während sein Vorstellungsvermögen auf den Rapport mit dem, der ihn eingeschläfert hat, eingestellt bleibt.* Darum hat dieser fremde Wille die Fähigkeit, ihm Träume, Vorstellungen und Handlungen einzugeben.

Die Amnesie beim Erwachen aus der tiefen Hypnose erklärt sich daraus, daß die gesamte Nervenkraft, die sich während des Schlafs im Gehirn angehäuft hat, sich beim Erwachen von neuem über den Körper ausbreitet und im Gehirn rasch abnimmt. Der wieder zu sich gekommenen Person ist es nun unmöglich, mit einem geringeren Betrag von Nervenkraft den Zustand im Gedächtnis zu erfassen, dessen sie sich vorher bewußt war.

Man sieht hier, wie die Annahme der infantilen Amnesie, der Verdrängung, der Zensur, die Tatsache, dem »Seelenapparat« einen Vektor zuzuweisen, d. h. eine progrediente und eine regrediente Richtung, diesen theoretischen Entwürfen einen neuen Sinn verleiht, Entwürfen, die an sich nicht völlig falsch, aber vor allem ihren anatomischen Lokalisierungen verpflichtet sind.

Im übrigen mehrten sich die Untersuchungen über den hypnotischen Zustand in vielen anderen Ländern. 1873 publizierte in Deutschland Czermak seine Beobachtungen über Hypnotismus bei Tieren; schon 1846 hatte Athanasius Kirchner[16] gezeigt, daß ein Huhn, welches man mit gefesselten Beinen vor einen auf den Boden gezogenen Strich hinlegt, nach einer gewissen Zeit regungslos wird und in dieser Lage verharrt, selbst wenn man die Fessel entfernt. Diese Experimente sind insofern bemerkenswert, als sie den gemeinsamen Hintergrund bilden, auf dem sich die Pawlowschen Theorien der Konditionierung sowie die Freudschen Theorien des Unbewußten entwickeln. Sie beinhalten noch unteilbar die Rolle des Operateurs wie die des Subjekts.
In Ungarn hatte Constantin Balassa eine Methode angegeben, um Pferde ohne Zwang zu beschlagen:

»Wenn man die Tiere unverwandt fixiert, bringt man sie dazu, einige Schritte nach rückwärts zu gehen, den Kopf zu erheben ..., und man kann auf diese Weise manche Tiere so weit beeinflussen, daß sie sich nicht rühren, auch wenn in ihrer Nähe ein Gewehr abgeschossen wird.«[17]

Dieselben ungarischen Pferde gaben Ferenczi, der Balassa nicht erwähnt, Gelegenheit zu einem berühmten Aufsatz, *Zähmung eines wilden Pferdes*[18], in dem er angesichts des gleichen Phänomens und einiger Gendarmen schließt, daß der Hufschmied Ezer die zwei möglichen Arten des Gefügigmachens, das Verzärteln und das Ängstigen, geschickt miteinander verband und daß es sich hier um *Vater- und Muttersuggestion* handelte. Später sagt er, daß es nur zwei Arten von Übertragung gebe: eine durch Autorität väterliche und eine durch Zärtlichkeit mütterliche.

16 Dieser deutsche Gelehrte ging in seinem recht erstaunlichen Werk von der irrigen Annahme aus, daß die Sonne sich um die Erde drehe, hatte jedoch eine geometrische Methode entwickelt, nach der man die genaue Verteilung der erleuchteten Zonen der Erde messen konnte.

17 Bernheim, a. a. O., S. 109

18 Ferenczi, a. a. O., S. 130 ff.

Freud scheint Charcot eine große Bedeutung beizumessen. Seine *Selbstdarstellung* stellt ihm jedenfalls ein glänzendes Zeugnis aus. Dennoch darf man sich fragen, ob die Großartigkeit der Ideen oder die Großartigkeit der Person überwiegt. Und wie Freud sagt, ist es vielleicht gefährlich, sich in ein Mädchen (Mlle Charcot) zu verlieben, das ihrem großen Vater so sehr ähnelt. Die bemerkenswerten Untersuchungen dieses letzteren sind bekannt: Erzeugung von Katalepsie, begleitet von Anästhesie, durch Anstarren eines intensiven Lichts; Einschläferung bei plötzlicher Entziehung des Lichts, schließlich Überführung des lethargischen Zustands durch Druck auf den Scheitel in den Somnambulismus, in dem die Möglichkeit der verschiedenartigsten Handlungen besteht: laufen, antworten usw. Bernheim behauptet, daß Charcot sowie die Pariser Schule nicht imstande waren, eine Theorie für die Interpretation dieser Phänomene zu liefern. Freud sagt:

»Es war leicht zu sehen, daß er im Grunde keine besondere Vorliebe für ein tieferes Eingehen in die Psychologie der Neurosen hatte.«[19]

Doch es steht außer Zweifel, daß die Faszination, die er auf Freud ausübte, die schönsten Blüten zeitigte. Weist er nicht die »Echtheit« der hypnotischen Phänomene nach, die Identität hysterischer Symptome und durch hypnotischen Schlaf künstlich herbeigeführter Erscheinungen, die Hysterie beim Menschen? Es ist sehr schwierig, den Einfluß der Ideen von dem der Menschen zu trennen. Doch da wir an den Anfängen des Begriffs der Übertragung stehen, wird uns ein erstes Beispiel für sie geliefert. Zwischen Freud und Charcot hat eine Übertragung stattgefunden. Bernheims Ideen und Praxis scheinen mir der Entwicklung des Freudschen Denkens näherzustehen. Doch wir gewinnen daraus die durch die analytische Praxis täglich neu bestätigte Vorstellung, daß man die Rufe des Unbewußten leichter auf Menschen als auf Ideen überträgt.
Der Begriff der Übertragung ist noch nicht geboren. Wir haben hier seine Ursprünge zusammengetragen. Das unterstellt in keiner Weise eine kontinuierliche Entwicklung. Ein Hiatus verhüllt seine

19 S. Freud, *Selbstdarstellung*, *GW* XIV, 38

Ankunft. Freuds Entdeckung läßt sich nicht aus dem ideologischen Kontext erklären, der ihr vorausgeht. Die Entdeckung des Unbewußten erklärt sich mehr durch das Erstaunen, das sie hervorgerufen hat, und durch den Bruch, der sie aus diesem ideologischen Kontext löst. Die Ursprünge zeigen, zwischen welchen Dingen sich der Bruch vollzogen hat. Deshalb haben wir, statt seine chronologischen Etappen zusammenzusuchen, lieber seine Kraftlinien aufgezeigt.

Das Puzzle

Mehrere Stücke des Puzzles liegen nunmehr offen zutage, doch wie sie sich zusammenfügen, kann erst der Begriff der Übertragung klären.

Aus Mesmers Kübeln erwuchs die Vorstellung einer dunklen Kraft tierischen Ursprungs, die fähig sei, einen unmittelbaren Einfluß eines Menschen auf andere Menschen auszuüben. Explizit wird diese siderische Kraft vom Menschen abgefangen und gespeichert; implizit ist sie geeignet, in ihm eine Kraft gleicher Natur zu wecken, die sich jedoch nicht auszudrücken vermag. Die Ähnlichkeit zwischen gewissen pathologischen Erscheinungen und den Wirkungen dieser magnetischen Kraft läßt sich mit Händen greifen. Gerade deshalb ist diese Kraft im wesentlichen eine solche, die das Böse vertreibt. *Der Magnetismus ist ein weltlicher Exorzismus.*

Das religiöse Denken, dem weit mehr daran liegt, das Reale auszumerzen, als ihm Rechnung zu tragen, zerstört den Glauben an die tierische Kraft und bringt erneut die Seele ins Spiel. Bei dieser Gelegenheit bringt es auch, aber unaufdringlich, die Sprache wieder ins Spiel. Wenn die Krisen heilsam sind, so erlangt man das Heil durch den Ausdruck des Bösen, das nur eine unzüchtige Erscheinungsform beim Zusammenprall der Bewußtseine ist. Alles befindet sich im Subjekt, nichts stößt ihm zu, was nicht bereits in ihm läge. So wird aus dem tierischen Magnetismus ein subjektiver. Es geht wirklich um die Seele, aber noch nicht um den Geist, jedenfalls um die einzelne Seele. Denn die Beziehung zwischen Induzierendem und Überwältigtem wird hier vermieden. Die wissenschaftliche Bestätigung dieser Idee ist bei James Braid explizit, der den Begriff der Suggestion begründet. Der Braidismus steht, obzwar er sich als rationale Konzeptualisierung gebärdet, in Wahrheit unter dem Einfluß eines religiösen Denkens. Er findet ein Echo in der medizinischen Tradition des 19. Jahrhunderts, für die ein Zusammenhang besteht zwischen der Entartung des Gehirns und der unteren sozialen Klasse, die ihr den Untersuchungsgegenstand lieferte.

Auf diese Weise zeichnen sich zwei Wege ab, die beide der gleichen Urphantasie entstammen. Der erste, den wir äußerlich oder medizinisch nennen, führt uns von Puységur über Liebault, Bernheim und Charcot zu einer phrenohypnotischen Erklärung der Suggestion. Der andere, den wir innerlich oder reflektiv nennen, befaßt sich mit den theoretischen und praktischen Problemen des Imaginären. Ebenfalls von der Feststellung Puységurs ausgehend, führt er uns über Maine de Biran zu Ferenczi und Melanie Klein. Wie man sieht, handelt es sich hier keineswegs um einen historischen Determinismus. Maine de Biran übte gewiß keinen direkten Einfluß auf Ferenczi aus, ebensowenig wie auf die Geister seiner Zeit. Dennoch läßt sich eine Geistesverwandtschaft dieser doch so verschiedenen Standpunkte erkennen. Das liegt sicherlich an der Urphantasie, der sie entsprungen sind: der einer sadistischen Erforschung des mütterlichen Körpers und der Probleme, die er aufwirft, sowie der Abwehrhaltungen, die er erzeugt. Unter diesen Problemen auch das von Innen und Außen. Was ist das Innen in bezug auf sich selbst? Wie steht es um das Außen, wenn es nichts anderes als das Innen des mütterlichen Körpers ist? Wie steht es um den Teil und das Ganze? Was wird aus diesen Fragen, wenn man sie auf die ideale Ebene ihrer reinen psychischen Vorstellung transponiert? Gibt es eine reine psychische Vorstellung? Sobald jedenfalls im Innern des Selbst ein Äußeres besteht, ist der Begriff des Unbewußten nicht mehr fern, die Begriffe der Introjektion, der Projektion und der Inkorporation ganz nahe.

Der andere Weg, den wir äußerlich nannten, manipuliert das Unbewußte eher, als daß er es konzeptualisiert, nähert sich jedoch einem seiner rätselhaftesten Elemente: dem Gedächtnis. Wenn das

Subjekt sich beim Erwachen nicht mehr an die Vorstellungen erinnert, die ihm während des Schlafs suggeriert wurden, was ist dann aus diesen Vorstellungen geworden? Wenn es Befehlen gehorchen kann, selbst wenn es sich nicht mehr erinnert, sie empfangen zu haben, was hat es dann mit der Erinnerung auf sich? Warum bestehen die Träume aus Erinnerungsbildern? Und Erinnerung an was?

All diese Fragen, die durch Freud, wo nicht eine Antwort, so doch eine Art finden, wie sie auf kohärentere Weise gestellt werden können, scheinen die Übertragung zu umgehen. War es die innere erotische Ladung, die sie enthält, oder diejenige, die er als die diabolische des Todestriebs bezeichnete, die so lange verhinderten, ihr ins Auge zu sehen? Wie dem auch sei, am Ende einer besonders repressiven Zeit, der viktorianischen Ära des 19. Jahrhunderts, und vielleicht gerade aufgrund der Verdrängungen, die sie erzeugte, konnte Freud dem, was alle vor ihm so gut kannten, einen Namen geben.

Kapitel II: Vom hysterischen Elend zum gemeinen Unglück

Der Begriff der Übertragung im psychoanalytischen Sinn ist ein Freudscher Begriff. Seine erste Erwähnung im Jahre 1895 fällt in eine Zeit, da die psychoanalytische Methode und Theorie noch ihre Wege suchten, doch im Studium der intersubjektiven Beziehungen ihr erstes Tätigkeitsfeld fanden.

Diese intersubjektiven Beziehungen waren, zumindest im medizinischen Denken, durch die kathartische Methode von Breuer repräsentiert.

Obwohl diese Methode von Freud schnell aufgegeben wurde, ist doch darauf hinzuweisen, daß ihr Tätigkeitsfeld von einer sehr originellen Auffassung der Medizin zeugte. Es handelte sich um eine Beziehung zwischen dem Arzt und seinem Kranken, nichts weiter; also um eine begrenzte und ganz besondere »Situation«, ohne andere technische Vermittlung als die der »Gegenwart« zweier Protagonisten.

Im Prinzip war die Methode einfach, obgleich Freud sie rasch durch den Druck der Hände auf die Stirn des Patienten kompliziert (oder vereinfacht) hatte. Sie bestand im wesentlichen in der Wiederbelebung traumatischer Gefühlsregungen auf Betreiben des Therapeuten; eine Wiederbelebung, die, ohne je mit der Aktualität der Affekte verwechselt zu werden, ausreichte, die Symptome zu beseitigen.

Denn schon damals (1895) konzipierte Freud eine Spaltung der bewußten Phänomene. Die einen blieben der betroffenen Person zur Verfügung, die anderen kristallisierten sich um einen traumatischen Kern, durch ein Netz von ihm eigentümlicher Assoziationen isoliert. Es bestand also ein doppeltes psychisches Schicksal: das eine rührt vom Assoziationsnetz her, das sich um den traumatischen Kern spinnt; das andere wird durch das allgemeine Assoziationsnetz veranschaulicht.

Zu jener Zeit trug diese Trennung noch den Namen Bewußtseinsspaltung oder *double conscience*, wie es die ersten Überlegungen von Freud und Breuer über die Hysterie bezeugen:

»Jene Spaltung des Bewußtseins, die bei den bekannten klassischen Fällen als *double conscience* so auffällig ist, bestehe in rudimentärer Weise bei jeder Hysterie, die Neigung zu dieser Dissoziation und damit zum Auftreten abnormer Bewußtseinszustände, die wir als ›hypnoide‹ zusammenfassen wollen, sei das Grundphänomen dieser Neurose.«[1]

Diesem Hauptstamm, dem doppelten psychischen Schicksal, entsprießen mehrere Zweige:
– der der *Verdrängung*: eine Kraft, welche die peinlichen Gefühlsregungen vom Assoziationsnetz isoliert;
– der des *Widerstands*: eine Kraft, welche der Erinnerung peinlicher Gefühlsregungen entgegenwirkt;
– der der *Übertragung* schließlich, die uns hier besonders interessiert und welche den Therapeuten selbst in diese Assoziationsketten eingliedert.
Wichtig ist, daß die Übertragung, wie der Widerstand und die Verdrängung, daher rührt, daß sich um die traumatische Gefühlsregung ein Assoziationsnetz kristallisiert, das sie konnotiert und gleichzeitig von den übrigen psychischen Vorgängen trennt.
Dennoch ist die Deutung der Phänomene des *double conscience* noch einem streng energetischen Gesichtspunkt verpflichtet:

»Man darf also sagen, daß die pathogen gewordenen Vorstellungen sich darum so frisch und affektkräftig erhalten, weil ihnen die normale Usur durch Abreagieren und durch Reproduktion in Zuständen ungehemmter Assoziation versagt ist.«[2]

Nach und nach jedoch verbessert Freud die Methode und löst sich von der rein hypnotischen Praxis. In einer Arbeit, die er diesmal ohne Breuer zeichnet, *Zur Psychotherapie der Hysterie* (1895), erarbeitet er eine Theorie der Dynamik der Kur, in der die beteiligten Kräfte langsam Form annehmen.

»Sie [unsere psychotherapeutische Methode] hebt die Wirksamkeit der ursprünglich nicht abreagierten Vorstellung dadurch auf, daß sie dem eingeklemmten Affekt derselben den Ablauf durch die Rede gestattet, und bringt sie zur assoziativen Korrektur, indem sie dieselbe ins normale

1 S. Freud und J. Breuer, *Studien über Hysterie. Vorläufige Mitteilung*, *GW* I, 91. *Über den psychischen Mechanismus hysterischer Phänomene*
2 Ibid., 90

Bewußtsein zieht (in leichterer Hypnose) oder durch ärztliche Suggestion aufhebt, wie es im Somnambulismus mit Amnesie geschieht.«[3]

Doch auch wenn die Methode es gestattet, das Symptom zu beseitigen und eine erste Theorie der Spaltung von Affekt und Vorstellung sowie der kathartischen Rolle der Rede zu entwerfen, hat sie dennoch mit vielen Schwierigkeiten zu kämpfen. Das Bemerkenswerte daran ist, daß jede dieser Schwierigkeiten Freud keineswegs in seinem Elan bremst, sondern zum Ausgangspunkt eines neuen theoretischen Begriffs und einer neuen technischen Bewegung wird. Alle Schranken und Sackgassen der kathartischen oder hypnotischen Kur heißen dann Widerstand, Verdrängung, Übertragung. Vom Zustand theoretischer Aporie gehen sie in den eines Motors der Kur selbst über.

Im Augenblick bemüht sich Freud noch, seinen wichtigsten technischen Trumpf zu rechtfertigen: den Druck auf die Stirn.

Taucht keine Assoziation auf, schweigt der Kranke, behauptet er, sich an nichts zu erinnern, so wird ihm mitgeteilt, daß er ein Recht auf den Händedruck habe. Reicht dies nicht aus, so wird dieser Druck tatsächlich ausgeübt. Dann konzentriert sich der Patient, ohne jede Ablenkung, auf die pathogene Vorstellung und liefert sie – oder zumindest einige entfernte Punkte, die jedoch den Anfang einer Assoziationskette anzeigen, anhand derer eine Wiederherstellung möglich ist.

Durch die Beispiele, die Freud uns liefert, zeigt er, daß auch er, gleichzeitig mit seinem Patienten, wenn nicht noch mehr als dieser, auf den holprigen Pfaden der Assoziation wanderte und daß sie gemeinsam zur Quelle gelangten.

All dies ging natürlich nicht ohne Schwierigkeiten ab, und es entstand der Begriff der Übertragung.

Bevor wir zu einer ersten Theoretisierung dieses Begriffs kommen, gibt uns Freud noch einige etwas bittere Bemerkungen über die Psychotherapie der Hysteriker mit auf den Weg:

»Ich könnte mir nicht vorstellen, daß ich es zustande brächte, mich in den psychischen Mechanismen einer Hysterie bei einer Person zu vertiefen, die mir gemein und widerwärtig vorkäme, die nicht bei näherer

3 *Zur Psychotherapie der Hysterie, Studien über Hysterie, GW* I, 252

Bekanntschaft imstande wäre, menschliche Sympathie zu erwecken ... Man braucht die volle Einwilligung, die volle Aufmerksamkeit der Kranken, vor allem aber ihr Zutrauen, da die Analyse regelmäßig auf die intimsten und geheimst gehaltenen psychischen Vorgänge führt. Ein guter Teil der Kranken, die für solche Behandlung geeignet wären, entzieht sich dem Arzte, sobald ihnen die Ahnung aufdämmert, nach welcher Richtung sich dessen Forschung bewegen wird. Für diese ist der Arzt ein Fremder geblieben. Bei anderen, die sich entschlossen haben, sich dem Arzte zu überliefern und ihm ein Vertrauen einzuräumen, wie es sonst nur freiwillig gewährt, aber nie gefordert wird, bei diesen anderen, sage ich, ist es kaum zu vermeiden, daß nicht die persönliche Beziehung zum Arzte sich wenigstens eine Zeitlang ungebührlich in den Vordergrund drängt; ja, es scheint, als ob eine solche Einwirkung des Arztes die Bedingung sei, unter welcher die Lösung des Problems allein gestattet ist.«[4]

Diese »Einwirkung des Arztes« ist offensichtlich noch nicht frei von der unmittelbaren hypnotischen Suggestion. Aber es liegt auf der Hand, daß der Ausdruck »die Gesamtheit der persönlichen Beziehungen« mehr und anderes bedeutete als die bloße Suggestion und daß der moralische Druck, wie auch der der Hände, schon ganz anders erscheint als ein durchdachtes Unternehmen.
Sehr schnell kreist Freud das wahre Problem ein:

»Neben den intellektuellen Motiven, die man zur Überwindung des Widerstandes heranzieht, wird man ein *affektives Moment*, die persönliche Geltung des Arztes, selten entbehren können, und in einer Anzahl von Fällen wird letzteres allein imstande sein, den Widerstand zu beheben.«[5]

Von dieser Rolle des Arztes und seiner persönlichen Geltung spricht Freud dann ausdrücklich am Ende des Kapitels über die Psychotherapie der Hysteriker, und zum erstenmal fließt das Wort Übertragung aus seiner Feder.
Doch bevor wir berichten, was er darüber sagt, und auf die drei Kategorien von Umständen eingehen, die das Auftauchen einer solchen Übertragung begünstigen, halten wir es für angebracht, uns jene Beobachtungen zu vergegenwärtigen, die ihm den Ter-

4 Ibid., 264 f.
5 Ibid., 286

minus »falsche Verknüpfung« eingeben, ein Terminus, den er dann zur Erklärung der Übertragung benutzt.
Es handelt sich um Frau Emmy von N ... Diese vierzigjährige, sehr attraktive Frau, Witwe eines reichen Industriellen, bewohnt einen Herrensitz an der Ostsee und landet schließlich nach vielen Reisen in Wien. Von Arzt zu Arzt und Behandlung zu Behandlung sucht sie vergebens Besserung verschiedener Symptome, die Freud unter dem Terminus Hysterie zusammenfaßt: spastische Sprachstockung bis zum Stottern, Unruhe der Finger, tickartige Zukkungen im Gesicht sowie jenes berühmte Schnalzen der Zunge, dessen Endlaute Freuds jagdkundige Kollegen sofort mit dem »Balzen des Auerhahnes« vergleichen.
Die Patientin ist zur Hypnose geeignet, und die Behandlung erstreckt sich über sieben Wochen im ersten, über acht im folgenden Jahr; sie besteht im wesentlichen aus hypnotischen Sitzungen im Wechsel mit Gesprächen und einer ärztlichen Behandlung durch Freud, die Körpermassagen sowie Ratschläge hygienischer und alimentärer Art beinhaltet. Anläßlich einer dieser Ratschläge entsteht der Terminus »falsche Verknüpfung«.
In einer langen Fußnote erklärt Freud den Vorfall sowie die technischen und theoretischen Folgen, die sich daraus ergeben.[6]
Eines Tages schlägt er Frau Emmy vor, statt der gewohnten lauen Bäder ein kühles Halbbad zu nehmen. Die Patientin wendet ein, daß sie das melancholisch mache. In der nächsten Hypnose gibt Freud ihr ein, sie möge die kühlen Bäder jetzt selbst vorschlagen. Am Ende der Sitzung schlägt die Patientin in der Tat die kühlen Bäder vor, ist jedoch unzufrieden damit und in sehr schlechter Stimmung.
Im Laufe der folgenden Hypnose fragt Freud, ob es wirklich das kühle Bad war, das sie so verstimmt habe, worauf Frau Emmy antwortet, das habe nichts damit zu tun, aber in San Domingo sei eine Revolution ausgebrochen und sie habe Angst um ihren Bruder, da es bei solchen Unruhen immer über die Weißen herginge.
Zwischen dem kühlen Halbbad und San Domingo besteht eine »falsche Verknüpfung«, die letzte ärztliche Anordnung muß als

6 Ibid., 121

Sündenbock für die Angst herhalten, die durch die Nachricht von der ausgebrochenen Revolution entstanden war. Und Freud schließt:

»Damit war die Angelegenheit zwischen uns erledigt ...«

Dieses »unter uns« bezeichnet eine wichtige Verschiebung seiner Auffassung der falschen Verknüpfung. Denn hier schiebt sich seine eigene Person als Vermittler in die Assoziationskette ein.
Einige Zeilen vor dieser Beobachtung führt Freud nämlich einen Fall von Bernheim an, der einem Patienten suggeriert hatte, daß er nach dem Erwachen beide Daumen in den Mund stecken werde, was der Kranke auch tat, sich jedoch damit entschuldigte, daß er seit einem Biß, den er sich tags zuvor zugefügt, einen Schmerz in der Zunge empfinde. Eben dieses Bedürfnis beim Erwachen, den in der Hypnose suggerierten Befehl mit irgendeinem vernünftigen Grund zu verbinden, stellt also zwischen der Ausführung dieses Akts und einer Rationalisierung eine falsche Verknüpfung her.
Der Patient näht gleichsam die beiden Ränder des Risses zusammen, in den die Hypnose eine unbewußt bleibende Suggestion geschoben hat.
In der folgenden Etappe, der von Frau Emmy von N., sehen wir nun, daß Freud selbst, durch seine Verordnung und seine Anwesenheit, zum Faden dieser Naht wird.
Sehen wir nun im Lichte dieser Beobachtungen, welche theoretischen Folgen er daraus zieht.
Er nennt drei Fälle von Widerstand, von denen der dritte der eigentlichen Übertragung untersteht:

»Dieser Fall tritt ein, wenn das Verhältnis des Kranken zum Arzte gestört ist, und bedeutet das ärgste Hindernis, auf das man stoßen kann. Man kann aber in jeder ernsthaften Analyse darauf rechnen.«[7]

Wie begreift er die Rolle des Arztes? Im wesentlichen als ein Surrogat von Liebe. Denn die an sich schon schwer zu überwindenden Widerstände wachsen besonders bei Frauen und wo es sich um Klärung erotischer Gedankengänge handelt. Die Enthüllung dieser Gedanken ist an sich schon so peinlich, daß sie große Opfer er-

7 Ibid., 307

heischt, die nur durch die geduldige Freundlichkeit des Arztes vergolten werden können.
Ist nun aber dieses Verhältnis zum Arzt »gestört«, so wird die Bewußtwerdung unmöglich, dann

»... tritt der Kranken das Bewußtsein der Beschwerden dazwischen, die sich bei ihr gegen den Arzt angehäuft haben.«

Dieses Hindernis tritt in drei Fällen ein:
1. Entweder fühlt sich der Kranke zurückgesetzt, geringgeschätzt oder beleidigt, oder er hat Ungünstiges über den Arzt gehört.
2. Schwerwiegender ist die Furcht, in sexuelle Abhängigkeit von der Person des Arztes zu geraten, und zwar »nicht nur bei einer gewissen Reminiszenz, sondern bei jedem Versuche der Behandlung ...«, sie äußert sich z. B. in Kopfschmerzen nach der Druckprozedur, d. h. einem neuen hysterischen Symptom.
3. Schließlich »wenn die Kranke sich davor erschreckt, daß sie aus dem Inhalte der Analyse auftauchende peinliche Vorstellungen auf die Person des Arztes überträgt«.
An diesem Punkt nimmt Freud den Terminus der »falschen Verknüpfung« mit einer Sinnverschiebung wieder auf. Denn seine Erklärung lautet nun wie folgt: eine Patientin hat ein hysterisches Symptom, das mit einem vor Jahren gehegten Wunsch zusammenhängt, von dem Mann, mit dem sie damals ein Gespräch führte, geküßt zu werden. Dieser Wunsch wird verdrängt, taucht jedoch *in bezug* auf Freuds Person selbst auf, und zwar *bewußt*.
Das hypnotische Verfahren versagt, die Patientin verweigert die Behandlung; deshalb, so erklärt Freud, weil die Nebenumstände, die diesen Wunsch in die Vergangenheit verlegen konnten, nicht bewußt geworden sind.

»Der nun vorhandene Wunsch wurde durch den im Bewußtsein herrschenden Assoziationszwang mit meiner Person verknüpft, welche ja die Kranke beschäftigen darf, und bei dieser Mésalliance – die ich falsche Verknüpfung heiße – wacht derselbe Affekt auf, der seinerzeit die Kranke zur Verweisung dieses unerlaubten Wunsches gedrängt hat.«

Wie man sieht, ist der Sinn dieser falschen Verknüpfung ein doppelter: es wird ein gegenwärtiger Affekt mit einem identischen vergangenen Affekt sowie mit dem gegenwärtig anwesenden Ana-

lytiker verbunden. Eine sowohl in bezug auf die Zeit wie auf die Person falsche Verknüpfung.
Es liegt also *Übertragung* in dem Sinne vor, den dieser Terminus später in der *Revision der Traumlehre* hat, wo von der Übertragung des psychischen Akzents die Rede ist.
Technisch gesehen, meint Freud, ist die so definierte Übertragung ein Hindernis, doch wenn sie frühzeitig erkannt und als solche beim Namen genannt wird, kann die Schwierigkeit schnell behoben werden und die Behandlung weitergehen.
So steht also schon am Ende der *Studien über Hysterie* der Begriff der Übertragung fest:
Sie betrifft die Beziehung, die sich zwischen dem Arzt und seinem Patienten und umgekehrt herstellt; selbst wenn die Methode noch kathartisch oder hypnotisch ist, betrifft sie doch nichts anderes als dieses Feld.
Definiert wird sie als falscher Bezug oder Mésalliance, ein Begriff, der seine Grundlagen im Terminus der falschen Verknüpfung hat, welche ursprünglich die Naht bezeichnete, die der Patient beim Erwachen näht, eine Naht zwischen den unbewußt gewordenen Phänomenen, die ihm suggeriert worden waren, und irgendwelchen Rationalisierungen, die entschuldigen sollten, daß er ohne ersichtlichen Grund so handelte.
Die Übertragung ist also ein falscher Bezug, der eine doppelte Verschiebung bewirkt: Verschiebung der Zeit und der Person.
Verschiebung der Zeit, denn ein vergangener und verdrängter Affekt taucht gewissermaßen zur Unzeit, mitten in der Behandlung auf. Und Verschiebung der Person, denn dieser Affekt richtet sich auf den Therapeuten.
Die Umstände, die es erlauben könnten, diese Regung ihrem wahren Adressaten und der richtigen Zeit zuzuordnen, sind verdrängt worden; sie bilden das fehlende Glied einer Assoziationskette, die es ermöglichen würde, die Zeit zurückzuverfolgen. Doch der Widerstand ist um so stärker, als gerade diese »Umstände« den pathogenen Kern ganz unmittelbar berühren.
Die technische Konsequenz daraus ist, daß man die geschwundene Vorstellung, die sich getrennt von ihrem Affekt wiederholt, wieder in ihren bewußten Zusammenhang setzen muß.

Das Wichtige an dieser ersten Theoretisierung der Übertragung ist, daß alle Widerstandsäußerungen auf dem Hintergrund einer »Bewußtseinsspaltung« erscheinen.

Um den traumatogenen Kern schichtet sich konzentrisch die Kette der unbewußten Assoziationen, die, da verdrängt, diesen Kern von den anderen Vorstellungen und von seinem eigenen Affekt isolieren.

So schleicht sich also auf der Ebene der verdrängten Assoziationskette gleichsam eine neue Masche ein. Diese Masche, die nur der illusorische Träger des Affekts und sein falsches Objekt ist, kann durch seine bloße Existenz Gefühle wecken, die so peinlich sind, daß sie den Fortgang der Behandlung ernsthaft hemmen.

Insbesondere die bisher verdrängte Aggressivität gegen die Person des Arztes kommt wie gerufen, um die defensive Bewegung zu verstärken, und dient als Vorwand, den wirksamen Prozeß zu bremsen, sogar abzubrechen.

Dieser Platz, welcher der Übertragungsbewegung in der Assoziationskette zufällt, ist also grundlegend. In diesem Stadium seiner begrifflichen Erarbeitung in den *Studien über Hysterie* ließe er sich in einer Formel zusammenfassen:

Die Übertragung ist ein Quidproquo zur Unzeit.

Ihre Überwindung besteht darin, sie an die richtige Person und an den richtigen Platz zu verweisen.

Die wichtige Arbeit von Lagache auf der 14. Konferenz der Psychoanalytiker französischer Sprache im Jahre 1951 kommt in bezug auf die Übertragung in den *Studien über Hysterie* zu dem Schluß:

»Die Übertragung ist eine *Abwehr* gegen einen peinlichen Affekt in Zusammenhang mit einem verwerflichen Trieb.«

Diese Definition weist den Weg für eine künftige Theorie des Triebs und der Abwehrsysteme des Ich.

Die bei Freud noch sehr bescheidene Konzeptualisierung der Übertragung erlaubte ihm lediglich, jener Patientin, die ihm vorwarf, an ihrem Schicksal nichts ändern zu können, zu antworten, daß es immerhin gelingen könne, ihr hysterisches Elend in »gemeines Unglück« zu verwandeln.

Kapitel III: Doras Übertragung

Die *Studien über Hysterie,* die wesentlich auf den Assoziationsbahnen gründen, rücken besonders den Begriff der Verschiebung ins Licht. Zwischen diesem Begriff der Verschiebung und dem der Übertragung bestehen sehr enge Verbindungen und, wenn man so sagen darf: eine Verschiebung.

Seit dem *Entwurf einer Psychologie* aus dem Jahre 1895 betrifft der Begriff der Verschiebung insbesondere die Energiequantitäten, welche die Ladung einer Vorstellung ausmachen. In diesem Sinne sind es nicht so sehr die Vorstellungen, die einander folgen oder ersetzen, es ist vielmehr das Licht, das sich lieber auf die eine als auf die andere verschiebt, oder, wie Freud in der *Traumlehre* sagt: der psychische Akzent verschiebt bzw. überträgt sich.

Diese Problematik des Akzents zieht sich durch das ganze Werk und insbesondere durch die metapsychologischen Schriften, auf der Ebene des Problems der doppelten Niederschrift. Die Energiequantitäten wie die Affekte scheinen den Vorstellungen gleichsam parallel zu verlaufen.

Von der Verschiebung dieser Quantitäten hängt das Schicksal der Vorstellung und letztlich ihr topischer Ort ab.

Diese Bedeutung der Verschiebung steht der der Übertragung sehr nahe, wie sie in der *Revision der Traumlehre* verwandt wird, wo sie sie unmerklich ersetzt und ausdrücklich die Strecke bezeichnet, welche die Energie von einer Vorstellung zu einer anderen zurücklegt. Auf dieser Ebene sind die beiden Termini praktisch gleichbedeutend.

Die *Studien über Hysterie* liefern durch die Feststellung falscher Verbindungen, falscher Bezüge, falscher Verknüpfungen Beispiele für Verschiebungen, die diese Bedeutung bestätigen, indem sie die Verschiebung der mit einer Vorstellung verbundenen Angst ins Licht rücken: z. B. die Revolution in San Domingo und eine andere Vorstellung: die ärztliche Verordnung Freuds (vgl. das vorstehende Kapitel).

Doch man darf sich fragen, warum diese Beziehungen, diese Verbindungen, diese Verknüpfungen so falsch sind. Denn vom rein energetischen Standpunkt aus könnte man sie ebensogut als wahr bezeichnen.

In Wirklichkeit läßt sich hier unmöglich beiseite schieben, was gerade auf eine Verschiebung hinausläuft: nämlich die »heikle«, ja schlüpfrige Bedeutung einer falschen Verbindung, einer »falschen Liaison« im Wien zur Zeit Freuds. Und sagt man nicht von einem etwas gewagten Ausdruck, er sei »deplaziert«?

Der wahre Unterschied zwischen der Verschiebung (*déplacement*) im allgemeinen Sinn und der Übertragung liegt gerade an der Verschiebung heikler Elemente von einer Vorstellung auf eine andere.

Dieser Unterschied gewinnt erst Gestalt durch die Einführung einer Situation analytischer Natur. Solange es um den *Entwurf* oder die *Traumlehre* geht, können die Widerstände gegen die Konzeptualisierung oder die Entdeckung anderer Art sein. Doch sobald die Konfrontation ins Spiel kommt, spielen die Gegenübertragungsphänomene die Rolle der Zensur: sie verschieben oder vielmehr übertragen die libidinöse Ladung einer ersten Vorstellung – die »falsche Verbindung« im bürgerlichen Sinn von wilder Ehe – auf eine zweite Vorstellung: »falsche Verbindung« im wissenschaftlichen Sinn des Übergangs von einer Vorstellung auf eine andere durch Kontiguität.

Der Terminus Verschiebung ist also selbst das beste Beispiel einer Verschiebung, das sich denken läßt.

Es ist anzumerken, daß trotz oder besser dank der Verschiebung der Ausdruck »falsche Verknüpfung« die Zweideutigkeit und damit die Möglichkeit einer Wiederkehr des Verdrängten bewahrt.

Im übrigen darf man nicht glauben, diese Zweideutigkeit existiere inzwischen nicht mehr: das Wort Übertragung behält auch für die aufgeklärtesten Geister einen Hauch von Skandal; was letztlich völlig gerechtfertigt ist, da wir am Ursprung der Übertragung viele verdrängte erotische Elemente finden.

Die rhetorische Transposition der Verschiebung verschwistert sie mit der Metonymie; es ist bekannt, welche Entwicklungen dieser Gebrauch im Werk von Lacan genommen hat, wo sie ebenfalls

eine deutliche Verschiebung der den Quantitäten anheimfallenden Energien auf diejenigen Vorstellungen voraussetzen, die allein geeignet sind, ihren artikulierten Ausdruck zu tragen.
Dora wird der Übertragung ihren wahren Sinn verleihen; sie bleibt offenkundig mit der Verschiebung verbunden.
Die Übertragung ist eine Verschiebung.
Doch die Immanenz der analytischen Situation, der plötzliche Eklat des Aktuellen, die Prüfung der Konfrontation zwischen Freud und Dora geben der Übertragung einen spezifischen Sinn, den wir nun einzukreisen versuchen wollen.

Dora

Mit der Analyse von Dora beginnt für Freud erst wirklich die Erarbeitung einer Theorie der Übertragung.
Freilich fällt auf, daß die Darstellung der Kur diese Übertragung mit keinem Wort erwähnt. Erst in einem reflektiven Augenblick, »nachträglich«, fördern die »theoretischen Überlegungen« sie zutage. Schon allein diese Tatsache verdient Beachtung.
Die Analyse von Dora war eine Analyse, die 1889 nach drei Monaten unterbrochen wurde.
Diese Unterbrechung war in Wahrheit ein »Abbruch«.
Und durch die Entdeckung der Übertragung gelang es Freud, diesem Abbruch Rechnung zu tragen.
Eine naive Lektüre von *Dora* ist heutzutage ziemlich mühsam, da es schwerfällt, nicht zu erwähnen, was die Analyse von Dora uns gebracht hat.
Dennoch müssen wir uns dieser naiven Lektüre unterziehen, um dann die genaue Natur der Übertragung zu erfassen, auf die sie Bezug nimmt. Aber wenn es zur Not eine naive Lektüre gibt, gibt es dann auch eine naive Darstellung der Behandlung?
Freud behauptet es jedenfalls; 1923, als er auf Dora zurückkommt, sagt er:

»Es ist nicht zu erwarten, daß mehr als zwei Dezennien fortgesetzter Arbeit nichts an der Auffassung und Darstellung eines solchen Krankheitsfalles geändert haben sollten, aber es wäre offenbar unsinnig, diese

Krankengeschichte durch Korrekturen und Erweiterungen ›up to date‹ zu bringen, sie dem heutigen Stande unseres Wissens anzupassen.«[1]

Der Fall Dora wird uns also so vorgelegt, »wie er ist«; doch was heißt »wie er ist«, da zwanzig Jahre späterer Arbeit seine *Darstellung* ändern könnten? Die Darstellung ist also den Ideen, Reflexionen, Fortschritten des Analytikers unterworfen, ob nun in diesem Fall oder in anderen Fällen. Welches Prinzip liegt unter solchen Bedingungen der Darstellung in der Psychoanalyse zugrunde? Man könnte vermuten, daß sich diese Darstellung auf den erschöpfenden Bericht der *ausgetauschten Worte* beschränkt, auf den Text.

Doch abgesehen von der materiellen Unmöglichkeit einer solchen Registrierung, was könnte »die Gesamtheit der ausgetauschten Worte« wohl bedeuten, wenn man sie nicht auf den Gegenübertragungszusammenhang, in dem sie stehen, oder, wie Freud später sagt, auf »die psychologische Situation« bezieht, welche die beiden Protagonisten verbindet?

Man muß der Darstellung also einen Kommentar beigeben: der subjektive Kontext erheischt, soll er veranschaulicht werden, einen Standpunkt, eine Stellungnahme bezüglich des ausgetauschten Textes, eine Aufklärung des historischen Zusammenhangs der Neurose, eine theoretische Perspektive der Darstellung; letztlich sogar, wie es bei Freud der Fall war, eine »propagandistische« Anstrengung und schließlich die Notwendigkeit für den Analytiker, zwischen seinen eigenen Assoziationen und denen seines Patienten eine Verbindung herzustellen.

Einen solchen Kommentar gibt es in der Darstellung des Falles Dora, jedoch gleichsam *extra muros*:

»Gerade das schwierigste Stück der technischen Arbeit ist bei der Kranken nicht in Frage gekommen, da das Moment der ›Übertragung‹, von dem zu Ende der Krankengeschichte die Rede ist, während der kurzen Behandlung nicht zur Sprache kam.«[2]

Denn weit mehr als die expliziten Elemente sind nur die Stockungen, die Schranken, die Sackgassen, die Aporien der Übertragungsbewegung wirklich nachweisbar.

1 *Bruchstück einer Hysterieanalyse, GW* V, 171, Fn. 1
2 Ibid., 170

Die Übertragung wird hier ans Licht gebracht, weil es einen *Abbruch,* ein Scheitern, einen Stillstand der Behandlung gab. Nicht durch Zufall kann der einzige klinische Text von Freud, der sich auf die Übertragung bezieht, sie nur außerhalb des Texts zur Sprache bringen. Das liegt unserer Meinung nach keineswegs an den historischen Umständen ihrer Entdeckung, sondern am Wesen der Übertragung selbst, deren unsichtbare Bewegungen sich nur in ihren Stockungen, ihren Hindernissen, ihren blinden Verankerungen im Realen offenbaren.

Bei einer weniger naiven Lektüre wird klar, daß diese Stockungen der Übertragung nicht nur das Werk von Dora, sondern auch das von Freud selbst sind, des Zusammenpralls dessen, was sie sagt, und dessen, was er hört ... was er hören kann ..., auch dessen, was er sagt.

Durch ihre Zusammenstöße, ihre Gegensätze, ihre Botmäßigkeiten, ihre Unterwerfungen, ihre Auflehnungen zeigt diese Konfrontation ebenso viele Stockungen an, an denen plötzlich die Übertragung greifbar wird. Von der Übertragung sprechen, ohne von der Gegenübertragung sprechen, liefe etwa darauf hinaus, die Seekarten von Lewis Caroll bei der Jagd nach dem Schnark zu benutzen, die bekanntlich keinerlei Land verzeichnen.

Es ist klar, daß, wer die Übertragung von Dora schildert, eben damit auch die Antwort schildert, die Freud ihr gibt. Diese Antwort ist vielfältig: bald Gegenstück, bald Entgegnung, Vorwürfe, Werbungen, Provokationen, Deduktionen, Informationen, Verführungen. Kurz alles, was die Gegenübertragung zu etwas anderem macht als dem tristen affektiven Muff, auf den man sie hat beschränken wollen, zu etwas anderem aber auch als einfach einer luziden dialektischen Wendung.

Tatsache ist, und sie ist wesentlich, daß Dora, wenn sie von Herrn K. spricht, von etwas anderem spricht, und daß Freud, wenn er ihr antwortet, auf etwas anderes antwortet, das ihrer beider Unbewußtes kennt.

Der Vorgang ist durchsichtig: hinter Herrn K. steht Doras Vater; Freud entlarvt ihn binnen kurzem; hinter dem Vater steht die Gouvernante; hinter der Gouvernante steht Frau K. – und hinter allem steht Freud.

Der springende Punkt der Bewegung ist der, daß aufgrund des Übertragungseffekts von irgendeiner dieser Gestalten sprechen, *auch* von Freud sprechen heißt, und daß genau in dem Augenblick, da alle ausgeschöpft sind und sie sich direkt diesem letzteren zuwenden müßte, d. h. Freud selbst, Dora fortgeht.

Wenn wir diese Bewegung begreifen, erkennen wir auch die Rolle von Doras erstem Traum, der wie ein Felsenriff in der Übertragungsbewegung hervortritt und damit ihre *Stockung* markiert, und eben dadurch auch ihr *Auftauchen*: der Traum kommt zur rechten Zeit, um den analytischen Prozeß abzubrechen.

»Als wir gerade Aussicht hatten, einen dunkeln Punkt in dem Kinderleben Doras durch das Material, welches sich zur Analyse drängte, aufzuhellen, berichtete Dora, sie habe einen Traum, den sie in genau der nämlichen Weise schon wiederholt geträumt, in einer der letzten Nächte neuerlich gehabt.«[3]

Man darf sich fragen, warum gerade an diesem Tage ein schon oft geträumter Traum in die Waagschale geworfen wird. Freud, der doch die Rolle der Tagesreste so stark betont hatte, hält sich kaum mit den nächstliegenden auslösenden Momenten auf. Er erkennt sie zwar, schreibt jedoch, was in der Erzählung mit seiner Person zusammenhängt, einer letzten Überdeterminierung zu.

Vor allem darum bemüht, die infantilen Wurzeln des Traums zu erhärten, sucht er seinen Ursprung am Ufer des Sees, dann im kindlichen Bettnässen, dann in der Onanie über den Ausfluß.

Ergänzend und gleichsam als Überblendung erwähnt er die unmittelbaren Anspielungen auf seine Person, scheint jedoch den stichhaltigen Aphorismus zu vergessen, den er bezüglich der Träume formuliert hat:

»Ein ordentlicher Traum steht gleichsam auf zwei Beinen, von denen das eine den wesentlichen aktuellen Anlaß, das andere eine folgenschwere Begebenheit der Kinderjahre berührt.«[4]

Hinsichtlich des wesentlichen aktuellen Anlasses begnügt er sich mit einem zwei Tage alten Vorfall: »Der Papa hat in diesen Tagen

3 Ibid., 225
4 Ibid., 233

mit der Mama einen Streit gehabt«[5], um die doch aktuellen Anlässe, die seine Person betreffen, als zusätzliche Überdeterminierungen abzutun. Nämlich die Versuche unbewußter Verführungen, die sich in den letzten Sitzungen angehäuft haben und die, wie es scheint, das lange Pathos tugendhafter Entrüstung gerechtfertigt haben, mit dem er die Scheinheiligkeit seiner Kollegen brandmarkt (S. 208). Er fordert, eine Katze eine Katze zu nennen, dieselben Rechte zu genießen wie die Gynäkologen usw. und macht zum Schluß das bekannte kleine Experiment:

»Ich begann die Erörterung hierüber mit einem kleinen Experiment, das wie gewöhnlich gelang. Auf dem Tische stand zufällig ein großer Zündhölzchenbehälter. Ich bat Dora, sich doch umzusehen, ob sie auf dem Tische etwas Besonderes sehen könne, das gewöhnlich nicht darauf stände. Sie sah nichts. Dann fragte ich, ob sie wisse, warum man den Kindern verbiete, mit Zündhölzchen zu spielen.« (233)

Trotz der unbewußten Verführung, die er auf Dora ausübte, erkennt er deutlich die Wirkung der Übertragung; wie seine Bemerkung über die Raucher beweist:

»Der Rauch paßte ja wohl zum Feuer, er wies *auch* darauf hin, daß der Traum eine besondere Beziehung zu meiner Person habe, denn ich pflegte ihr, wenn sie behauptet hatte, da oder dort stecke nichts dahinter, oft entgegenzuhalten: ›Wo Rauch ist, ist auch Feuer.‹« (235)

Doch das ganze Problem ist das der Bedeutung des »auch«:

»Weil ich auch Raucher bin ... Er [der Rauch] wies auch darauf hin, daß der Traum eine besondere Beziehung zu meiner Person hatte.«

Freud wertet die Tatsache, daß er auch Raucher ist und tatsächlich die Worte »Wo Rauch ist, ist auch Feuer« ausgesprochen hat, als reinen Zufall, ein Zusammentreffen, auf welches der Traum sich stützt: »Auf dem Tische stand zufällig ein großer Zündhölzchenbehälter.«
Nun ist alles klar: der kindliche Wunsch, den Vater anstelle des Fremden zu sehen, ist die *gestaltende Kraft* des Traums. Der Tagesgedanke, d. h. von Freud einen Kuß zu bekommen, ist der *Unternehmer des Traums.*

5 Ibid., 226

In Wahrheit ist der wirkliche Unternehmer des Traums die Übertragung. Ein in der psychoanalytischen Praxis bewanderter Analytiker würde sagen, daß »dieser Traum *auch* von einem infantilen Wunsch zeugte, Herrn K. durch den Vater zu ersetzen...«, d. h. er würde den Traum von vornherein als Bezugnahme auf seine Person und erst in zweiter Linie als Zeuge eines infantilen Wunschs begreifen.
Diese Haltung würde einer *unbewußten und automatischen Regulierung des Spannungsniveaus einer Sitzung unterstehen.* So daß der Analytiker, der sich einem direkten Triebanspruch gegenübersieht, hier dem Kuß, durch eine unbewußte Schutzmaßnahme versuchen würde, diesen Vorfall als ausschließlich von Kindheitswünschen abhängig zu deuten.
Auch wenn die theoretische Begründung in bezug auf die Freudsche umgekehrt ist, bliebe der Widerstand der Gegenübertragung also identisch.
Doch angesichts eines unbewußten Rätsels, eines beliebigen Materials, das den Analytiker auszuschließen scheint, kann er »sich das beste Stück abschneiden«, sich in den Rebus eines Traums, das Gespinst einer Phantasie oder den Verlauf einer Erinnerung als Agent dieser psychischen Äußerungen einschleichen, was eine Form umgekehrten Widerstands kennzeichnet.
Obwohl Freud hier den Traum hinken läßt, indem er ihn mehr auf das infantile Bein als auf das aktuelle Bein stellt, läßt ihn seine strenge Konzeption des Assoziationssystems dennoch sagen:

»Er [der Traum] schloß unter seinen Traumgedanken eine Beziehung zu meiner Behandlung ein... So ist anzuerkennen, daß sie meinen Ausspruch: ›Wo Rauch ist, da ist Feuer‹ sehr geschickt unter die fertige Traumform gebracht, wo er zur Überdeterminierung des letzten Elementes verwendet erscheint.« (255)

Freud bleibt also der Konzeption der Assoziationskette treu, in die sich die Vorstellung des Analytikers einschiebt. Wir befinden uns mit Dora noch bei einer streng assoziativen Konzeption der Übertragung. Erst sehr viel später entdeckt Freud, daß diese aktuellen Elemente nicht zufällig gewählt werden, sondern insofern sie dem Widerstand am besten dienen.

Er meint, daß der manifeste Text des Traums durch seine Interventionen und durch die Übertragung nicht verändert wurde und daß die Übertragung hier nur geschickt in die Assoziationsarbeit *eingefügt* scheint.

Diese Bemerkungen führen dazu, die Übertragung als etwas zu begreifen, das sich zwischen zwei Polen entwickelt: einem infantilen Pol und einem aktuellen Pol, womit sie das Feld jener progressiven und regressiven Bewegung erneuern, wie sie anläßlich des Seelenapparats beschrieben wurde.

So stellt sich allein durch das Spiel der infantilen Wünsche und ihren Druck auf das Aktuelle ein Kräftespiel her.

Das Aktuelle reaktiviert den infantilen Wunsch. Der infantile Wunsch bedrängt die Realität. Die durch die Übertragung erhellte Regression ist nicht mehr nur ein früherer Zustand der Seele oder des Konflikts, sie schlägt sich als dynamisches Moment nieder, als Schwingung zwischen Gegenwart und Vergangenheit.

›*Hier* droht mir eine schlimme Gefahr‹, sagt Dora. Sie beschließt also im Traum, mit ihrem Vater zu fliehen.

Und Freuds Kommentar:

»Es [das Kind] ruft eine infantile Neigung zum Vater wach, die es gegen die rezente zu dem Fremden schützen soll.« (249)

Was er als die aktuelle Versuchung sieht, ist *hier* nur die Liebe zu Herrn K., und *hier* ist noch der See. Doch das Folgende, d. h. der Abbruch der Analyse, zeigt, daß *hier auch* Freuds Sprechzimmer war und die aktuelle Versuchung, geküßt zu werden.

Doch die regressive Bewegung, die Regression, untersteht demselben Vorgang, hier nur um eine Kerbe verlagert. Um den aktuellen Versuchungen zu entrinnen, denkt sie an Herrn K.; um Herrn K. zu entrinnen, denkt sie an ihren Vater; um ihrem Vater, der Gouvernante usw. und schließlich Frau K. zu entrinnen ...

Die Bewegung verläuft hier umgekehrt zu der, die wir vorhin beschrieben und die alle Gestalten erschöpfte, bevor sie zur letzten, d. h. zu Freud gelangt. Eine Bewegung, die wir progredient nennen könnten.

Die Übertragung bewirkt, dem Analytiker an einen der diachronischen Pole dieser Bewegung zu postieren.

Der Abbruch rührt hauptsächlich daher, daß Freud damals nicht imstande war, die Vorstellung zu ertragen, der Endpunkt, das letzte Bild einer solchen weiblichen homosexuellen Übertragung, und noch weniger, deren Ausgangspunkt zu sein. Einige Jahre später kommt er zu der Einsicht, daß es zum Abbruch der Behandlung kam, weil er Doras grundlegende Tendenz zur Homosexualität nicht zu deuten vermochte.

Es liegt auf der Hand, daß eine solche Deutung nur möglich gewesen wäre, wenn Freud zuvor die Möglichkeit gehabt hätte, sich in jenem Objekt weiblicher Homosexualität wiederzuerkennen, ein Wiedererkennen, das eine Identifizierung beinhaltet.

Doch will man den Abbruch der Behandlung erklären, so läßt sich der Gedanke nicht beiseitedrängen, daß Dora eine Heranwachsende war. Das Alter *par excellence,* in dem Agieren Ausagieren ist, d. h. in dem die Handlungen nicht ohne ein bestimmtes Maß an Verkennung vollzogen werden können.

Die Übertragung ist das, was älteren Herren gestattet, lange zu hoffen, und gleichzeitig verbietet, zu viel zu erhoffen ... Weil es dieselbe Kraft ist, welche die Heranwachsenden veranlaßt, ihre inzestuösen Wünsche auf sie zu übertragen und folglich dort den Verboten zu begegnen, die sich unvermeidlich an sie knüpfen.

Vielleicht ist das hier zuviel der Realität, aber es ist ja gerade das Merkmal der Adoleszenz, überall Realitäten zu erwarten, so daß – entgegen Freuds Ausführungen, man könne mit einer jungen Frau ungestraft über sexuelle Dinge sprechen, der Zauber ihrer Person sei bedeutungslos usw. – die Verführung, die er ausübt, eine Realität im Sinne von psychischer Realität ist.

Von sexuellen Dingen reden, ist eine Realität; diese Realität ist eine Verführung; von der Verführung reden, ist eine Verführung, und vom Kometen oder vom Jüngsten Gericht reden, kann ebenfalls eine Verführung sein, desgleichen nicht reden. Die Falle der »psychologischen Situation« ist hier zugeschnappt – oder das Wort, was immer es sagt, ist eine Verführung. So daß, wenn durch die Übertragung diese Situation überwunden werden kann, dies nur im Fall einer positiven Übertragung möglich ist, d. h. wiederum durch Liebe.

Doch hier läßt es das Freudsche Wort nicht dabei bewenden, nichts

zu sagen; es wird drängend und spürt Doras Wunsch in seinen letzten Schlupfwinkeln auf.
Zudem zwang ihn seine Rolle als Verfechter einer neuen Theorie gegenüber den hervorragendsten Köpfen seiner Zeit wie auch gegenüber den eingewurzeltsten Vorurteilen der bürgerlichen Moral, seine Patientin, die ganze Welt und sich selbst von der Berechtigung seiner Methode zu überzeugen. Im vorliegenden Fall muß er, wem immer ihn hören will, beweisen, daß man mit einem jungen Mädchen ungestraft über sexuelle Dinge reden kann: was durchaus richtig ist, wenn man sich prophylaktisch auf die Wiener Prüderie einstellt, weniger aber in einer analytischen Situation.
Diese Notwendigkeit für einen Pionier wie Freud, eine Theoretisierung auf dem Weg einer – man verzeihe uns das zu starke Wort – Propaganda mit der Darstellung seiner Behandlung selbst zu verknüpfen, zeigt einen Aspekt seines Denkens, also der Gegenübertragung; sie reicht jedoch sichtlich nicht aus, deren wirkliche Grundlagen aufzudecken. Ein anderer Aspekt von Doras Analyse ist die Tatsache, daß Freud zum Zeitpunkt ihrer Durchführung und sogar ihrer Veröffentlichung (1905) unter dem Einfluß der Entdeckung der Traumdeutung steht. Eine seiner Anmerkungen vor Doras Analyse weist uns darauf hin: die Feststellung, daß man der Rede der Hysteriker nicht trauen darf, denn sie hat weiße Stellen, Lücken, Ungenauigkeiten, Amnesien.
Glücklicherweise gibt es die Umwelt, die die Lücken ausfüllt, ja sogar auflöst.
Zumindest anfangs hält Freud die Lügen von Doras Vater für wahr, die denen seiner Tochter in nichts nachstehen, aber sie wunderbar ergänzen; weil für Freud, z. B. in der *Traumlehre*, die Notwendigkeit besteht, die Totalität eines nach Traummanier verstümmelten Texts wiederherzustellen, dessen Deutung mittels einer kohärenten Rede die Lücken des manifesten Texts ausfüllt.
Vor Dora wird die Analyse noch als die strikte Wiederherstellung der Wahrheit aufgefaßt. Wir erinnern uns, daß Freud, als er zwischen einer Diagnose der Hysterie und der einer organischen Ätiologie zu entscheiden hatte, die Diagnose einer *tabes dorsalis* stellt, nur weil die Rede seines Patienten kohärent und fehlerlos ist.

Die Wahrheit bleibt demnach für Freud das Ziel jeder Forschung. Doch auf dem Weg dieser Forschung taucht die Übertragung auf, die ihn dazu zwingt, sich nicht mehr nur an den Text selbst zu halten, sondern die Beziehungen des Patienten zu seinem Arzt über die strikte Notwendigkeit einer kurzfristigen Aufklärung der Wahrheit hinaus zu deuten.

Welche Überlegungen konnte Freud am Ende von Doras Analyse aus der Behandlung ziehen? Er legt sie in einem gesonderten Kapitel dar, seinem Nachwort.

Zu allererst behauptet er, daß die Sexualität der Schlüssel zum Problem der Psychoneurosen wie der Neurosen überhaupt ist.

Bei dieser Gelegenheit nimmt er eine sehr lehrreiche Unterscheidung zwischen der psychoanalytischen Technik und der psychoanalytischen Theorie vor: die erstere kann nur von rein psychologischen Faktoren ausgehen, während die Theorie ihren Auffassungen den Teil an Organizität einverleiben muß, welcher der sexuellen Komponente notwendig zufällt.

Doch vor allem bemerkt er, daß während der Behandlung die Neubildungen von Symptomen zwar unterbrochen, die *Produktivität* der Neurose aber durchaus nicht erloschen ist: sie »betätigt sich in der Schöpfung einer besonderen Art von meist unbewußten Gedankenbildungen, welchen man den Namen ›Übertragungen‹ verleihen kann.«

Diese Übertragungen (im Plural) sind

»*Neuauflagen, Nachbildungen von den Regungen und Phantasien, die während des Vordringens der Analyse erweckt und bewußt gemacht werden sollen,* mit einer für die Gattung charakteristischen Ersetzung einer früheren Person durch die Person des Arztes. Um es anders zu sagen: eine ganze Reihe früherer psychischer Erlebnisse *wird nicht als vergangen, sondern als aktuelle Beziehung zur Person des Arztes wieder lebendig.*«[6]

Von hier aus kommt Freud zu einer sehr bedeutsamen Unterscheidung: es gibt zwei Arten von Übertragungen: die einen sind einfache Neudrucke, unveränderte Neuauflagen; andere haben eine Milderung ihres Inhalts, eine *Sublimierung* erfahren und können

6 Ibid., 279 f. (Hervorhebungen von uns)

bewußt werden, indem sie sich an irgendeine geschickt verwertete reale Besonderheit an der Person oder in den Verhältnissen des Arztes anlehnen. Der gesamte Prozeß und das Fortschreiten der Kur hängen also davon ab, daß die Übertragung eine Wiederholung und zugleich etwas anderes als schiere Wiederholung ist.

Der Begriff der Sublimierung hat natürlich noch nicht dieselbe Bedeutung wie später; doch er enthält bereits die Vorstellung einer Anstrengung, einer Zurückhaltung, einer Abweichung vom ursprünglichen Sexualziel, ja einer Kunst, die nicht nur ein Werk der Verdrängung ist und welche die Notwendigkeit beinhaltet, die unmittelbaren Interessen, welche die Übertragung weckt, und insbesondere die sexuellen Befriedigungen, auf die sie abzielt, aufzugeben zugunsten der Idee der Verarbeitung, der Arbeit der Bewußtwerdung, des Fortschreitens der Kur ... In dieser ersten Idee der Sublimierung in der Übertragung liegt etwas, das sie der schlichten Wiederholung entreißt, während sie sich gleichzeitig in ihr entfaltet.

Dennoch ist darauf hinzuweisen, daß dieses Verlangen nach Fortschritt, ja nach Heilung dem manifesten Wunsch unterworfen bleibt, den Arzt zu befriedigen.

Das Gegenteil dieser Idee finden wir am Ende der Behandlung von Dora, wo diese Freud gegenüber ihre übertragene Rache dadurch ausdrückt, daß sie die Behandlung abbricht und damit versucht, ihn in seiner Berufsehre und seinem Leistungsdenken zu treffen.

Aus dieser ersten Schwierigkeit der Übertragung entsteht bald jenes für den Analytiker so schwer zu befolgende Gesetz: nichts zu wollen, nicht einmal die Heilung.

Der Begriff der Sublimierung hat bei Freud stets den des in die Gesamtheit der Genitalität nicht integrierten Partialtriebs zum Ausgangspunkt:

»Die für die Kulturarbeit verwertbaren Kräfte werden so zum großen Teil durch die Unterdrückung der sogenannten perversen Anteile der Sexualerregung gewonnen.«[7]

Die Einführung der Sublimierung als Bestandteil der Übertragung erklärt zum Teil den Plural der genannten Übertragungen, inso-

7 *Die kulturelle Sexualmoral und die moderne Sexualität*, GW VII, 151

fern sich, anhand jeder dieser Teilbewegungen des Triebausdrucks, gerade im Schutz der Wiederholung, die Möglichkeit eines Verzichts auf ihr ursprüngliches Sexualziel ergeben kann; unter der Voraussetzung freilich, daß angesichts ihres unbewußten Charakters die Deutung sowohl die Wiederholungskraft wie die Verschiebung hintertreibt, die das Quiproquo begründet.

Dieser Anteil der Sublimierung an der Übertragung stellt natürlich die Frage nach der Wirksamkeit einer Kur und vor allem die Frage, ob die Analyse ein blindes und besonderes Triebschicksal zugunsten einer Sublimierung zu modifizieren vermag: d. h. ob sie mit Hilfe der Übertragung die Möglichkeit einer Veränderung des Triebziels schaffen kann; oder ob im Gegenteil dieser Partialtrieb, der sich bislang über sein Ziel unschlüssig war, nichtsdestoweniger, aufgrund seiner früheren Drangsal, jene Fähigkeit zur Sublimierung besaß, welche die Übertragung nur erneut zutage fördert.

Es sieht ganz so aus, als ob die Übertragung im Geiste Freuds, zumindest zur damaligen Zeit, nur eine entlarvende Rolle spielen kann, dem betreffenden Trieb nur den *Anlaß* liefert, seine Sublimierungsfähigkeit zum Nutzen der Kur zu äußern.

Wenn es also auf der einen Seite Übertragung–Sublimierung gibt, gibt es notwendig auf der andern das Problem Übertragung–Perversion, das, obzwar theoretisch noch nicht ausgeführt, in diesem Nachwort zum *Fall Dora* erwähnt wird.

Diese Seite der Übertragung–Perversion erhebt die Frage, welche Aufteilung die Geographie der Partialtriebe an der Person des Arztes wohl vollzogen haben mag.

Wenn es um eine ganze Person geht, um die totale Ersetzung einer Person durch eine andere, sagt Freud »die Übertragung« im Singular, wie z. B. in folgendem Sachverhalt:

»Zu Anfang war es klar, daß ich ihr in der Phantasie den Vater ersetzte, wie auch bei dem Unterschiede unserer Lebensalter nahelag.«

Dagegen steht die Übertragung im folgenden Beispiel im Plural:

»›Haben Sie *etwas* bemerkt, was Sie auf böse Absichten schließen läßt, die denen des Herrn K. (direkt oder in irgend einer Sublimierung) ähnlich sind, oder ist Ihnen *etwas* an mir aufgefallen oder von mir bekannt geworden, was Ihre Zuneigung erzwingt, wie ehemals bei Herrn K.?‹

Dann hätte sich ihre Aufmerksamkeit auf *irgend ein Detail* aus unserem Verkehre, an *meiner Person* oder an meinen *Verhältnissen* gerichtet ...«[8]

Die Fülle partitiver Ausdrücke ist eine wahre Zergliederung von Freuds Person.

Von einer Gegenübertragungsbewegung erfaßt, die er nicht zu kontrollieren vermag, beschwört er durch unbewußte Verführung eine Vielzahl von Partialbewegungen seitens Doras herauf, »der Lutscherin«, deren offensichtlich weder der eine noch die andere Herr zu werden vermögen.

Die Pluralität der Übertragungen spielt also eine sehr wichtige Rolle bei Freuds Unfähigkeit, ihre Bedeutung zu erklären, da sich letztlich an ihm selbst die Zergliederung der Triebbewegungen seiner Patientin vollzieht.

Dies erklärt die Bedeutung der Anmerkung, die er 1899 anfügt, als er, auf die technischen Fehler der Behandlung zurückkommend, die Wahrheit restituiert.

Diese Wahrheit, so meint er, ist die, daß er seiner Patientin hätte mitteilen müssen, daß ihre homosexuelle Liebesregung für Frau K. die stärkste der unbewußten Strömungen ihres Seelenlebens war.

Inzwischen hatten die Erarbeitung des Ödipuskomplexes sowie Freuds Selbstanalyse einige Fortschritte gemacht: die Homosexualität der Hysteriker, die ihn 1899 noch in »völlige Verwirrung« stürzte, findet hier ihr nachträgliches Anwendungsfeld.

Die Identifizierung mit dem »verführerischen« Herrn K. hat für Freud die Karten der Homosexualität durcheinandergemischt, und zwar deshalb, weil die Gegenübertragung sich nicht auf die Beziehung zwischen dem Arzt und seinem Patienten reduzieren läßt, sondern auf weit komplexere Situationen übergreift und sogar das Universelle streift, insofern sich der Therapeut am Ödipuskomplex selbst messen muß.

An einem Punkt jedenfalls hält Freud fest, den er niemals in Abrede stellt: nämlich daß *man der Übertragung durch keinerlei Mittel ausweichen kann.*

Sie ergibt sich notwendig, so sagt er, aus der Theorie der analyti-

8 *Bruchstück einer Hysterieanalyse*, a. a. O., 282 (Hervorhebungen von uns)

schen Technik, und man muß diese letzte *Schöpfung* der Krankheit wie alle früheren bekämpfen.

Doch hier besteht ein wesentlicher Unterschied zu seiner Position bezüglich der Traumdeutung. Das Deuten der Träume, das Extrahieren der unbewußten Gedanken und Erinnerungen aus den Einfällen des Kranken und ähnliche Übersetzungskünste sind leicht zu erlernen: »Dabei liefert immer der Kranke selbst den Text«; während man die Übertragung »fast selbständig erraten (muß), auf geringfügige Anhaltspunkte hin und ohne sich der Willkür schuldig zu machen«. (280)

Hier vollzieht sich eine bedeutsame Trennung zwischen einer Dekodierung, einer Übersetzung, dem Hören eines Dokuments oder jedweder Rekonstruktion, welche die Kontinuität eines Texts wiederherstellt, und der Deutung der Übertragung.

Diese muß ohne Mithilfe des Kranken *erraten* werden; das letzte Glied des Satzes, »und ohne sich der Willkür schuldig zu machen«, mag auch zu einer ersten technischen Definition der Gegenübertragung beitragen. Diese wird sowohl zum Hindernis wie gleichzeitig zum Mittel des Erratens, denn die genannten geringfügigen Anhaltspunkte sind nicht nur diejenigen, welche die abweichenden Verhaltensweisen beim Patienten enthüllen könnten, sondern auch und vor allem diejenigen, die beim Einklinken der Gegenübertragungshaltung dem Arzt verraten, daß sich etwas in der Beziehung verändert hat, die ihn mit seinem Patienten verbindet.

Noch ein letzter wichtiger Punkt bringt die Distanz zum Ausdruck, die zwischen dem Freud von Dora und dem von 1895 liegt: es geht um den Unterschied der Übertragungsphänomene in der psychoanalytischen Behandlung oder in irgendeiner psychiatrischen Anstalt. Man könnte erwarten, daß dieser Unterschied in einer Möglichkeit ihrer Aufklärung liegt: in der Analyse möglich, außerhalb unmöglich; dem ist nicht so. Der wahre Unterschied, sagt Freud, ist der folgende:

»Die psychoanalytische Kur schafft die Übertragung nicht, sie deckt sie bloß, wie anderes im Seelenleben Verborgene, auf. Der Unterschied äußert sich nur darin, daß der Kranke spontan bloß zärtliche und freundschaftliche Übertragungen zu seiner Heilung wachruft; wo dies nicht der Fall sein kann, reißt er sich so schnell wie möglich, unbeeinflußt vom

Arzte, der ihm nicht ›sympathisch‹ ist, los. In der Psychoanalyse werden hingegen, entsprechend einer veränderten Motivenlage, alle Regungen, auch die feindseligen, geweckt, durch Bewußtmachen für die Analyse verwertet, und dabei wird die Übertragung immer wieder vernichtet. Die Übertragung, die das größte Hindernis für die Psychoanalyse zu werden bestimmt ist, wird zum mächtigsten Hilfsmittel derselben, wenn es gelingt, sie jedesmal zu erraten und dem Kranken zu übersetzen.« (281)

Außer der Sublimierung also, die ein Ausweg und gleichzeitig eine Begrenzung der Übertragungsliebe sein könnte, trägt die Wiederbelebung feindseliger Regungen zur Aufrechterhaltung des analytischen Prozesses bei, unter der ausdrücklichen Bedingung, daß sie gedeutet werden.

In dieser Hinsicht müßte man im übrigen unterscheiden, was in diesen feindseligen Regungen einer Versagung zukommt und letztlich nur einem Liebesverlangen oder einem enttäuschten Liebesverlangen zugehört, und dem, was, ursprünglicher, einer von vornherein aggressiven Kraft entspringt, welche die Übertragung weckt.

Man sieht, auf welche Weise Freuds Behauptung über den Unterschied zwischen der Übertragung als allgemeines Phänomen und der Übertragung in der Analyse, die aggressive Regungen wiederbelebt, in Wahrheit das Problem des Bruchs des analytischen Bandes aufwirft, denn es wird unterstellt, daß, wenn der Patient nicht mit seinem Analytiker bricht, so nicht deshalb, weil er seine feindseligen Regungen nicht hat ausdrücken oder wiederbeleben können, sondern im Gegenteil, weil sie reaktualisiert und ans Licht gebracht wurden und somit Gegenstand einer Deutung werden können.

Die Reaktualisierung, der Ausdruck und die Deutung der feindseligen Regung stehen also, ganz wie die erste Bewegung der Liebe, im Zyklus der Wiederholung. Doch diese feindselige Regung erhält gerade durch ihre Enthüllung die Möglichkeit des analytischen Bandes aufrecht.

Im gegenwärtigen Stadium unserer historischen Untersuchung der Übertragung, insbesondere zum Zeitpunkt des *Falles Dora*, müssen wir einige polemische Diskussionen über dieses Thema ins Gedächtnis rufen; besonders diejenige, die 1951 während der 14. Konferenz der Psychoanalytiker französischer Sprache stattgefunden hat. Es versteht sich von selbst, daß der Umfang dieser Konfrontation bei weitem das »Dora-Stadium« übersteigt, bei dem wir uns im Augenblick befinden; doch die ausdrücklichen Bezugnahmen auf diesen Text erlauben es, die wahre historische Tragweite von *Dora* zu erhellen und gleichzeitig einige der Probleme einzuführen, die notwendig aus der Entwicklung des Begriffs der Übertragung im späteren Werk von Freud erwachsen.

Der Bericht von D. Lagache von 1951, ein sehr erschöpfender Bericht, sowohl in historischer Hinsicht wie durch die Einbeziehung zeitgenössischer, vor allem der gesamten angelsächsischen Literatur, entwickelt in nicht weniger als 103 Artikeln eine Konfrontation zwischen mehreren psychoanalytischen Begriffen, insbesondere dem der psychoanalytischen Übertragung.

Einer dieser psychologischen Begriffe, der berühmte Zeigarnik-Effekt, war zumindest äußerlich der Anlaß für eine Mitteilung von Jacques Lacan, die ganz spezifischerweise eine Deutung der Übertragung im *Fall Dora* enthielt.

Das Denken von Lacan läßt sich nicht resümieren. Allenfalls können wir, »in einer Zeit«, wie er sagt, »da es der Psychoanalyse an Alibis zu mangeln schien«, die polemische Bewegung begreifen, die es einer psychologisierenden Auffassung der Psychoanalyse entgegenstellte.

Sein Bemühen, der Analyse ihr eigenes Feld, das der Sprache, zurückzuerstatten und das Subjekt in die Sprache seines Wunsches einzuführen, erlaubt es ihm, eine gar zu objektivierende und verhaltensorientierte Deutung der Übertragung anzuprangern.[9]

Für Lacan ist die Analyse ein Werk des Worts, und die Aufmerksamkeit, die sich bevorzugt auf die »stummen Züge des Verhaltens« richtet, birgt die Gefahr, das Subjekt in ein Objekt zu verwandeln.

Ihm zufolge drückt sich Freuds Darstellung des Falles Dora in Form einer Reihe dialektischer Wendungen aus; anhand der von Dora beschworenen Lügen führt Freud eine erste dialektische Wendung ein, die Dora zeigt, welchen Anteil sie selbst an der Unordnung hat. Alsbald erscheint eine zweite Entwicklung der Wahrheit,

9 J. Lacan, *Écrits*, Paris 1966, S. 215: *Intervention sur le transfert*

sie enthüllt die ödipale Konstellation. Durch eine zweite dialektische Wendung enthüllt Freud die Vorherrschaft von Doras Eifersucht auf das Liebesverhältnis ihres Vaters, eine Vorherrschaft, deren wahrer Pol der des rivalisierenden Subjekts ist.
Die nächste Entwicklung der Wahrheit bringt nun für Dora Frau K. ins Spiel, Doras Lehrerin in sexuellen Dingen. Lacan zeigt, mittels einer Extrapolation dessen, was eine dritte dialektische Wendung hätte sein können, welchen wahren Wert das Objekt Frau K. für Dora hätte gewinnen können. Damit stellt er mittels der Übertragung die Frage nach Doras Weiblichkeit. Einer Weiblichkeit, deren Voraussetzung hier beschworen wird, nämlich sich als Wunschobjekt des Mannes zu akzeptieren. Dieses Akzeptieren, welches die Anerkennung und Erhellung dessen erheischt, was für sie eine Frau ausmacht: »das unmöglich von einem ursprünglichen oralen Wunsch zu lösende Objekt«, Doras Identifizierung mit Frau K. und Freud selbst, verschleiert fast völlig die Natur ihres Bandes zu Frau K. Doch Freud, in der Gegenübertragung gefangen und sich an Herrn K.s Stelle setzend, geht jedem wirklich homosexuellen Zuhören aus dem Weg, um Doras Liebe zu Herrn K. den Vorzug zu geben.
Damit macht man die Übertragung unmittelbar von der Gegenübertragung abhängig und kommt zu der grundlegenden Definition:

»Die Übertragung ist nichts Reales im Subjekt, sondern in einem Augenblick der Stagnation der analytischen Dialektik bedeutet sie das Auftauchen permanenter Modi, nach denen es seine Objekte konstituiert.«

In der Tat verlegt nichts Reales den Ort der Übertragung wieder ins Imaginäre des Wunschs und entfernt ihn von den tendenziösen Objektivierungen des Verhaltens; so wie es gleichzeitig die Psychoanalyse für immer von jeder Praxis trennt, die sich etwas anderes als des Worts bedient.
Anläßlich der Gegenübertragung und der Metapsychologie haben wir den dialektischen Charakter der analytischen Situation betont, wenngleich mit gewissen Vorbehalten bezüglich der genauen Tragweite dieses Terminus.
Es erscheint uns schwierig, die Übertragung nur auf das reine

System der Wendung dialektischer Behauptungen beziehen zu müssen. Nicht als behielte dieses System nicht stets seinen Wert in der Betrachtung der »Darstellung« der Kur aus der Ferne: so wie es möglich ist, eine Schachpartie abseits zu kommentieren und sich nur an die wirklich gespielten Züge zu halten. In dieser Hinsicht sind die Wendungen offenkundig und die Dialektik das Wesen des Spiels. Indem man darauf zielt, zielt man wirklich auf etwas Wesentliches. Die Frage ist nur, ob man damit die gesamte Übertragung oder nur ihre »Darstellung« erfaßt.

Gewiß, woran anders soll man sich halten, wenn nicht an das, was gesagt wird oder, genauer, geschrieben steht, was schon etwas anderes ist. Doch selbst wenn man sich an den Text hält, scheint es schwierig zu sein, das, was darin ausgedrückt wird, einzig unter der Ägide der strikten dialektischen Gegensätze zu bewerten. Das hieße unterschätzen, was als Hemmnis, ja beiseite Gesprochenes, Kommentar, Zurechtrücken des Realen erscheint: die direkte Deutung des Realen durch Freud, der bemüht ist, die Chronologie sowie die Totalität der Erinnerung wiederherzustellen, erscheint uns ungemein knorrig. Dennoch ist sie weit ungefährlicher als diejenige, die, obwohl sie auf jede Einschätzung des Realen verzichtet, dennoch die Phantasie umlenken möchte, damit sie sich der Realität stelle.

Doch all dies ähnelt mehr dem Kontrapunkt als der Dialektik. Mit jenem Spiel der Affekte und Quantitäten, die den Kontrapunkt charakterisieren, was ihn nicht daran hindert, eine Antwort zu sein.

Gerade in den »Unreinheiten«, den Unvollkommenheiten eines Texts, der darum nicht minder vollkommen klar ist, läßt sich die präzise Natur der Gegenübertragung erkennen, ohne die wir im übrigen nicht einmal imstande wären, die Übertragung zu verstehen.

Wie sollen wir in der Übertragung verstehen, daß Dora eine Lutscherin ist, wenn Freud nicht sagte, daß er Raucher ist? Wenn er den Text so gelassen hat, »wie er ist«, so gerade aufgrund seiner Lücken, seiner dialektischen Unvollkommenheiten, die einzigen, aus denen wir die unbewußten Phantasien, um die hier gerungen wird, erraten können. In dieser Hinsicht ähnelt die Reihe der

Wendungen, die darin zutage tritt, mehr dem, was idealerweise darin zu finden sein müßte, als dem, was tatsächlich darin erscheint.

Der Kontrapunkt beruht durch seine musikalische Zugehörigkeit auf der Verteilung der Quanta, insbesondere der Dauer, in dem Sinne, daß die Noten, die selbst Quantitäten sind, einst durch Punkte dargestellt wurden. Man setzte ihnen gleichwertige Noten entgegen, *punctus contra punctum,* daher der Gegensatz zweier Stimmen, von denen die eine die Hälfte oder ein Viertel der ersten galt.

Einige Exzentrizitäten des Kontrapunkts scheinen durchaus geeignet, die Gegensätze Übertragung–Gegenübertragung zu beschreiben, die in *Dora* zutage treten.

Man denke nur an den rückläufigen Kontrapunkt oder Krebskanon, bei dem die Stimmen in entgegengesetzte Richtungen verlaufen, oder den umgekehrten Rücklauf, den man lesen konnte, wie er geschrieben stand oder indem man die Partitur auf den Kopf stellte, an die gebundenen, übersprungenen oder obstinaten Kontrapunkte.

Es wäre im übrigen ein Leichtes, die Metapher weiter zu verfolgen und von der Fuge zu sprechen, deren konstitutive Elemente bekanntlich *Thema, Antwort* und *Kontrasubjekt* sind, ohne die Stretta zu vergessen, in der das Thema und die Antwort sich einander weitmöglichst annähern, noch die Zwischenspiele, die vom Thema oder dem Kontrasubjekt ausgehen und als Überleitungen dienen; schließlich das Dominantenpedal, welches die Tonart im Finale verstärkt und durchsetzt.

Diese Metapher taugt so viel wie eine andere, hat jedoch kein anderes Ziel als aufzuzeigen, daß man der allgemeinen Bewegung der Übertragungsgegensätze nur metaphorisch gerecht werden kann. Der dialektische Vergleich ist eine weitere Metapher und derjenige, der ihr durch den Austausch der Signifikanten – Brust, Phallus, Fäzes – Rechnung zu tragen versucht, eine dritte. Es sei denn, die »Aussage« der Gegenübertragung werde in der ersten Person formuliert, ein Genre, das bei den Haschmichspielen der Psychoanalyse floriert – »Kuckuck, da ist er!« –, wo man nichts Eiligeres zu tun hat, als endlich jedermann zu zeigen, was sich während der Behandlung im eigenen Kopf abgespielt hat. Die Monade nimmt sich hier wieder ihre Rechte, und mit der Dialektik ist es aus.

Denn die Metapsychologie sollte sie an den narzißtischen Ursprung des Terminus »anschauen« erinnern, sowie daran, daß er im Grunde genommen etwas Dialektisches mit dem Exhibitionismus zu tun haben könnte.

So ist Freud am Ende seiner Darstellung des Falles Dora sowohl der Protagonist von Dora als realer Person wie der Autor von Dora als legendärer Person: beide sind eins (jedoch durch eine gewisse Arbeit), woran wir erkannt haben, daß das analytische Denken (vgl. Kapitel I) sich nicht spalten läßt, daß es notwendig zur Gegenübertragung gehört und die Gegenübertragung notwendig von ihm abhängt.

Wenngleich die Gegenübertragung für das Verständnis der Übertragung unabdingbar ist, reicht sie doch nicht aus. Um ihr Rechnung zu tragen, bedarf es eines Dritten, für dessen Urteil der Gegensatz als dialektischer oder kontrapunktischer oder als sonstwie metaphorischer erscheint, oder aber der Psychoanalytiker erzählt sein Leben, wiederum einem Dritten.

Das ganze Problem besteht für den Analytiker darin, sowohl dieser Dritte als auch er selbst zu sein, nicht, daß er ein Fremder ist, sondern daß er nun diese Funktion des Anderen (mit einem großen A) erfüllt, so daß er der Ort bleibt, an dem das Wort sich übt, wie Lacan meint.

Der schwache Punkt dieser metaphorischen Auffassung ist immer noch derselbe, so wie wir ihn im ersten Kapitel (des zweiten Teils) auf dem Weg über Maine de Biran erörtert haben: nämlich der Übergang vom einen zum anderen über die Brücke der Introjektion.

Es wäre denkbar, daß Freuds späte Erleuchtung im Jahre 1923 in bezug auf den Fall Dora von einer Trauerarbeit zeugt, bei der er, durch Introjektion des verlorenen Objekts, jenen Teil des homosexuellen Anspruchs erkannt hat, den Dora verkörperte. Ebenso ließe sich im übrigen die Rückkehr Doras interpretieren.

Freuds Denken läßt sich nicht auf diese Optik beschränken, aus dem einfachen Grunde, weil inzwischen andere Trauerfälle eingetreten sind. Doch das dialektische Band ist hier gerissen. Der Leichnam (sei er auch noch so kostbar wie N. Abraham und M. Torok sagen, vgl. die folgenden Seiten) ist hier überaus lästig, aufgrund seiner Sprachlosigkeit und seiner oralen Ansprüche, die so primitiv sind, daß sie jeder Sprache vorausgehen – es sei denn, man erachtet das, was in dieser Introjektion introjiziert wird, als symbolisch, wonach Ferenczi freilich kaum gefragt hat.

Die Unterbrechung, die einerseits ein Bruch ist, ist andererseits auch der Tod: die absoluteste Stockung, das letzte Hindernis, durch das mehr als durch irgendein anderes Übertragung und Gegenübertragung in Erscheinung treten.

In dieser Hinsicht ist die Sprachlosigkeit des Analytikers mit ihm *verwandt* (im etymologischen und vollsten Sinn des Worts) und kommt dem Auftauchen der Übertragung in der Tat mehr entgegen als jede fallenstellende Antwort, die der Gegenübertragung im schlechten Sinn des Wortes zugehört.

Wir müssen also nun die Bedeutung der Introjektion in der Übertragung aus der Sicht desjenigen untersuchen, der ihr Erfinder war: Sandor Ferenczi.

Kapitel IV: Ferenczi oder die Übertragung als Introjektion

Ein Pferdemann im Nachthemd

So erscheint Ferenczi im Traum einer seiner Patientinnen.
Die ganze Geschichte der Introjektion und der Übertragung scheint von dieser Traumfigur getragen zu sein ... Gleichsam eine Hybride, doch dem Unbewußten so nahe.
Man mag Ferenczis Theorie der Übertragung zustimmen oder nicht, ihren technischen Konsequenzen Kredit einräumen oder nicht – aber man kann nicht umhin, zu bewundern, mit welcher Präzision er mitten in der Flut einen Weg pflastert.
Einer Flut, in der jeder irgendwann einmal versinkt; derjenigen, die das Feld der Introjektion, der Projektion, der Identifizierung, des Symbols und der Übertragung absteckt.
Um die Termini dieses Problems richtig stellen zu können, müssen wir daran erinnern, daß sie der Hypnose entstammen und daß Ferenczi bald die Erscheinungen der Hypnose durch die Ergebnisse einer analytischen Technik erklärt, bald die in der analytischen Kur nachgewiesenen Prozesse durch die Erscheinungen erhellt, die in der Hypnose zu beobachten sind.
Obgleich die Techniken der Hypnose aufgegeben oder, wenn man will, überwunden wurden, bleibt dennoch die Tatsache bestehen, daß die Phänomene, die sie sichtbar macht, existieren; und es ist nicht sicher, ob nicht trotz dem Verzicht auf die »Verfahren« der hypnotischen Sitzung irgend etwas in der analytischen Situation fortdauert, das einer hypnotischen Situation untersteht und sich in der Übertragung äußert oder besser betätigt.
Die Frage bleibt, ob man durch einen Fehler oder durch mangelnde analytische Strenge ihren hypnotischen »Unterbau« entdeckt, oder ob dieser den beiden Situationen gemeinsame Unterbau sich in der einen oder der anderen auf verschiedene Weise erhellt.
Allgemein kann man sagen, daß die Erscheinungen der Hypnose in der hypnotischen Situation eher manipuliert denn konzeptualisiert

werden und daß wir in dieser Hinsicht eine Übertragung im allgemeinen von einer analytischen Übertragung im strengen Sinn unterscheiden können.

Für Ferenczi jedenfalls steht es außer Frage, daß die Grundlage dieser Situationen im Gegensatz von Erwachsenem und Kind liegt: die Erziehung des letzteren war geprägt von Unverständnis, Zwang und Lüge, so daß der Charakter selbst nur das Resultat oder das Residuum dieses ersten Mißverständnisses sein kann. Was in der frühesten Kindheit aufrichtig, als selbstverständlich empfunden wurde, wird zur Charakterlüge infolge der Zwänge, die das Kind dazu genötigt haben, seine spontansten Regungen zu verleugnen – so daß es, sobald es später die Zeichen dieses Zwangs wiederfindet, in eine infantile Situation zurückfällt und nicht eher ruht, als bis es die Momente des Gehorsams oder der Passivität, die sie charakterisieren, reproduziert hat; sie sogar durch eine Haltung der Arroganz oder Verwerfung zu verleugnen.

Für Ferenczi rührt die Suggestion von einer Unterwerfung her, und von der hypnotischen Sitzung wird behauptet, so wie von der analytischen Sitzung, daß sie eine solche Unterwerfung, wo nicht produziert, so doch induziert.

So erscheint die hypnotische Behandlung von zwei Prinzipien beherrscht: das erste untersteht der »Überzeugung«, d. h. den zärtlichen Gefühlen der mütterlichen Hypnose, das zweite der Einschüchterung, d. h. dem Respekt, der dem unbewußten Vaterkomplex eignet.

So sehr auch der Respekt zum Vaterkomplex, die Zärtlichkeit zum Mutterkomplex gehören, sieht man nichtsdestoweniger, daß dieses Schema die Deutung der Übertragung im Sinne konkreter Situationen begünstigt, die sich als solche verschoben, ja an Ort und Stelle sedimentiert haben, und es erlaubt, die Erziehungsverhältnisse unmittelbar als Konditionierung zu deuten.

Diese Auffassung scheint eher geeignet, die später so genannte Über-Ich-Übertragung zu begründen, als den Ursprung des »Über-Ich« wirklich in seiner Komplexität, d. h. seinem Status als Erbe des Ödipuskomplexes zu erfassen.

Obwohl man annehmen darf, daß die Prägnanz der konkreten Situation sowohl in der analytischen wie in der hypnotischen

Sitzung eine Rolle spielt, ist es dennoch gefährlich, die Übertragung ausschließlich von ihr abhängig zu machen, und im übrigen bleibt Ferenczi bei dieser Feststellung keineswegs stehen. Auch wenn er nicht bis zu den theoretischen Verdinglichungen von Wilhelm Reich vorstößt, ist seine Bezugnahme auf den Charakter nicht willkürlich, da es erforderlich sein wird, diesen Charakter eines Tages zu brechen und zu diesem Zweck aktiv einzugreifen, Zeugen zu laden, eher die Realität des Analytikers und der analytischen Situation als dem Phantasieren den Vorrang zu geben.

Lange bevor Ferenczi sich der analytischen Techniken bedienen lernte, pflegte er die Lehrlinge der väterlichen Buchhandlung erfolgreich zu hypnotisieren, und er fügt mit dem ihm eigenen Humor hinzu, daß er damals »jenes absolute Selbstvertrauen besaß, das nur Unwissen einzuflößen vermag«.

Soll man daraus schließen, daß dieses Vertrauen nachgelassen hatte, wenn man der von Jones (in überaus kühlem Ton) berichteten Anekdote Glauben schenken darf, der zufolge Freud kurz vor einer abenteuerlichen Reise nach Tirol eine Lebensversicherung für zwanzigtausend Mark abgeschlossen haben soll, während Ferenczi sich nur für zehntausend Mark versichern ließ?[1]

Und soll man der Bezeichnung »enfant terrible der Psychoanalyse«, die auf Ferenczi Anwendung fand, Glauben schenken und das »väterliche Gefühl«, das Jones zufolge Freud für Ferenczi hegte, in diesem Sinne interpretieren?

Ich überlasse es den Biographen, den genauen Sinn dieser Beziehung zu entwirren, da ich der Geschichte zu wenig traue, um sie zu nehmen, wie sie ist. Doch eine Tatsache bleibt: Ferenczi ist verführerisch. Seine Werke, selbst wenn sie sich den schwierigsten Themen zuwenden, sind stets anziehend und erfrischend zu lesen. Ferenczis Texte sind nie langweilig, und die leidenschaftlichen Stellungnahmen, die seine Theorien hervorrufen, zeugen von der Verführung, die er ausübt.

Dieses Faktum gewinnt seine Bedeutung in dem Maße, in dem er gerade von einer Verführung spricht und dabei über die reale Rolle des Analytikers, ja über seine direkte Aktion nachdenkt. Tatsache ist, daß er sich in der aktiven Technik verfängt, doch nachdem er

1 E. Jones, *Das Leben und Werk von Sigmund Freud*, Bern 1962, Bd. II, S. 75

sich solchermaßen in die Schwierigkeiten einer Kur gestürzt hat, ihren Gegenübertragungspol erhellt.

Er stellt offen das Problem der unmöglichen, schlecht erzogenen, provokanten Patienten; der unerträglichen, verlogenen Kinder.

Er schlägt sich mit dem Widerstand des Charakters herum, aber möglicherweise antwortet er ebenfalls charakterlich auf ihn. Die Deutung der Übertragung nach Ferenczi gründet auf dem Begriff der Introjektion, dessen Erfinder er ist.

In seinem Aufsatz »Introjektion und Übertragung« aus dem Jahre 1909 akzeptiert er Freuds Entdeckung in *Dora* und dessen grundlegende Definition der Übertragungen:

»Es sind Neuauflagen, Nachbildungen von den Regungen und Phantasien, die während des Vordringens der Analyse geweckt und bewußt gemacht werden sollen, mit einer für die Gattung charakteristischen Ersetzung einer früheren Person durch die Person des Arztes.«[2]

In einem ersten Schritt zeigt er, daß die Übertragung nicht nur für die analytische Situation charakteristisch ist, sondern der psychische Mechanismus der Neurose überhaupt ist.

Fortan gibt er dieser Übertragung eine ökonomische, quantitative, man könnte fast sagen massenhafte Interpretation als Verschiebung von Energien.

Die Neurotiker sind »maßlose« Personen, die zur Übertreibung ihrer Gefühle neigen, ob im Haß oder in der Liebe. Sie vermitteln den Eindruck des Übervollen, sie scheinen von lärmenden Empfindungen vollgestopft. Diese Beschreibung gilt besonders für die Hysteriker, die ihre Umwelt in Beschlag nehmen, annektieren, nachahmen, verschlingen, sich aneignen zu wollen scheinen.

So sind die Neigungen zur Imitation, zur psychischen Infektion in Wahrheit psychische Ansprüche aus nicht eingestandenen und verdrängten unbewußten Wünschen, die den Kranken dazu verleiten, sich die Symptome einer anderen Person, ja sogar ihre Charakterzüge anzueignen, mit denen er sich »aufgrund des gleichen ätiologischen Anspruches« identifiziert, wie Freud sagt.

Auch die Rührseligkeit der Neurotiker, ihre Fähigkeit, die Erlebnisse anderer aufs intensivste mitzufühlen, sich in ihre Lage zu versetzen, findet auf diese Weise ihre Erklärung.

2 Sandor Ferenczi, *Schriften zur Psychoanalyse* I, Frankfurt 1970, S. 12

Durch einen Mechanismus globaler Verschiebung verlagern sich die egoistischen, gewalttätigen, erotischen, verdrängten Tendenzen auf Gebiete, auf denen sich diese ohne Selbstvorwurf ausleben können; so erklärt sich:

»... daß es in der Gefolgschaft jeder wie immer gearteten humanitären oder Reformbewegung, in der Propaganda des Abstinentismus ..., bei Verschwörungen für oder gegen die religiöse, politische oder moralische Ordnung von Neuropathen wimmelt ...«

Auch das »bürgerliche Leben« bietet Gelegenheit, die Energien auf zulässige Gebiete zu verschieben, auf den eigenen Körper.

So rührt für Ferenczi die unbewußte Identifizierung der Genitalfunktionen mit denen der Nahrung und der Ausscheidung von einer Verschiebung von unten nach oben her. Der Grund für diese Verschiebung ist deutlich erkennbar; die Weigerung der Erwachsenen, den Kindern ausreichende Erklärungen über die Funktionen der Geschlechtsorgane zu geben, führt eine Verschiebung des Sinns dieser Funktionen auf andere Zonen herbei: daher die Entstehung von Sexualtheorien, denen zufolge die Befruchtung einer Nahrungsaufnahme und der Geburtsakt einer Entleerung gleichkommt.

Ebenso durch Verschiebung erklären sich Ekel und Erbrechen der Hysteriker, ihre Naschhaftigkeit, ihre Neigung, unverdauliche oder schwer verdauliche Dinge zu essen usw. Alle diese Symptome rühren von der Verschiebung verdrängter erotischer, genitaler oder koprophiler Neigungen her.

Verschiebung und Übertragung sind für ihn Synonyme und werden unterschiedslos gebraucht.

Man könnte sie in zwei Gruppen aufteilen; äußere Übertragungen, welche die verdrängten Energien nach außen verschieben: entweder auf eine bestimmte soziale Umwelt, die sich zum gefahrlosen Ausdruck dieser Neigungen anbietet; oder auf jemand anderen: eine fremde Person, bei der man dieselben Neigungen entdeckt hat, und da er diese Neigungen nicht direkt äußern kann, identifiziert sich z. B. der Hysteriker mit dieser Person und versucht, ihre Charakterzüge und ihre Symptome in Beschlag zu nehmen.

Zweitens *innere Übertragungen,* bei denen sich die Verschiebung innerhalb des eigenen Körpers vollzieht: der Mund wird zum

After, die Nase zum Penis, das Kopfhaar zum Schamhar usw. – das Erbe des bürgerlichen Lebens, wie es scheint.
Diesen beiden Kategorien ließe sich noch eine dritte hinzufügen, die 1909 noch nicht auftaucht, sich aber in *Thalassa* zeigt, wo sich die traumatischen Erfahrungen des Menschengeschlechts auf solche Weise verschoben und gleichzeitig sedimentiert haben, daß sich eine ungeheure Übertragung der Katastrophen der Gattung in der menschlichen Seele wiederfindet, die in den biologischen Unfällen ihrer Entwicklung die Katastrophen des Planeten reproduziert, wobei die Latenzperiode zwischen dem Ende des Ödipuskomplexes und der Pubertät zum Beispiel die Eiszeit darstellt.
Die Problematik der Übertragung ist also eine territoriale. Die analytische Situation wird selbst zu einem Terrain, auf dem Annektionen, Landgewinne erfolgen. Die Gier, der Hunger des Ich ist im Spiel. Eine vom Lebensraum abgeleitete politische Metapher könnte dieser Situation mühelos Rechnung tragen: Assimilierung fremder, aber erwünschter Elemente durch Naturalisierung; Ausweisung der Unruhestifter.
Doch auf welche Kriterien soll man diese Unterscheidung gründen, die wohlgemerkt eine unbewußte Unterscheidung ist? Oder besser auf welche Erkennungszeichen? Da sich auch diese Unterscheidung nur auf bereits aus der Kindheit bekannte Bezugspunkte stützt.
Auf wenig, den geringsten Vorwand.
Ferenczi kommt hier auf Freuds *Darstellung durch ein Kleinstes* zurück: das Element, welches die Übertragung der unbewußten Affekte zu tragen vermag. Doch dieses Kleinste scheint für Ferenczi eher einem Detail, einem Fragment, einer winzigen Realität als einem Element zu ähneln, das klein nur ist, weil es sich auf ein größeres bezieht und folglich nicht nur sein Teil, sondern möglicherweise sein Symbol ist.
Durch eine geringfügige, aber sinnträchtige Abweichung gibt er bei seiner Deutung der Übertragung der Verschiebung des Affekts den Vorrang vor der der Vorstellung.
Freud ließ in seiner Definition die Möglichkeit einer Vorstellungsverschiebung offen: »Verschiebung von Tendenzen, Phantasien.«
Für Ferenczi bleibt die Vorstellung an den verdrängten Komple-

xen haften, nur die überzähligen Affekte versuchen, gleichsam wie Gase unter Druck, sich an andere Vorstellungen zu heften. Unter diesen Umständen *wird* der Analytiker oder vielmehr ein winziges Detail seiner Person zur neuen Vorstellung, *ist* die neue Vorstellung.

»Die verdrängt gewesenen und allmählich bewußt werdenden Regungen begegnen *in statu nascendi* zunächst der Person des Arztes und suchen ihre ungesättigten Valenzen an dieser Persönlichkeit zu verankern.«

Der Psychoanalytiker ist also ein Katalysator.
Ebenso »sachlich« ist Ferenczi in seiner Bewertung der Zeichen der Übertragung. Ihm zufolge ist die Tatsache, daß der Arzt in einem Traum erscheint, ein sicheres Anzeichen für diese Übertragung.
Er liefert mehrere Beispiele hierfür, unter anderem dies:

»Eine hysterische Patientin mit sehr starker Sexualverdrängung verriet zum ersten Mal die Übertragung auf den Arzt in einem Traume. (Ich [der Arzt] operiere an ihrer Nase, sie trage dabei eine Frisur à la Cléo de Mérode.) Wer schon Träume analytisch gedeutet hat, wird mir ohne weiteres glauben, daß ich in diesem Traum, wohl auch in der unbewußten Denktätigkeit des Wachens, die Stelle jenes Rhinologen eingenommen habe, der der Patientin einmal unanständige Anträge machte. Die Frisur der bekannten Demimondäne ist eine gar zu deutliche Anspielung darauf.«

Dann zeigt er an weiteren Beispielen die Bedeutung von einst bei ärztlichen Untersuchungen verspürten und dann verdrängten sexuellen Regungen (Entkleidung, Betastetwerden usw.) und schließt:

»Um der Gegenstand dieser Art Übertragung zu werden, genügt es, überhaupt ein Arzt zu sein.«

Die Anwesenheit des Therapeuten »als solche« in einem Traum kann tatsächlich für ein gewisses Anzeichen der Übertragung gelten, allerdings nur unter dem ausdrücklichen Vorbehalt, daß die dem Primärvorgang eigentümlichen Verschiebungen ihn vielleicht »entstellt« haben und er letztlich ebensogut durch seine Abwesenheit glänzen könnte.
Statt ein objektives Zeichen der Übertragung herausfinden zu wollen, wäre es ratsam, dieses Zeichen im Gegensatzfeld Übertra-

gung–Gegenübertragung anzusiedeln und sich dann darüber klar zu werden, daß das Problem für den »Arzt« darin besteht, sich *dort* zurechtzufinden.

Die realistische Deutung der Übertragung, wie Ferenczi sie empfiehlt, stützt sich auf zwei Realitäten: der Rhinologe ist eine Realität; die Tatsache, daß Ferenczi Arzt ist, eine weitere und dieselbe. Es geht um eine doppelte Verführung.

Die erste ist aktiv beim Rhinologen, die zweite passiv beim Arzt Ferenczi. Doch in ihrem Traum weist ihm die Patientin dieselbe aktive Rolle zu. Cléo de Mérode ist in jeder Hinsicht verführerisch. Sie verschiebt die Erinnerung an ein Erlebnis auf eine Traumszene, sie ist nur das neutrale Element der Übertragung, die Zensur täuscht hier eine Verwechslung von Passivität und Neutralität vor, und zwar zu drei Malen.

Einmal im Traum in seinem manifesten Text.

Einmal in der Gegenübertragung, wo die Tatsache, Arzt zu sein, ein zufälliges neutrales Element wäre.

Einmal im sozialen Mythos, demzufolge die Verführung etwas Aktives, rein Männliches ist.

Dieser Traum kann uns dazu dienen, zwei hier vermischte Ebenen zu unterscheiden. Eine analytische Ebene und eine spezifische Übertragungsebene. Die erste, analytische, stützt sich auf die Entschlüsselung des Traums, d. h. auf eine in der *Traumlehre* entdeckte Technik, welche die verschobenen, verdichteten, ja symbolischen Elemente aufdeckt (auch wenn in diesem Text die Operation an der Nase eher im Sinn einer Erinnerung an die Realität denn im Sinn eines symbolischen Anschlags auf einen Appendix gedeutet wird).

Diese Technik kann eventuell, ist die Theorie der Übertragung einmal begriffen, den Platz des Analytikers auffinden, der hier klar umrissen und sogar namentlich bezeichnet ist. In diesem Sinne integriert die analytische Ebene die Übertragung. Eine klinische Übertragung, so könnte man sagen, deren objektive Anzeichen erkennbar sind.

Die zweite Ebene, die der eigentlichen Übertragung, muß hier herausgeschält werden. Sie erheischt eine Reflexion, die nicht mehr ausschließlich technisch ist, sondern, nach dem Ausdruck Freuds, erraten werden muß.

Diese Ebene ist nur erkennbar, wenn man die Adresse ins Auge faßt, d. h. das, was an Ferenczi adressiert wird; was wirklich gefordert wird; was er antwortet und was er nicht antwortet (unabhängig von jeder artikulierten Antwort), wobei ausgemacht ist, daß die Antwort der Frage vorausgehen kann. Das eigentliche Gegenübertragungsverhältnis.

Das heißt hier, die gesamte Politik des Unbewußten berücksichtigen, eine Politik, die in der analytischen Situation als Eroberungs- (oder Rückzugs-)gebiet sich üben kann. In dieser Hinsicht muß man einräumen, daß alles verstanden werden muß, was geäußert wird, und daß der manifeste Text des Traums ebenso wie seine latente Bedeutung geprüft werden muß. Von Cléo de Mérode mit einem kerngesunden Herrn sprechen – da wir schon einmal bei »Realitäten« sind –, ist etwas anderes, als die Sainte-Chapelle zu beschwören.

Nicht, weil diese beim Therapeuten nicht ebenfalls irgendeine erotische Regung nach Maßgabe seiner Phantasien induzieren könnte, sondern weil es hier um eine direkte Werbung geht, eher um eine Anspielung als um ein Symbol.

Wenn wir auf der streng technischen analytischen Ebene bleiben, läßt sich eine solche Anspielung nach dem Grad einer ziemlich schwachen Zensur, einer minimalen Verschiebung oder irgendeines anderen energetischen Kriteriums messen. Wie aber ist die Deutlichkeit dieses Traums, sein gar zu klarer Aspekt zu interpretieren?

Durch die Technik wissen wir, daß allzu klare, allzu eindeutige Träume neue Maskierungen, eine neue Entstellung sind, von der Zensur erfunden, um den Text auszumerzen. Doch man wird bemerken, daß hier die Beurteilung dieser Entstellung die Ebene gewechselt hat. Die Evidenz erscheint so deutlich, die Anspielung so durchsichtig, die Traumarbeit so gering nur gegenüber demjenigen, an den dieser manifeste Text gerichtet ist. Hier wechseln wir auf eine Übertragungsebene über, auf der die Beurteilung (wo nicht die Deutung) eines Traumelements notwendig nur im Rahmen einer Politik verstanden werden kann, welche die von der Zensur errichteten monadischen Grenzen überschreitet, um den dialektischen Zeitpunkt ihrer Effizienz zu erreichen.

Von Cléo de Mérode träumen, bringt den Wunsch zum Ausdruck, eine verführerische Frau zu sein. Doch von Cléo de Mérode träumen und es auf einer analytischen Couch sagen, ist eine Verführung. Die Verführung ist unmittelbar, direkt, eine Übertragung; sie läßt sich nur beurteilen, wenn sie als solche begriffen wird. Ferenczis Augenzwinkern an unsere Adresse (»Wer schon Träume analytisch gedeutet hat ...«) steht in einer Gegenübertragungsperspektive, die Komplizenschaft ist.

Diese Komplizenschaft entspringt nicht nur einer gemeinsamen technischen Erfahrung, sondern dem gemeinsamen Wunsch, eine so deutliche erotische Anspielung beurteilen zu können.

Die Wirkung der Übertragung läßt sich hier also auf mehreren Ebenen beurteilen, indem man den Traum sowohl in seinem Inhalt wie als Behälter betrachtet. *Die Analyse der Übertragung kann es nicht bei der technischen Entzifferung eines Materials bewenden lassen, sie muß auch alles, was in der analytischen Sitzung bezeichnet wird, als »Material« werten.*

Ein bestimmter Traum kann als Geschenk an den Analytiker gedeutet werden, doch diese in bezug auf den latenten Inhalt des Traums »äußerliche« Deutung entwickelt sich in einem anderen Feld. Im Übertragungsfeld.

Es ist anzumerken, daß das spezifische Feld der Übertragung ebenso stark wie das erste von den Forderungen abhängt, welche die Primärprozesse erzwingen: daß es selbst den Verschiebungen, Verdichtungen, Maskierungen unterliegt, wie sie jedem unbewußten Ausdruck eignen.

Zwei Konsequenzen dieser Unterscheidung zwischen einem eigentlichen Übertragungsfeld und einem analytischen Feld müssen noch unterstrichen werden.

Die erste ist, daß die in den beiden Ebenen herausgeschälten latenten Bedeutungen nicht notwendig homogen sind und einander sogar widersprechen können. Ein bestimmtes »Material«, das aufgrund des Tenors der Elemente, die es strukturieren, als genital bezeichnet wird, kann man, wenn man sich auf die Übertragungsebene bezieht, durchaus für etwas ganz anderes halten. Wir werden auf diese Adäquatheit oder Inadäquatheit im klinischen Kapitel der direkten und indirekten Übertragung zurückkommen.

Die zweite Konsequenz betrifft die symbolischen Elemente, die im analytischen Feld zum Ausdruck kommen. Wir werden sehen, daß sie die Besonderheit besitzen, die beiden oben unterschiedenen Ebenen zu transzendieren, so daß ein als symbolisch erachtetes Element (hier z. B. »Operation an der Nase«) sich sowohl auf das monadische Verhältnis seiner Bedeutung für das Subjekt wie auf das dialektische Verhältnis seiner Übertragungsbedeutung beruft.

Seine weitere Deutung der Übertragung läßt kaum mehr Zweifel an der determinierenden Rolle der Realität des Objekts.

Indem Ferenczi durch eine scheinbar »freie« Assoziation vom »Detail«, *der Darstellung durch ein Kleinstes,* zum Geschlecht des Analytikers übergeht, eine Assoziation, die für jedes analytische Ohr ausreichen würde, in Abrede zu stellen, daß das fragliche Detail keine Bedeutung hat, erklärt er, es genüge, daß etwas am Arzte den Patienten frauenhaft erscheine, um bei den Frauen eine homosexuelle, bei den Männern eine heterosexuelle Übertragung auszulösen.

Die Wirkung des Objekts ist hier determinierend und real. Gewiß »löst« sie nur etwas aus, was zweifellos bereits bestand.

Doch wir sind weit entfernt von Dora und einem Aspekt des Therapeuten, der »geschickt in den Text eines Traums verwoben« wurde. Bei Ferenczi ist der Akzent deutlich auf das Objekt statt auf den Ursprung des Triebs übertragen.

Der Trieb ist heterosexuell, weil er auf einen Aspekt des heterosexuellen Objekts *fällt,* oder homosexuell, weil er auf einen homosexuellen Aspekt des Objekts *fällt.*

Außerdem wird *homo* und *hetero* hier auf das reale Geschlecht des Patienten wie des Analytikers bezogen, wir befinden uns unter Realitäten.

Im übrigen wäre es zu einfach zu sagen, daß diese Realität nicht existiert oder keine Bedeutung hat oder daß sich die Übertragung auf nichts Reales stützt. Aber man muß einsehen, daß nicht alles, was in der analytischen Sitzung vorfällt, unbedingt der Übertragung anheimfällt. Was sich an unmittelbaren Triebansprüchen abzeichnet, könnte im Gegenteil ebensogut ein Widerstand gegen die Übertragung sein.

Zwei Auffassungen zeichnen sich hier ab: eine, welche die Übertragung für spanische Herbergen ansieht, in denen man nur findet, was man mitbringt – dann ist das Geschlecht des Analytikers, die Tiefe der Couch und die Dicke der Wände gleichgültig; und eine andere, die besagt, daß gerade der Dekor den Klienten macht.

Diese Metapher läßt sich nicht fortspinnen, weil sich ein anderes Element im analytischen Feld einschaltet, jenseits der stummen Zeichen: die Gegenübertragung.

Es liegt auf der Hand, daß trotz, mit oder ohne Unterstützung »realer« Anhaltspunkte, wenn die Gegenübertragung von irgendeiner Äußerung zeugt, die eine dem Analytiker zugeschriebene Neigung oder Phantasie zu beglaubigen vermag, daß diese Äußerung keines materiellen Trägers bedarf, um eine psychische Realität zu werden: ganz im Gegenteil, statt zufällig oder zweifelhaft zu sein, wird sie für den Patienten zu einer realeren Gewißheit als die Realität selbst.

Durch eine subtile Interpretation der Freudschen Definition der Übertragung verschiebt Ferenczi den Sinn dieser Definition. Der Therapeut ist eine definierte, sexuierte, tabuisierte Realität. Die überschüssigen und unbefriedigten Affekte heften sich an diese wahrgenommene Realität. Die Strecke der Übertragung ist die eines Affekts, der ausgehend von einer Vorstellung auf eine Wahrnehmung fällt. Diese Wahrnehmung ist an sich eine Art Suggestion.

Es ist klar, daß diese Wahrnehmung eine Rolle spielt und daß diese Rolle eine suggestive und unvermeidliche ist. Aber fraglich scheint mir, ob man behaupten kann, daß eben dies das Wesen der Übertragung ist, weil die Wahrnehmung auch eine Vorstellung ist und in dieser Hinsicht keinen objektiven Wert beanspruchen kann, weil sie ihre Bedeutung nur dadurch erhält, daß sie aus tausend anderen Zeichen, die nur Vorwände sind, ausgewählt wurde; weil sie letztlich einer Projektion unterstehen kann; weil sie nicht durch eine Realität verbürgt zu sein braucht, um zu existieren, weil ihre Bedeutung schließlich lächerlich gering ist im Vergleich zu einer durch die Gegenübertragung manifestierten psychischen Realität.

Andererseits darf uns die Wahl, die der Patient trifft, um die Übertragung mittels einer als Wahrnehmung vorgeschlagenen »Realität« auszudrücken, niemals den taktischen Plan aus den

Augen verlieren lassen, wobei ich unter taktischem Plan einen solchen verstehe, der den Widerstand des Unbewußten organisiert und die Einflüsse der inneren Zensur verstärkt.
Dieser taktische Plan verwendet nicht nur die Besonderheit dieses oder jenes Therapeuten nach Laune seiner Ansprüche, sondern *bezeichnet* diese Besonderheit. Durch diese Bezeichnung verschiebt er ins Feld der Übertragung–Gegenübertragung, was ursprünglich nur uneingelösten Forderungen unterstand. Diese Bezeichnung kann durch Verschiebung, Umkehrung, ja Auslassung durchaus um etwas ganz anderes in der Gegenübertragung werben als um das, was zu bezeichnen sie vorgibt. Das Verfahren der Auslassung ist in dieser Hinsicht exemplarisch: diese oder jene »Eigenart« des Therapeuten kann durch Abwesenheit glänzen, sie kann somit nur in den Augen des Therapeuten selbst glänzen, insofern er sich unbewußt oder bewußt eine Wirkung davon verspricht.
Dies ist bei Freud in seiner Eigenschaft als Raucher der Fall, wenn er darauf besteht, daß diese Eigenart anerkannt werde. Es ist eine Suggestionswirkung, doch diese Suggestion geht sowohl von Freud wie von Dora aus. Es ist Dora, die mit Hilfe ihres Widerstands vermeidet, diese Besonderheit zu erwähnen. Obwohl sie sie durch »Aussparung« bezeichnet, bezeichnet sie sie dennoch.
In *Die Rolle der Übertragung bei der Hypnose und bei der Suggestion*[3] scheint Ferenczi es mit einer weniger determinierenden Rolle der Realität des Therapeuten zu versuchen; sich auf die Entdeckungen von Jung und Abraham stüzend, sieht er den Ursprung der Übertragung im Elternkomplex, d. h. in dem mit den Personen der Eltern verbundenen Vorstellungskomplex.
In diesem Falle spielt also das »Medium«, das diesem Vorstellungskomplex verhaftet ist, eine determinierende Rolle:

»... während der früher allmächtig gedachte Hypnotiseur sich mit der Rolle eines Objektes bescheiden mußte, dessen sich das Unbewußte des scheinbar widerstandslosen ›Mediums‹ je nach seiner individuellen und aktuellen Disposition bedient.«

Damit gibt Ferenczi dem Problem, das Maine de Biran formuliert hat, eine befriedigende und spezifisch psychoanalytische Lösung.

3 A. a. O., S. 27

In unserem historischen Kapitel haben wir auf die Ähnlichkeit dieser beiden Denkbewegungen hingewiesen. Erinnern wir daran, daß es für Maine de Biran nicht schwieriger war, sich den Einfluß einer Person auf eine andere vorzustellen, als sich denselben Einfluß auf sich selbst vorzustellen, weil der so modifizierbare Teil seiner selbst unbewußt ist.

Ferenczis Antwort lautet also: was innerhalb eines Subjekts diesem vollkommen entgeht, worauf er so schwer einwirken kann, ist nichts anderes als seine eigene Kindheit, und wenn er mit Hilfe der Suggestion jemand anderen soweit beeinflußt, daß er in ihm die Kräfte des Unbewußten mobilisiert, wirkt er auf die Kindheit dieses anderen ein: was hypnotisiert wird, ist das Kind im Menschen. Und in dem Maße, in dem nun dieses Kind, das in jedem Menschen fortlebt, dem geringsten Zeichen von Autorität begegnet, einem Zeichen, das z. B. durch dichte Augenbrauen, einen durchdringenden Blick, eine mächtige Statur usw. veranschaulicht sein kann, überträgt es auf die Person, die diese Zeichen trägt, die Affekte, die in der frühen Kindheit unterdrückt wurden ... Diese Affekte sowie die Vorstellungen, die sie begleiten, bilden die Elternkomplexe, deren Verschiebung die Übertragung ist.

Je weiter man in der Analyse vordringt, desto mehr enthüllen sich die erotischen und aggressiven Elemente, die einst mit diesen Elternkomplexen verknüpft waren, indem sie sich vorübergehend an die Person des Therapeuten heften.

Doch wie steht es um den allgemeinen und all diesen Erscheinungen gemeinsamen Prozeß?

Hier kommt für Ferenczi der Begriff der Introjektion ins Spiel, den er 1912 wie folgt definiert[4]:

»Ich beschrieb die Introjektion als Ausdehnung des ursprünglich autoerotischen Interesses auf die Außenwelt durch Einbeziehung deren Objekte in das Ich. Ich ... wollte damit andeuten, daß ich jede Objektliebe (oder Übertragung) ... als eine Ausweitung des Ichs, d. h. als Introjektion auffasse.

Im Grunde genommen kann der Mensch eben nur sich selbst lieben; liebt er ein Objekt, so nimmt er es in sein Ich auf.«

4 *Zur Begriffsbestimmung der Introjektion*, a. a. O., S. 100

So ist für Ferenczi die Übertragung eine Introjektion, d. h. ein Phänomen der Ausweitung, der Annexion, des »Anschlusses«*. Der Mensch schöpft in der Welt der Objekte, dehnt seine Einflußsphäre aus, reißt an sich und introjiziert. Der Mensch – d. h. der normale Mensch oder der Neurotiker im Gegensatz zum Dementen oder Paranoiker:

»Der Demente löst sein Interesse von der Außenwelt vollkommen ab und wird autoerotisch ... Der Paranoische möchte, wie Freud bewiesen hat, dasselbe tun, kann es aber nicht, projiziert also das ihm lästig gewordene Interesse auf die Außenwelt. Die Neurose steht in dieser Hinsicht in diametralem Gegensatz zur Paranoia. Während der Paranoische die unlustvoll gewordenen Regungen aus dem Ich hinausdrängt, hilft sich der Neurotiker auf die Art, daß er einen möglichst großen Teil der Außenwelt in das Ich aufnimmt und zum Gegenstande unbewußter Phantasien macht. Es ist das eine Art Verdünnungsprozeß, womit er die Schärfe freiflottierender, unbefriedigter und nicht zu befriedigender unbewußter Wunschregungen mildern will. Diesen Prozeß könnte man, im Gegensatze zur Projektion, Introjektion nennen.«

Letztlich sind für Ferenczi Identifizierung, Übertragung, Verschiebung Phänomene, die sich unter den Begriff der Introjektion subsumieren. Im Kapitel über die Begriffsbestimmung der Übertragung sagt er schließlich, daß die Verschiebung nur ein Spezialfall des Introjektionsmechanismus sei. (S. 102)
Wir haben in dieser Arbeit nicht die Absicht, den Wert des Begriffs der Introjektion zu leugnen, ganz im Gegenteil, noch seine Bedeutung in der psychoanalytischen Kur zu schmälern, wir weigern uns nur, anzuerkennen, daß die Übertragung eine Introjektion *ist*.
So wie wir den Standpunkt vertreten haben, daß die Übertragung sich nicht den schieren Triebregungen gleichstellen läßt, ebenso behaupten wir, daß man sie nicht einem allgemeinen Mechanismus gleichstellen kann, den man in einer rein ökonomischen Perspektive der Psyche entdeckt.
Die Übertragung erscheint uns als ein Prozeß, der zwischen Identifizierungen, Introjizierungen, Projektionen, ja sogenannten Verschmelzungszuständen schwankt, ohne sich je einem von ihnen zu assimilieren.

* deutsch im Original

Ganz im Gegenteil, Identifizierung und Projektion können Widerstände gegen die Übertragung sein. Die Introjektion läßt sich nicht auf die gleiche Weise analysieren wie die Übertragung. Erinnern wir daran, daß die Analyse der Übertragung hauptsächlich darin besteht, sie zu zerstören, ihre falsche Zuweisung zu entlarven.

Es scheint wenig wahrscheinlich oder wenig wünschenswert zu sein, daß die Analyse einer Introjektion das Ziel verfolgt, sie zu zerstören oder zu beheben. Im übrigen ändert sich das Problem, je nachdem, ob es sich um eine Projektion oder um eine Introjektion handelt.

Die Analyse einer Projektion kann zu einer Auslöschung, einer Vernichtung dieser Projektion führen, nicht so die Analyse einer Introjektion, die aufgrund ihres endgültigen, begründenden, und wenn man will, ernährenden Charakters nicht ungestraft zerstört werden kann. Nur die Übertragung läßt sich aufzeigen und zerstören, genau insofern *sie die Möglichkeit eines dialektischen Feldes bewahrt, dessen Kontrapunkt die Gegenübertragung bildet und das die Heraufkunft des Subjekts zu überwinden erlaubt.*

Die Phänomene der Introjektion, der Identifikation, der Verschmelzung ermöglichen zweifellos das Auftauchen der Übertragung, insofern sie in ein phantasiertes Ziel etwas wiedereinführen, das sich dann und nur dann in Form einer Übertragung äußern kann, aber sie entwickeln sich nicht auf derselben Ebene.

Der Nerv der Introjektion ist die Phantasietätigkeit, und dies ist der kritische Punkt; Ferenczi deutet es in einem Satz an: »den größtmöglichen Teil der Außenwelt in sich aufnehmen, damit er Gegenstand bewußter oder unbewußter Phantasien wird«.

Es handelt sich also um eine »psychische Nahrung«, die nur deshalb Nahrung ist, weil sie nach dem Muster der oralen Einverleibung konzeptualisiert wird. In diesem Sinne könnte man von psychischem Hungertod sprechen.

Nicolas Abraham und Maria Torok sagen in ihrem Aufsatz »Introjecter-incorporer«[6] kategorisch: die Introjektion ist keine Phantasie.

Diesen Autoren zufolge muß die Bedeutung der Phantasie auf ihre narzißtische Tragweite begrenzt werden, als ein Mittel, die Welt

6 In: *Nouvelle Revue de Psychanalyse*, Nr. 6, 1971, S. 110

zu verändern. Der Phantasie steht die Realität im metapsychologischen Sinn des Worts entgegen, d. h. alles, was die Psyche topisch modifizieren könnte. Da der reale Verlust des Objekts auf das Konto dieser Realität geht, strebt die Phantasie danach, die Realität des Verlusts zu leugnen, indem sie heimlich den *status quo* der vorherigen topischen Gegensätze beibehält.

Diese Theorie steht jener anderen entgegen, der zufolge die Gesamtheit der Psyche ursprünglich einzig aus Phantasien bestände.

Die Einverleibung wäre dann eine magische Phantasie mit dem Ziel, die inneren Umgestaltungen zu vermeiden, zu welchen die Realität eines psychischen Verlusts zwingt. Sie würde genau im Augenblick einer Nicht-Introjektion eingreifen; da das Subjekt, das seine Integrität bewahren will und sich gegen eine notwendige Trauerarbeit sperrt, sich nun weigert, jenen Teil seiner selbst wieder in sich aufzunehmen, den es in das Objekt verlegt hatte.

Die beiden Verfahrensweisen dieser Magie wären also die Entmetaphorisierung und die Verdinglichung.

Die Entmetaphorisierung läuft darauf hinaus, das, was tatsächlich nur einer Metapher untersteht, wörtlich zu nehmen: man stellt sich vor und verkündet vor allem, daß man etwas schluckt, etwas annektiert, um den psychischen Verlust nicht »schlucken« zu müssen, und die Verdinglichung würde dahin führen, den Verlust als Wunde des Subjekts zu leugnen, um ihn als Verlust eines Etwas, eines Dings auszugeben.

Im übrigen können wir auf die weiteren Ausführungen dieses bemerkenswerten Aufsatzes nur verweisen, wollen hier jedoch sein Schema wiedergeben, insofern es uns hinsichtlich der Übertragung interessiert.

Denn uns liegt daran, diese Unterscheidung zwischen der Phantasie der Einverleibung und dem Prozeß der Introjektion zu unterschreiben. Obwohl wir der allgemeinen Theorie nicht zugestimmt haben, der zufolge die Phantasie stets zweitrangig ist oder nur die Funktion haben soll, auf magische Weise Löcher zu stopfen, müssen wir im Hinblick auf die Übertragung in ihren erkennbaren Augenblicken zugeben, daß wir es hier mit Phantasien und nicht mit Prozessen zu tun haben.

Wenn introjizieren heißt, etwas zu dem Seinigen zu machen, in

dem Sinne, in dem »das Meinige« z. B. eine Verlängerung des Ich wird, so ist nicht diese Annexion als solche in der Übertragung erkennbar, sondern eher eine bewußte oder unbewußte Phantasie, an welcher der Analytiker sieht, daß ihm ein Platz oder eine bestimmte oder, genauer, zu bestimmende Funktion zugewiesen wird. Es mag nun sein, daß dieser Platz der des Toten ist, des verlorenen Objekts, des zu verlierenden Objekts, des wiedergefundenen Objekts, des zu bewahrenden Objekts, des zu erreichenden Objekts, des zu überzeugenden Objekts usw. – diese Ziele sind nur erkennbar, weil sie sich in Phantasien niederschlagen, ja Verwirklichungen von Phantasien, sogar Verhaltensweisen, weil die Phantasie der Mittelpunkt der Verschiebung, der Mittelpunkt des Imaginären, d. h. der Figuration, ja der Transfiguration ist.
Es gibt keine Übertragung ohne Verschiebung; die Verschiebung läßt sich nur in einer Inszenierung begreifen, in der ein Irrtum begangen wird. Erinnern wir daran, daß sie eine falsche Verbindung ist, eine falsche Zuweisung. Das Subjekt der Übertragung glaubt, daß das zu bewahrende Objekt der Analytiker ist, glaubt, daß das wiedergefundene Objekt der Analytiker ist, glaubt, daß der Analytiker das verlorene Objekt ist, und um sich davon zu überzeugen, findet er es wieder, verliert es, bewahrt es auf, erreicht es, überzeugt es.
Nur zuweilen zeigt das Subjekt dem Analytiker, daß es etwas verliert, wiederfindet, aufbewahrt, verwirft.
Übertragung nennen wir den Augenblick, da das Subjekt seinem Analytiker etwas zeigt, so wie es einst es jemand anderem gezeigt hat, der z. B. das Ichideal sein kann; nicht aber die Tatsache, daß es früher einmal etwas verloren, wiedergefunden, aufbewahrt hat.

Die Introjektion als »Leibrente«

Das Problem bezüglich der Übertragung und der Introjektion ist weniger das, etwas nach dem Tod zu dem Seinen zu machen, d. h. zu introjizieren, als *auf Leibrente* zu introjizieren.
Die Analyse hat ein Ende, und dieses Ende tritt ein, wenn Analytiker und Patient sich voneinander trennen. So lautet Freuds »De-

finition«. Dieser jähe Realismus erhält insofern seine ganze Bedeutung, als er auf einem realen Verlust gründet, auf einem zufälligen Ereignis, auf einer Realität, welche das topische Verhältnis der innerpsychischen Kräfte, das Ende der Analyse zu modifizieren vermag. Dieses Ereignis ist eine Tatsache, letztlich eine Kraftprobe, jedenfalls etwas, womit man rechnen muß. Dieses Ende ähnelt der Realität des Todes, im Gegensatz zu jeder Phantasie eines psychischen Verlusts, eines psychischen Endes, einer psychischen Trauer usw.; es ist sowohl eine Metapher des Todes wie ein reales Ende, es zieht willkürlich die Grenzen der analytischen Situation und gibt vor allem dem analytischen Prozeß eine Richtung, eine Bewegung, eine eigene zeitliche Dynamik, d. h. ein analytisches Leben mit einem analytischen Tod, welche Parenthesen in einem wirklichen Leben und einem wirklichen Tod sind.

Diese so von Realitäten abgegrenzte Situation erhält einen wirksamen Wert in dem Maße, in dem die Phantasien des Verlusts, des Endes, des Todes, der Trennung, so wie die der Anwesenheit, der Verbindungen, des Zusammenlebens im Leben und im Tod schlechthin dieselben sind.

Doch die analytische Situation lenkt, allein aufgrund ihres künstlichen Charakters, den Sinn dieser Phantasien eher in die Richtung der psychischen Realität als in die der Realität schlechthin, entgeht jedoch nicht dem Faktum, sich in eine Realität einzuschreiben.

Die Prozesse der Projektion und der Introjektion lassen sich nun unter zwei Gesichtspunkten betrachten. Entweder man begreift sie als aktuelle Prozesse, die sich in dieser Parenthese des analytischen Lebens und des analytischen Todes vollziehen, oder man erkennt sie im »realen« Leben und im »realen« Tod als grundlegende Prozesse des Seelenlebens, dann versieht man sie mit einem gewissen »wissenschaftlichen« Objektivierungszeichen, als hätten sie in der Genese des Seelenlebens eine Rolle gespielt. Man spricht vom Kind, seiner Entwicklung, man erwähnt den Introjektionsprozeß als Faktor dieser Entwicklung, man fragt sich, ob sie an der Errichtung des Ich teilgehabt haben oder ob das Ich bereits da war usw.

Doch bei alleiniger Betrachtung der Übertragung kann die Introjektion nur in der analytischen Parenthese, d. h. in der Aktualität der analytischen Situation ins Auge gefaßt werden.

Dann sehen wir, daß sich in dieser analytischen Parenthese, innerhalb des analytischen Prozesses selbst, eine andere, eine Übertragungsparenthese öffnet. In dieser neuen Parenthese taucht ein spezifischer Prozeß auf, derjenige, welcher den gegenwärtigen, aktuellen Hindernissen der analytischen Situation die Wiederholung der Kindheitskonflikte entgegenstellt. Die Kraft dieser Wiederholung, die Glaubhaftigkeit ihrer Illusion ist so stark, daß sie versucht, die erste Parenthese und sogar die zweite zu leugnen, um zu behaupten, daß alles Realität ist, nicht nur der analytischen Situation, sondern der Existenz schlechthin.

Damit solche Verschiebungen spürbar sind, müssen in der Tat Introjektionen stattgefunden haben, müssen Phantasien an die Stelle ihrer Mißerfolge getreten sein, *doch das Wesen der Verschiebung, d. h. der Übertragung, läßt sich nicht den Prozessen gleichsetzen, durch welche die Verschiebungen stattfinden können.*

Es kann durchaus sein, daß während der Analyse so etwas wie eine Introjektion aufkommt: daß Qualitäten des Analytiker-Objekts vom Patienten annektiert werden, die er zu den seinen macht.

Dann muß man das analytische Leben und den analytischen Tod als Realitäten vergleichbar denen von Leben und Tod schlechthin betrachten und zugeben, daß dieses analytische Leben und dieser analytische Tod nicht mehr als Metapher des Lebens, sondern als Realität fungieren. Dann gibt es eine analytische Geburt, eine analytische Existenz, ein analytisches Überleben. Und im Laufe dieser analytischen Existenz finden neogenetische Prozesse statt, darunter Introjektionen, Identifikationen, Adoptionen, Trauerfälle.

Um von diesen Prozessen sprechen, sie denken, sie begreifen zu können, muß man sie notwendig auf dieselben Begriffe in ihrem genetischen Sinn beziehen, sie nach dem Modell begreifen, das man sich von der Entwicklung des Kindes, der Errichtung des Ich, dem Aufstieg des Subjekts macht, oder aber die Ansicht vertreten, daß diese neue Geburt, dieses neue psychische Leben, dieser neue Tod nichts zu tun haben mit dem vorherigen psychischen Leben; oder letztlich behaupten, daß diese neuen Erfahrungen schlicht und einfach Ergänzungen derjenigen wären, die zur Bildung des psychischen Lebens beigetragen haben, so daß an Stelle eines Mangels plötzlich eine Fülle träte (und warum eigentlich nicht umgekehrt?).

Der Begriff, der einen solchen Gegensatz sprengt, ist der der Übertragung. *Er ist es, der die aktuelle analytische Situation als metaphorisch begründet und gleichzeitig ihre Aktualität entschleiert.*

Weil es die Übertragung gibt, wird das analytische Leben zur Metapher des psychischen Lebens, und weil die Übertragung wiederholt, fungiert das analytische Ende als Metapher des Todes, des Bruchs, des Endes, der Kastration.

Die Übertragung ist zum Teil Wiederholung, Neuauflage, Reproduktion, und zwar auf die blindeste Art und Weise. Diese Wiederholungen sind nicht tote Buchstaben, sie sind Wiederholungen formal abgeschlossener Konflikte, deren Inhalt jedoch noch lebendig ist.

Die Übertragung ist gleichsam ein Paket geschlossener Umschläge, die ein Blinder an die Passanten verteilt. Der Analytiker ist kein Passant wie die anderen, beim fünfzigsten Umschlag verlangt er, daß der Brief geöffnet werde, und wettet, daß sein Inhalt bekannt war und daß es kein Zufall ist, wenn der Brief an ihn adressiert ist.

Entweder sind einige psychische Prozesse endgültig abgeschlossen, oder sie bewahren sich eine Möglichkeit zur Übertragung. Diese Fähigkeit zur Übertragung kennzeichnet nicht nur ein Individuum oder eine nosographische Kategorie (so wie man sagt, »die Psychotiker« seien zur Übertragung fähig oder nicht), sondern muß auf der Ebene der psychischen Prozesse selbst betrachtet werden, von denen einige diese Fähigkeit, übertragen zu werden, nicht mehr besitzen. Sie nähern sich merkwürdig jenem von Lacan geprägten Begriff der »Verwerfung« *(forclusion)*, insofern sie durch eiskalte, wohl beschlagene Dialektik imponieren; gründlicher Verlust eines ursprünglichen Psychems.

Wie man sieht, haben diese psychischen Prozesse, wenn sie die Möglichkeit zur Übertragung bewahren, virtuell die Fähigkeit, diese Transposition wahrzunehmen. *Weil sie keinen toten Buchstaben, sondern nur eine unleserliche Adresse befördern, können sie eines Tages auf einen Empfänger stoßen,* der sich mehr oder minder konstant bereit findet, die Rolle zu spielen, die man ihm zuweist; dann besteht wenig Aussicht, daß der Inhalt sich wirklich enthüllt.

Ist der Empfänger ein Analytiker, so wird sich der Inhalt vielleicht enthüllen, doch diese Enthüllung kann nur zustande kommen, *wenn das Bewußtsein einer Verschiebung dem des Inhalts der Verschiebung entspricht,* was den Zugang zu einem symbolischen Wert dieser Verschiebung voraussetzt. Einige psychische Prozesse bewahren zwar die Fähigkeit, als solche übertragen zu werden, doch wenn sie eines Tages bewußt werden wollen, müssen sie auch die Fähigkeit besitzen, für symbolisch verschiebbar zu gelten, der psychische Inhalt muß als psychischer Inhalt begriffen werden. Dazu bedarf es unabdingbar der Sprache, doch diese symbolische Wahrnehmung übersteigt die Stufe der Wörter, um sich als Denken zu konstituieren.

Es läßt sich dann ein Gegensatz zwischen dem psychotischen Denken und dem neurotischen Denken konzipieren, insofern beide zwar einen Inhalt haben können, aber nur das neurotische Denken, neben der Möglichkeit, seine Inhalte zu übertragen, auch die Möglichkeit behält, diese Übertragung symbolisch als psychische Realität zu begreifen.

Beim psychotischen Denken dagegen ist es durchaus möglich, daß der Inhalt sich entschleiert oder, wenn man will, sogar analysieren läßt, man kann auch einräumen, daß sich diese Inhalte übertragen, doch diese Übertragung und diese Entschleierung entziehen sich der Möglichkeit, symbolisch als psychische Realitäten wahrgenommen zu werden, sie werden unmittelbar als Realität wahrgenommen.

Wenn man die analytische Situation, d. h. das analytische Leben und den analytischen Tod als Realitäten betrachtet, läßt sich durchaus vorstellen, daß Übertragungen *hic et nunc* stattfinden. Eher vorstellen, denn feststellen. Man kann diese Introjektionen sogar als ein Stückchen Trost ansehen, aber dann wird es äußerst schwierig, von ihnen zu sprechen, falls man diese Introjektionen nicht aus einer genetischen Theorie erschließt.

Wenn man dagegen den metaphorischen Wert der analytischen Situation neben und gleichzeitig mit ihrem realen Wert betrachtet, läßt sich begreifen, daß Introjektionen mittels einer Wiederbelebung stattfinden, die fast einer Auferstehung gleichkommt. Diese Auferstehung hat keinen anderen Mittler als die Übertragung. Die Illusion steht ihr dann vollkommen zu Dienste. Die Übertragung ist es, welche, indem sie die Gefühlsregungen oder Phantasien ihrer ersten Kindheit auf die Realität des Analytikers überträgt, den Phantomen für kurze Zeit gestattet, wiederaufzuleben. Diese Existenz ist eine psychische Existenz, eine psychische Realität, ein psychisches Leben und ein psychischer Tod.

Im Lauf dieser neuen Existenz können, dank der Übertragung, Introjektionen stattfinden, Introjektionen, deren Objekte schon vor langem einen realen Tod gestorben sind, deren psychische Existenz jedoch eine neuerliche Möglichkeit zur Introjektion einführt.

Diese neuen Introjektionen werden auf zwei Arten ermöglicht: entweder sie existierten schon zuvor, jedoch vom allgemeinen Assoziationskomplex isoliert, oder bleiben aufgrund der Verdrängung und der Gegenbesetzung dem Bewußtsein unzugänglich; oder aber sie existierten zuvor nicht und werden nun durch die positive Übertragung, die Schwächung des Über-Ich möglich, ohne daß man entscheiden könnte, was der psychischen Realität des Analytikers und was den Eigenschaften des früheren Objekts zukommt.

Es ist sehr gewagt, sich für die eine oder die andere Hypothese zu entscheiden; aller Sinn der analytischen Arbeit, der Analyse der Widerstände spricht für die erste. Die Übertragung fördert dann nur unbewußte Prozesse wie Introjektionen zutage; diese sind, da bereits verwirklicht, infolge der Verdrängung vom assoziativen System isoliert und mithin vom Bewußtsein nicht mehr zu verwenden.

Eine dritte Hypothese wird weiter unten in dem Kapitel »Realität und Übertragung« entwickelt, wo wir, die Analyse als »zweites Erlebnis« betrachtend, sehen werden, daß die psychische Realität weder in einem ersten noch in einem zweiten traumatischen Erlebnis liegt, sondern in der Übertragungsbeziehung, die sie vereint (vgl. *Proton Pseudos*).

Welche Hypothese man immer vertritt, man sieht, welcher Unterschied den Begriff der Übertragung von dem der Introjektion trennt; gleichzeitig sieht man, daß sie zwar untrennbar sind, aber daß es eine ungebührliche Vereinfachung wäre, sie vermengen zu wollen.

Aus dieser Dialektik zwischen Übertragung und Introjektion resultiert, was man die »Gestaltungen« der Introjektion und spezieller der Introjektion »auf Leibrente« nennen könnte.

Die Introjektion als dem Verlust des Objekts, ja seinem realen Tod nachfolgend betrachten und sie als Introjektion »auf Leibrente« betrachten, heißt mit anderen Worten, Diebstahl und Erbe unterscheiden.

Das Erbe besteht darin, das zu dem Seinen zu machen, was einst einem anderen gehörte; der Diebstahl oder die Aneignung ist eine ganz andere Sache.

Die Introjektion als Leibrente scheint uns ein Kompromiß zwischen diesen beiden Extremen zu sein und die Bedingungen der analytischen Situation zu kennzeichnen.

Die Leibrente bedeutet, daß der Tod aufgeschoben ist und daß man in Erwartung dieses glücklichen Ereignisses einen Tribut zahlt. Welche Analyse kann sich rühmen, einer solchen Phantasie zu entrinnen?

Die Introjektion ist der Sieg des Erworbenen über das Angeborene. Dieser Sieg ist eine Geistesanschauung im guten Sinn des Worts, mehr nicht; unterdessen erlebt diese Errungenschaft einige Widrigkeiten.

Wie über einst verlorene, aber nicht aufgegebene Objekte trauern und wie die Eigenschaften dieser Objekte erwerben, ohne gleichzeitig den Tod des Analytikers und die Trauer, die man um ihn zu tragen gedenkt, in die Debatte zu werfen? Da sich diese Schritte nicht unmittelbar durch eine wirkliche Trauer oder eine wirkliche Errungenschaft auflösen, finden sie Kompromisse.

Diese Kompromisse drücken sich in Phantasien, sogar Handlungen aus, sie betreffen in spezifischer Weise den Diebstahl, die Aneignung, die Beschlagnahmung und finden, je nach den von diesem Austausch betroffenen erogenen Zonen eine Möglichkeit, sich auf originelle Weise auszudrücken.

Die Erschleichung nach all diesen verschiedenen Modi läßt sich als eine Gestalt der Introjektion betrachten; so wie die Einverleibungsphantasie Mittel und Wege findet, sich an Stelle der Introjektion einzuschreiben, so äußert sich die Erschleichung in Aneignungsphantasien, die das Scheitern oder den mißglückten Versuch einer Introjektion verraten.

Weisen wir darauf hin, daß die Gestalten der Introjektion das bevorzugte Objekt der Gesetze bilden.

Wichtig ist jedoch, daß die Erschleichungsphantasien sich nicht unbedingt nach dem oralen Modus organisieren. Wenn man den Introjektionsmechanismus nach dem Muster der oralen Organisation der Entwicklung gedacht und konzipiert hat, so hat man durch eine Art Zusammenstoß von Theorie und Realität über die Natur der Introjektion befunden.
Die Erschleichungsphantasien (den Terminus »Erschleichung« [*captation*] verwenden wir wegen seines Gebrauchs im Ausdruck »Erbschleicherei«, insofern er den Tod des Objekts mit einkalkuliert) organisieren sich zwar häufiger nach dem Muster der oralen Einverleibung, finden jedoch auch in der Analerotik wie in der phallischen Problematik Muster wie Ausdrucksquellen.
In den Erwerbungsträumen lassen sich ziemlich genau diese verschiedenen Modi erkennen: Wiederverwertung in all ihren Formen; der eine gräbt Statuetten aus und trägt sie unter seinem Mantel fort; ein anderer durchstöbert im Traume Dachböden, nimmt allerlei Steingut, wurmstichige Möbelstücke mit, lauter Leichname, die bekanntlich auf die anthropophage Phantasie des Verschlingens deuten; doch ebensogut könnte man an ihnen das Scheitern der Introjektion ablesen. Die Wiederherstellung des Schatzes, der zumeist schmutzig, zerbröckelt, stets verborgen, in den Keller oder auf den Dachboden verbannt ist, akkumuliert sich mit der Zeit und zeugt von einem dunklen Ruhm, der nochmals gebraucht werden könnte.

Die Mißerfolge der Introjektion sind der Flohmarkt der Träume

Ganze Generationen laden hier den Trödel ihrer glorreichen Auswürfe ab, einst begehrte Objekte sind zweifellos dort versteckt, Schätze, die man anhäufen kann, vollständige Sammlungen. Alle Geheimnisse des Organismus sind hier vertreten, Posaunen in Form von Eingeweiden, chinesische Vasen, aus denen Puppen mit Porzellanaugen wachsen, Säbel, Gegenstände, die paarweise gehen, und solche, die allein gehen.
Der Bereich der Aneignung ist nicht nur das Privileg einer oralen Organisation der Persönlichkeit. Das Meine, das Deine, das Seine,

alle phantasierten Verlängerungen des Ich deuten auf die Grenzen der Begehrlichkeit und versuchen mit allen Mitteln, die Grenzen des Besitztums auszudehnen. Dann entdeckt man das Vorherrschen eines unmittelbaren archaischen oralen Systems eher am Scheitern einer seiner Erschleichungsarten.

Was heißt nun in dieser Perspektive *mein* Analytiker?

Wenn man der Theorie der Übertragung als Introjektion beipflichtet, würde dieses »Mein« die grundlegende Tendenz zur Annexion, zur Expansion, zur Absorption zum Ausdruck bringen. Dieses »Mein« wäre die Übertragung.

Abgesehen davon, daß die orale Absorption nicht das einzige Muster ist, nach dem sich eine solche Aneignung denken läßt, kann man die Übertragung nicht einer Aneignung gleichsetzen, sei diese Aneignung nun eine Täuschung oder eine psychische Realität, weil sie sowohl von einer Ausdehnungskraft wie von einer Wiederholungskraft zeugt. Diese beiden Kräfte schaffen zwar gemeinsam die Illusion der Realität, trennen sich jedoch darin, daß die Wiederholungskraft die Absicht der früheren Konflikte neuauflegt und die Möglichkeit neuer Erwerbungen hemmt.

In diesem Sinne ist »mein Analytiker« in der Tat ein Versuch der Aneignung, der Erschleichung und der Annexion, der jedoch im Kontext der Nostalgie steht, er ist nur deshalb so sehr »Mein«, weil irgendwo in der Vergangenheit eine wirkliche Aneignung nicht hat stattfinden können.

In jeder Übertragung gibt es einen nostalgischen Pol. Die analytische Situation steht notwendig vor dem Hintergrund eines narzißtischen Defizits, und in der Bilanz dieses Defizits erscheinen sowohl die Mißerfolge der Identifizierung, wie die der Introjektion, wie die der Trauerfälle auf dem Wege der Erfüllung.

Die Nostalgie ist eine Trauer, die weder geleistet noch zu leisten ist.[7] Sie zeugt unserer Ansicht nach von einem Wechsel von Toden und Auferstehungen eines psychischen Objekts, das gleich einem Ludion bald an die Oberfläche steigt, bald auf den Grund sinkt. Viele Male begraben, viele Male wieder emporgestiegen, am Überleben gehalten, dann für vermißt erklärt. Jedes solche Untertauchen und jedes solche Auftauchen fügt sich in eine topische

7 Michel Neyraut, *De la nostalgie*, in: *L'Inconscient*, Nr. 1, Paris 1966

Organisation, die einem manisch-depressiven Wechsel in Moll entspricht; sie besiegelt die Phasen leichter Depressionen oder leisen Triumphs, die sich von einem permanenten depressiven Hintergrund abheben.

Vor diesen permanenten depressiven Hintergrund schiebt sich die Übertragung als eine neue Möglichkeit, die Trauerarbeit wieder aufzunehmen, eine zwar nicht unterbrochene, aber grenzenlose Arbeit. Die Kraft der Wiederholung läßt nun erneut den Analytiker als Objekt hervortreten: als ein wiedergefundenes und dennoch zu verlierendes Objekt. Indem die Übertragung in der analytischen Situation wieder eine neue Situation der Leibrente findet, erneuert sie die Möglichkeit eines Endes, setzt für ein verlorenes Objekt wieder den Tod am Horizont des Werdens ein, statt im Absoluten einer vergangenen Objektwelt. Sie bietet eine letzte Möglichkeit, nicht das Objekt, sondern den Prozeß zu bewältigen, der das Objekt betrifft: den aufgeschobenen Trauerprozeß; entweder verliert sie sich in dieser Wiederholung und verlängert nur die Nostalgie, oder sie findet, mittels neuer nunmehr möglich gewordener Introjektionen, ein Mittel, mit diesem Objekt Schluß zu machen.

Die Kraft dieser Bindung rührt nach unserer Meinung von der Remanenz wirklich erlangter Teilbefriedigungen her, die aus einer früheren Organisation der Persönlichkeit stammen. Da auf diese Teilbefriedigungen nicht verzichtet werden konnte, kann die Identifizierung, das Rettungsseil des Objektverzichts, nicht stattfinden; die Übertragung spürt diese Möglichkeit wieder auf.

Der Text von Jensens *Gradiva*, den Freud kommentierte[8], ist beispielhaft für die Verwirrung, die zwischen Übertragung, Introjektion und Identifizierung bestehen kann, beispielhaft aus dem einfachen Grunde, weil hier Therapeut und Liebesobjekt ein und dieselbe Person sind. Zoé Bertgang, die erste Kindheitsliebe von Norbert Hanold, wird seine Psychoanalytikerin. Sie kann ihm in aller Ruhe sagen: »Mir ist's, als hätten wir schon vor zweitausend Jahren einmal so zusammen unser Brot gegessen«, oder ihn bei seinem Namen nennen: »Du bist doch offenbar verrückt, Nor-

8 S. Freud, *Der Wahn und die Träume in W. Jensens »Gradiva«*, *GW* VII, 31-125

bert Hanold«, während er seit seinem Aufenthalt in Pompeji doch niemandem seinen Namen mitgeteilt hatte.
Gradivas Deutungen sind der Definition nach allesamt Übertragungsdeutungen. Notwendig gelten die doppelsinnigen Wörter, die sie gebraucht, sowohl für die Vergangenheit wie für die Gegenwart: Gradiva ruft nur Norberts Erinnerungen wach.
Inzwischen hat ihr phantasierter Tod stattgefunden, für Norbert Hanold ist sie jenes junge Mädchen mit dem unvergleichlichen Gang, das unter Pompejis Asche verschüttet liegt. Dieser phantasierte Tod verschmilzt mit dem Vergessen, er ist ein psychischer Tod, Erinnerung an das innerpsychische Vergessen.
Man sieht bei Gradiva den Gang eines absolut *interessierten,* wissentlich affektgeladenen Gegenübertragungsdenkens; sie kennt die Antworten, schon lange bevor die Fragen gestellt werden. Die Übertragungsliebe ist hier die Liebe in ihrer Totalität.
Es handelt sich um Übertragung, weil es zwei Epochen gibt und zwischen diesen beiden Epochen nicht nur eine Latenzperiode verstrichen ist, sondern eine Verdrängung stattgefunden hat, die man für endgültig hätte halten können.
Ein einziges Gefühl lebt in Norbert fort: die Sehnsucht. Jener nostalgische Traum, der ihn dazu veranlaßt, die Reise und folglich die Kur anzutreten. Diese Sehnsucht enthält alle Spuren, alle Glieder, welche Zoés Kindheit mit ihrer höchst aktuellen Gegenwart verbinden; es geht um eine Auferstehung, eine Reinkarnation, um ein verlorenes Objekt, das verloren nur war, weil es im Vergessen vergraben worden ist. Diese Auferstehung bezieht sich auf einen phantasierten Tod.
Dann und nur dann *ist* die Übertragung eine Introjektion, sind die Introjektionen Übertragungen. Dann und nur dann läßt sich die Übertragung reinen Triebregungen gleichsetzen. Dann ist die Übertragung eine Annexion, weil sie eine neuerliche Annexion, eine Rückeroberung ist.
Wenn die Tendenz zur Annexion, zur Expansion, zur Integration bei den Hysterikern so deutlich erkennbar ist, so nicht so sehr deshalb, weil das Ich die Fähigkeit hat, seine Grenzen auszudehnen und neue Besitztümer zu finden, sondern vielmehr weil es diese Ausdehnung, diese Macht, diese Grenzen bereits einmal ge-

kannt hat. Die Nostalgie zeugt ebenso von der Trauer darüber, das Objekt verloren zu haben, wie darüber, die territorialen Grenzen verloren zu haben, die einst um so vieles größer waren.
Diese Grenzen bedeuteten vielleicht nur geringe reale Macht über die Welt, aber die kindliche Allmacht der Gedanken gab dieser Welt den Anschein, als sei sie ihrem Appetit gewachsen.
Jensens *Gradiva* liefert einen Beweis *per absurdum* dafür, was die analytische Übertragung ist und was nicht.

Dritter Teil
Übertragung und Realität

Kapitel I: Die Realität in der Übertragung

Der Begriff der Realität, wie er im psychoanalytischen Denken erscheint, ja »manipuliert« wird, spottet jeder Strenge.
Die Vielfalt seiner Bedeutungen, die mannigfachen Gesichtspunkte, unter denen er sogar innerhalb des Freudschen Denkens betrachtet wird, die Widersprüche, die jedem strengen Geist ins Auge springen, sind wahrlich verwirrend.
Diese Widersprüche zeugen von Perspektiven, die selbst schwer vereinbar sind.
Um das Problem der Realität ins dialektische Feld der Übertragung zurückzuholen, müssen wir diese Gegensätze, ja Widersprüche genau an dem Ort fassen, wo sie kulminieren: im Problem der Verführung.
Verführung ist hier im weitesten Sinn zu verstehen: sklavische Hingebung des Subjekts an seinen Wunsch; Entfremdung, die, obwohl sie nur den Buchstaben kennt, sich nichtsdestoweniger auf den Geist bezieht, d. h. auf das Subjekt eines Denkens, das sie in Illusionen wiegt.
Andererseits scheint im Freudschen Werk die so vielfältige Realität sich »niederzuschlagen« im Begriff des »Erlebnisses«, insbesondere des traumatischen Erlebnisses, das der Realität eine zeitliche Intensität zu verleihen scheint und dann die Form einer »Widrigkeit« annimmt.
Um diesen Erlebnisbegriff zu integrieren, begreifen wir das Übertragungsfeld als mit einem »zweiten Erlebnis« konfrontiert, wobei wir uns auf das πρῶτον ψεῦδος oder erste hysterische Lüge stützen, in welcher der immer unsicherer werdende Status der Realität sich gleich einem Faden zwischen zwei Erlebnissen spannt.
Erinnern wir daran, daß für Freud, dessen Skepsis wir auf eine bestimmte Etappe seiner Suche nach der infantilen Sexualität beziehen können, die »Realität« der Verführung mehr als eine Wendung erfahren hat.
Bis 1897 ist seine erste Bewegung eine Bewegung des Vertrauens.

Er glaubt, was die Patienten ihm sagen: daß sie als Kind von einem Erwachsenen verführt worden sind. Auf diese Verführung folgte ein großer Schreck, der in einer massiven Verdrängung die gesamte Assoziationskette in Mitleidenschaft zieht; doch dann taucht plötzlich der Zweifel auf: und wenn dem gar nicht so wäre? Langsam zeichnet sich die Theorie der infantilen Sexualität ab; wenn dem nicht so ist, so heißt das, daß der Patient glaubt, verführt worden zu sein. Die Realität scheint sich zu verschieben, denn nicht mehr das reale Erlebnis ist traumatisierend, sondern die Erinnerung, und letztlich ist diese Erinnerung nicht die an ein reales Erlebnis, sondern eine Phantasie, ein Projekt.

Dies ist die große Entdeckung des Briefs an Fließ vom 21. 9. 1897. Die von den Patienten berichteten Verführungsszenen sind nur phantasierte Rekonstruktionen, die während der Behandlung durch die allmähliche Kenntnis bislang unbewußt gebliebener Elemente erzeugt werden. Doch wenn Freud sich nicht über die Realität der Verführung täuschen lassen will, wie sie von seinen Patienten behauptet wird, verzichtet er dennoch nicht auf das Reale, er verschiebt es um eine Kerbe, denn die Pflege, welche die Mutter dem Kleinkind angedeihen läßt, ist eine Realität. Daraus folgt eine Erregung, die *das Vorbild* der späteren sexuellen Phantasien abgeben wird. In Wahrheit lügt der Patient nicht, sondern verschiebt ebenfalls die Realität seiner Erinnerung um eine Kerbe und schreibt diese Verführung einer fremden Person zu. Man kann sagen, daß das Problem der Übertragung seit dem Brief an Fließ von 1897 in einem seiner wesentlichen Aspekte anvisiert ist, dem der Verführung, der Realität und der Verschiebung. Es ist bekannt, auf welche Weise Freud, der niemals auf die Realität des Erlebnisses verzichtet, ebensowenig wie auf die Subjektivität, der dieses Erlebnis zugrunde liegt, insbesondere in der Analyse des *Rattenmanns* mittels einer letzten Erneuerung die Realität der Urszene so weit wie möglich zurückverfolgt; da die Vererbung, Träger der Erinnerungsspuren, mittels der Urphantasie das dynamische Schema des Ödipuskomplexes übermittelt. An diesem letzten Horizont wechseln das Prinzip der absoluten Materialität und das der absoluten Subjektivität einander ab, ohne daß man je die Vorrangigkeit des einen in bezug auf das andere genau bestimmen könnte. So findet das Problem der Realität und der Sexualität seinen analytischen Punkt an jenem unausweichlichen Kreuzweg der Übertragung: der Verführung.

Die Verführung

Die Verführung in der Übertragung ist unvermeidlich, doch wer verführt wen?

Das Wort »verführen« spiegelt im übrigen diesen Zwiespalt wider, denn obgleich es ein aktives Verb ist, weiß man sehr wohl, auf welch passives Ziel es zusteuern kann. Auf den ersten Blick scheint es Gegenseitigkeit auszuschließen, und im übrigen versteht Freud es meist in einem gleichsam juristischen Sinn, als Attentat (vgl. unten »Das Erlebnis«).

Die Verführung verteilt sich nun ziemlich unterschiedlich auf Mann, Frau und Kind. Der Mann erscheint meist in Gestalt eines »ekelhaften Individuums«, wie die Zeitungen so gern schreiben, handle es sich nun um den Ladenbesitzer und das kleine Mädchen oder um Herrn K. in einem Kaufladen.

Die Verführung der Frauen scheint sich von selbst zu verstehen, wie die der »schönen Metzgerin« in ihrem Laden, auch wenn sie viel Wind macht, so wie die der Frau jenes anderen Metzgers, die ihre allzu appetitliche Rivalin nicht mästen wollte.

Man könnte meinen, die Verführung sei auf den Kleinhandel beschränkt.

Beim Kind handelt es sich offensichtlich um seine erste unbewußte Verführung, sich ungeniert nackt zu zeigen, die sich in so merkwürdiger Weise in den Träumen dieses Namens wiederfindet.

Der gemeinsame Punkt sticht in die Augen, nämlich die direkte Zurschaustellung der Geschlechtsorgane, und man unterstellt ihr beim Mann gern ein »aktives«, bei der Frau ein »passives« Ziel. Diese Auffassung hat offenkundig ihren Ursprung in den *Studien über Hysterie*, in denen die Verführung von verführerischen Frauen ausgeht, so daß sich die in den technischen Schriften erteilten Ratschläge ausschließlich auf das Bild einer verführerischen Frau berufen, die bei einem aufgeklärten Mann in Behandlung ist.

Diese sozusagen »traditionelle« Situation gründet auf Verzichtleistungen, welche die bürgerliche Moral gut genug kennt, um ihnen recht häufig zuwiderzuhandeln. Tatsache bleibt, daß diese Situation, sobald man den Schein fallen läßt, ebenso komplex ist wie eine andere, die, da deutlicher ausgeprägt, die Homosexualität in den Vordergrund rücken würde.

Es besteht hier wirklich ein Problem der Realität, die, so man will, eine Scheinrealität ist, die man jedoch für mein Gefühl zu schnell mit der Behauptung abtut, die Analyse sei auf jeden Fall die gleiche, ganz unabhängig vom Geschlecht des Analytikers, da es sich schließlich nur um Phantasien handle und es letztendlich die psychische Bisexualität gebe, um jeder Eventualität vorzubeugen. Mag sein, doch die Schwierigkeiten beginnen genau an jenem Punkt, an dem der Widerstand einer so schönen Theorie nicht zu folgen vermag. Dann wäre die analytische Situation transzendent, sie würde das Reale als Kleinkram verwerfen; doch der Widerstand klammert sich an das Mobiliar, aber nur, so heißt es, um es nach Laune seiner Phantasien zu interpretieren.

»Was für hübsche Blumen in Ihrem Sprechzimmer«, sagt der eine, »das beweist, daß Sie ein Dichter sind.«

»Was für hübsche Blumen«, sagt der andere, »die hat wohl wieder Ihre ekelhafte Frau hingestellt, um mich zu demütigen« usw.; und sogar wenn man beim äußeren Schein bleibt, an welches andere Kriterium als das der Wahrheit könnte die Gegenübertragung sich wohl klammern?

Es ist recht naiv zu glauben, daß, wenn der Patient mit seiner Deutung des Konkreten ins Schwarze oder daneben trifft, dies nicht die Spannung der Gegenübertragung verändert und nicht letztlich deshalb geschieht, um sie zu verändern.

Doch es dabei bewenden lassen, ändert in der Tat nichts an der Tatsache, daß der äußere Schein, auf den der Patient sich stützt, ein anderer sein könnte und daß seine Phantasie sehr wohl ein Mittel fände, ihm dieselbe Bedeutung zu geben. Bis hierhin handelt es sich tatsächlich um Kleinkram.

Doch der Kleinkram ist nicht neutral, weil all dies Mobiliar eine Zeichensprache ist, erst recht der weiße Kittel usw. Der Katalog ist unendlich lang, und die sexuellen Zeichen darin offenkundig.

All dies ist zu bekannt, als daß wir uns damit aufzuhalten brauchten, abgesehen davon, daß die Dinge nicht so sehr darum wichtig sind, weil sie Zeichenwert besitzen, sondern vielmehr, weil man beabsichtigt hatte, ihnen diese Bedeutung zu geben; so daß die Gegenübertragung die Übertragung übersteigt und ihr weit vorauseilt. Bevor der Analytiker spricht, sprechen die Dinge, und selbst wenn er niemals sprechen würde, hätte seine Umgebung bereits für ihn gesprochen. Daß der Patient mit seiner Deutung daneben oder ins Schwarze trifft, ändert nichts an der Tatsache, daß er eine Welt von Zeichen betritt, die er möglicherweise zu Signifikanten macht. Diese Vorgängigkeit macht den Gegenübertragungszusammenhang streng genommen zu einem Vorwand.

Es bliebe dann nichts anderes übrig, als ihn zu verteidigen oder zu dementieren oder an etwas anderes zu denken, was gewöhnlich der Patient tut, womit es sein Bewenden haben könnte in Anbetracht der Tatsache, daß der aufgeklärte Mann kein Wort sagt.

Daraufhin taucht die Übertragung auf.

Man wird einwenden, daß sie bereits da war, was stimmt, und man kann sogar behaupten, daß sie schon vor der Analyse da war.

Warum nennt man sie dann erst jetzt Übertragung?

Die Antwort ist klar: »weil sie eine Behinderung ist«.

Doch eine Behinderung wessen?

Der Gegenübertragung.

Man muß ihr also eine spontane Seite sowie eine andere Seite zuerkennen, die nur dadurch hervortritt, daß sie der Gegenübertragung entgegensteht. Die Behinderung kommt in gewisser Weise einer Behinderung des analytischen Prozesses gleich, doch selbiger Prozeß wird nicht nur von einer Seite aufrechtgehalten. Es wäre unerhört, wenn der Widerstand den Analytiker nicht enttäuschte. Das ist sogar die Grundlage einer Deutung, die im übrigen nicht immer ausreicht: daß er eben darum Widerstand leistet, um zu enttäuschen.

Was hat ihn denn enttäuscht?

Wenn wir ihm vertrauensvoll glauben, daß seine Enttäuschung nicht daher rührt, daß man ihn für jemand anderen gehalten hat, auch nicht daher, daß ihm sein unerfüllter Wunsch den Atem raubte, so muß man wohl einräumen, daß er zumindest die Erhellung dessen wünscht, was in ihm vorgeht, wie dessen, was man ihm erzählt.

Und wenn man die Dinge positiv wendet, könnte man ebensogut sagen – was hat ihn denn verführt? Man kann ihm dasselbe Vertrauen schenken wie zuvor. Doch da er ein aufgeklärter Mann ist, wird er einsehen, daß diese Verführung ihn befriedigt, eben deshalb ist sie ja ein Widerstand, so daß er einerseits zufrieden ist, andererseits aber nicht.

Immer noch wird man einwenden, daß er weder zufrieden noch enttäuscht zu sein hat, was völlig richtig ist. Doch woher sollte er die Deutung nehmen, der zufolge man ihn verführen oder enttäuschen könnte?

Man gewahrt es an einem noch ärgeren Widerstand, nämlich weder enttäuscht noch verführt zu sein, was heißt, daß die Verführung das Gegenteil der Langeweile ist, und auch heißt, daß sie, noch bevor sie deutlich zutage tritt, von einem Masseneffekt herrührt, so wie eine triste Bergarbeitersiedlung einer Straße voller Schaufenster entgegensteht. Damit befinden wir uns wieder in den so attraktiven Wiener Läden.

Aber noch ein anderes Kriterium erlaubt es, Übertragung zu nennen, was bislang als reine Verführung erscheinen konnte. Dieses Kriterium besteht darin, zu erkennen, was wirklich Verschiebung ist, d. h. insbesondere, an wen die Rede sich richtet und nach wessen Funktion möglicherweise das Mobiliar diesen oder jenen Zeichenwert gewonnen hat. Es ist zu einfach, zu glauben, daß die Dinge hier nicht ineinander verfilzt sind.

Gewiß hat man eine quasi-wahnhafte Seite der Übertragung beschrieben, und es gibt sie – so genannt, weil sie angeblich nichts mit der »Realität« zu tun hat. Der Patient, totales Opfer seiner Fata Morgana, dem jedes Wahrscheinlichkeitsurteil abhanden kommt, soll dem Analytiker sämtliche »Eigenschaften« zuschreiben, die irgendeiner Figur der Vergangenheit zukommen. Wir werden anläßlich der Übertragungsneurose sehen, wie und wann sich die Inszenierung dieser Verschiebung organisiert. Es stimmt, daß das quasi-Wahnhafte wahrnehmbar ist.

Doch in bezug worauf?

Was heißt denn wahrscheinlich? Schließlich muß der Analytiker

jene Unwahrscheinlichkeit mit irgendeinem Bild vergleichen, ob nun mit dem, das er sich selbst macht, oder bestenfalls mit dem, von dem er meint, daß der Patient es sich von ihm macht.
Die großen Puristen der Neutralität werden nun sagen: da er sich in keiner Weise geäußert und vollkommene Neutralität gewahrt hat, da er keiner narzißtischen Versuchung, sich in irgendeiner Weise zu erkennen zu geben, erlegen ist, untersteht alles, was man ihm zuschreibt, der Übertragung, und hier liege eine Goldmine verborgen.
Und unser Mann ist beruhigt: da es sich nicht um ihn handelt, muß es sich folglich um jemand anderen handeln.
Und wenn er nun einer Traumerzählung lauscht und sieht, wie ein Bischof ein Huhn schlachtet, hat er die Wahl, sich als Bischof oder als Huhn zu erkennen, wenn die Analyse der Übertragung ihn dazu veranlaßt.
Mehrere, zuweilen unerwartete Wege sind möglich. Wir sehen wohl, daß sein Platz in der Kette hier grundlegend ist; vielleicht sieht er dann, daß, sich den Hals umdrehen zu lassen, die Wirkung hat, ihn für immer zum Schweigen zu bringen, doch daß der andere dabei seinen Krummstab hat weglegen müssen. Und wenn er die Dinge andersherum betrachtet, wird er sich fragen, ob man ihn nicht vielleicht auf die Seite der Mitra gestellt hat, um so mehr, als er jetzt auf dem Kopf des anderen einen Kamm schwellen sieht. Der Patient, der gute Arbeit leistet, assoziiert nun:

Er habe beim letzten Mal an der Hand, die man ihm zum Abschied reichte, einen Ring gesehen, und das Huhn trage seltsamerweise auch einen am Bein und schleife einen Faden nach.

Unser Mann, der nun einen Lichtblick sieht, glaubt sich verpflichtet, die Übertragung zu deuten, und sagt, daß auch die Bischöfe einen tragen; womit er natürlich auf den Ring anspielt.
Nun ist die Falle zugeschnappt, jeder weiß, woran er ist; der eine ist Huhn, der andere Bischof, und der Faden wahrscheinlich meint beide. Ein schöner Effekt der Gegenübertragung im schlechten Sinn.
Halten wir sogleich fest, daß dieser Effekt nicht vergeblich ist, denn der Patient erkennt nun, daß jener Kuß auf die Hand des

Bischofs ein Wunsch ist, der bei der Vorführung des Rings, welcher ein Tagesrest ist, in der Schwebe blieb. Davon ausgehend findet er zwei Wege: den einen über Kazantzakis, den anderen über Salvador Dali.

Der erste bezieht sich auf die Tatsache, daß das Kind, nachdem es von seinem Vater eine Ohrfeige bekommen hatte, diesem die Hand küßte, um ihm dafür zu danken, ihm auf diese Weise den rechten Weg gewiesen zu haben.

Der zweite betrifft ein seltsames Tier, ein Huhn mit reuevollem Blick, den großen Masturbator. Diese beiden Wege laufen zusammen, vielleicht auch ein dritter über das Bild des umgedrehten Halses.

Allzu hastig hat sich der Analytiker in die Inszenierung einer komplexen Beziehung eingebracht, die er besser so belassen hätte, wie sie war, entweder indem er schwieg oder lediglich anmerkte, wieviel aufgeschobene Wechselseitigkeit sie im Traum enthielt; nun tröstet er sich mit der Bemerkung, daß sich ein Übertragungseffekt gezeigt hat, da, über den Ring, der Vater es ist, der den Hut oder die Mitra trägt.

Zwei Realitäten sind hier zu berücksichtigen, die des Rings, der an sich sehr wenig Bedeutung hat, jedoch aufgrund seines Werts als Tagesrest große Bedeutung gewinnt: Gehorsamszeichen und Kuß der Dankbarkeit.

Noch weit mehr aber – und darauf kommt es an – durch die Entscheidung, die der Analytiker glaubte treffen zu müssen, in dem Traum die Stelle des Bischofs einzunehmen.

Die Gegenübertragung äußert sich, und diese Äußerung ist eine Realität; zwar eine relative Realität, die jedoch durch den Regressionseffekt, den die Sitzung zeitigt, für den Patienten den Wert einer fast greifbaren Realität gewinnt.

Merken wir an, daß diese Entscheidung hier nicht durch die Übertragung Realitätswert gewinnt, sondern aufgrund der Regression ins infantile Stadium, in welchem jede Äußerung der Elterninstanzen zum Eckpfeiler wird, womit zu rechnen war.

Daß der Bischof bei diesem Spiel seinen Krummstab verloren hat, kann nicht überraschen, doch läßt sich sagen, wo in dieser Angelegenheit die Verführung steckt? *Genau an dem Punkt, wo der*

Analytiker glaubte, man verlange von ihm, in jener anderen Szene Partei zu ergreifen, die, so komisch auch immer, nicht minder sadomasochistisch ist.
Unser Mann, der seinen Irrtum einsieht, bespricht sich nun mit einem Kollegen, der ihm sagt, daß kein Grund zu Beunruhigung vorliege, da dieses Huhn in jedem Fall ein gutes Objekt ist, das der Patient unbedingt introjizieren will, aber zuvor seine Dankbarkeit dadurch beweisen muß, daß er den Bischof kastriert. Da niemand mehr von dieser Sache betroffen ist, geht jeder friedlich nach Hause.
Wenn sich also die Verführung auf etwas Reales stützt, so ebensosehr auf die Äußerung der Gegenübertragung wie auf jene andere Realität, die aufgrund ihres Zeichenwerts konkreten Objekte; wobei offensichtlich beide in die Assoziationskette subsumiert sind, um Signifikante zu werden.
Doch man sieht, daß die Debatte, ob nun die von Freud, der sein Gewehr an die andere Schulter legt, oder die des Bischofs, notwendig über einen Tausch führt, den der Schuld.
Die Frage der Verführung ließe sich auch wie folgt formulieren: wen trifft die Schuld?
Damit stellt man gleichzeitig die Frage nach der Realität der Schuld.
Man kann sehen, daß diese Schuld im Traum ausgetauscht wurde. Aus der Kastrationsangst und der (masturbatorischen) Schuld, die in Szene gesetzt wird, hat der Patient eine Falle gebastelt, in der sich der andere doppelt besudelt hat, zunächst in technischer Hinsicht, wie wir gezeigt haben; und (was von anderer Seite gesehen dasselbe ist) weil er die Rolle dessen übernommen hat, der das Huhn schlachtet.
Das bewußte Schuldgefühl des Analytikers, insofern es bewußt ist, kann, wie man sieht, ein Kleinsches Mittel finden, freigesprochen zu werden; das zweite, unbewußte, insofern es unbewußt ist, hat einige Aussicht, die Spannung der Sitzung zu modifizieren und könnte durchaus in der Art und Weise nachklingen, wie er am Ende dieser Sitzung die Hand ausstreckt.
Das Schuldgefühl wird allgemein in der Monade untersucht, man behandelt seine inneren Beziehungen zur Realität, doch wenn es

um die Verführung geht, wird es schwierig, es dabei bewenden zu lassen, da man zumindest zu zweit sein muß, und wenn es um die Verführung in der Übertragung geht, wird es unmöglich, nicht zu erkennen, daß die erste Wirkung des Schuldgefühls darin besteht, sich austauschen zu müssen. Die Schuld ist ein Leichnam auf den Armen, von dem man nicht weiß, auf wen ihn abladen; man begnügt sich meist damit, ihn »anzuvertrauen«.

Diese Beichte unterscheidet sich von der Übertragung insofern, als sie der Definition nach explizit ist. In der Übertragung versucht das sei's unbewußte oder bewußte Schuldgefühl, sich auszutauschen, auf die Gefahr hin, dieser Schuld durch die irrealsten Mittel die größtmögliche Realität zu verleihen.

So kommt ein Patient zu früh und behauptet dann, er werde in der Sitzung aufgehalten. Die Schuld gewinnt durch diesen Schein Realität, aber es würde nichts ändern, wenn man es klarstellte. Diese Falle ist sehr grob. Es gibt subtilere, wie z. B. diejenige, an allem oder an nichts schuld zu sein. C. Stein hat im übrigen sehr gut nachgewiesen, daß der unbewußte Wunsch darin bestehen kann, schuldig gesprochen zu werden.

Diese Möglichkeit des Austauschs bedroht die Gegenübertragung ganz empfindlich. Zwei Schlupflöcher scheinen sich anzubieten: das erste besteht darin, zu meinen, daß man seit Freud *via* Kant weiß, daß das Schuldgefühl nichts mit der Realität der Schuld zu tun hat und daß die Intention oder die unbewußte Phantasie hinreichen. Andererseits weiß man, daß die Allmacht des kindlichen Gedankens, die wieder die Überhand gewinnt, diese Phantasie als Realität nimmt. Doch wir sind so klug wie zuvor, wenn wir auf diese Weise davonzukommen meinen, denn obgleich die Schuld virtuell ist, ist das Gefühl sehr real, und zwar auf beiden Seiten.

Das zweite Schlupfloch bestünde darin, angesichts einer solchen Gefahr das Schweigen für die beste Lösung zu halten.

Doch leider ist das Schweigen zuweilen die allerärgste Verführung. Insbesondere dasjenige, das, da es die Übertragung nicht rechtzeitig als Übertragung aufdeckt, lediglich bewirkt, ihrer Realität Kredit einzuräumen, die hier nur Vorwand ist.

So mißlingt es der Realität, ob nun der der Schuld oder der Verführung, sich als virtuell zu erkennen, gerade weil ihr die Gegen-

übertragung Kredit eingeräumt hat. Das heißt, daß sie einerseits einen gewissen Grad an Aktualität besitzt, andererseits strittig ist.
Beide verschmelzen im Erlebnis.

Das Erlebnis

Bislang schien uns die Realität vielfach und relativ zu sein und ihr Schicksal sich am unausweichlichen Kreuzweg der Verführung zu entscheiden. Dadurch zeigte sie ihren Zwang.
Doch unter den vielfachen Aspekten des Zwangs, den die Realität ausübt, spielt einer eine beherrschende Rolle: der anatomische Geschlechtsunterschied.
Es handelt sich um eine besondere Form der Realität, da sie einerseits unausweichlich, andererseits direkt dem Körper eingeschrieben ist. Wenn die Realität bisher als Gegensatz, als Zufälligkeit begriffen wurde, so schien im Psychischen nichts eine besondere Organisation oder eine Begrenzung seiner Struktur nach sich zu ziehen, sondern lediglich eine Richtung. Anders bei der Anatomie oder genauer dem anatomischen Geschlechtsunterschied. Denn Freud wandelt die Realität sehr schnell in ein Erlebnis, in das der *Feststellung dieses Unterschieds*. Nur das Erlebnis ist traumatisch. *Die anatomische Realität an sich kann nicht traumatisch sein.*
Es geht hier keineswegs um ein Naturgesetz, sondern um eine Realität. Das Gesetz kommt erst danach, eben aus der Feststellung der Unterschiede, durch sie wird die Psyche gezwungen, sich zu organisieren, die unausweichliche Gasse, durch welche die psychosexuelle Entwicklung gehen muß.
Die Spaltung, von der wir anläßlich des Lust-Ich und des Realitäts-Ich sprachen, findet hier eine Fortsetzung, denn das selbsterhaltende Ich hat es nicht mehr nur mit einer zufälligen oder notwendigen Realität zu tun, sondern mit einer Realität, die man als sexuell und traumatisch bezeichnen kann.
Sofern es sich also am Erlebnis der Feststellung eines Unterschieds stößt, ist das Erlebnis von größerer Bedeutung als die Realität, da es einerseits von der Kastrationsphantasie gestützt wird, anderer-

seits den Narzißmus als »Beteiligten« in einem Prozeß impliziert, den es sich nicht ausgesucht hat und dessen Ausgang sich gerade dadurch als unendlich erweisen kann, daß es sich mit ihm abfindet.

Freud zufolge ist das Erlebnis unbedingt traumatisch. Erst ganz zum Schluß begreift er, daß die Sexualität an sich, der Trieb an sich seine eigenen Keime des Gegensatzes und schließlich der Zerstörung in sich birgt.

Doch vorerst zwingt die Geschichte des Subjekts dieses dazu, durch die hohle Gasse der Feststellung eines Unterschieds zu gehen, die letztlich vielleicht nur der sichtbare, von den Umständen abhängige Aspekt eines weit tieferen, im Trieb selbst verborgenen Widerspruchs ist.

Wie dem auch sei, angesichts dieser Prüfung *führt die Kastrationsangst eben zur Verleugnung der Realität,* einer Verleugnung, die freilich einen Kompromiß im Fetischismus finden kann.[1]

Es empfiehlt sich also, Erlebnis und Realität zu unterscheiden. Das Erlebnis liegt in der Geschichte des Subjekts. Es ist stets traumatisch, weil es sich an konstanten Triebschüben ereignet, deren Schicksal es notgedrungen umleitet.

Doch dieses Schicksal erscheint nur deshalb so traumatisch, weil das Objekt es vom rechten Weg abgelenkt hat. Diese Ablenkung, die wir in der Metapsychologie als Wirkung einer Drehscheibe bezeichnet haben, verteilt die passiven und aktiven Triebziele neu, mehr noch, es löst beim Subjekt eine innere Umwälzung aus.

Wenn der Exhibitionist die Feststellung eines Unterschieds auf-

1 Die Fälle von Geschlechtsumwandlung durch Organablation oder -verpflanzung, die Überschreitungen (im starken Sinn des Wortes) der Realität sind, lassen sich nur dann als Überschreitungen ansehen, wenn man sich allein auf die anatomische Realität bezieht, und nicht auf die psychische Bisexualität, also die psychische Realität.

Sie müssen als leuchtendes Beispiel eines Versuchs der psychischen Realität verstanden werden, der anatomischen Realität den Rang abzulaufen. Bei dieser Konfrontation erscheint die »psychische Realität« auf dem Höhepunkt ihrer Macht, fest entschlossen, die Gegebenheiten der Anatomie zu modifizieren, um sie denen der geistigen Ansprüche anzupassen. Man sieht hier ihre Grenzen, da sie, um sich als Realität zu begreifen, eines anatomischen Korrelats bedarf und dieses anatomische Korrelat nur durch Verstümmelung erreicht werden kann. Um die Kastration in der geistigen Dynamik zu vermeiden, muß man sie unausweichlich in ihrer effektiven (realen) Dimension aufspüren.

drängt, so nicht nur deshalb, um festzustellen, daß sein Trieb die Richtung gewechselt hat, sondern die Bestürzung über einen traumatischen Effekt in Szene zu setzen. Denn weshalb sonst lieber vor kleinen Mädchen als vor aufgeklärten Damen?

»Aus Pädophilie«, wird man sagen.

Vielmehr deshalb, weil die aufgeklärten Damen kein Drama daraus machen würden. Worauf es hier ankommt (alle anderen Gründe, die der Exhibitionismus anführt, bleiben sich im übrigen gleich), ist gerade das Drama; das heißt: eine »traumatische Verführung« auszulösen. Die Realität scheint dann der Phantasie aufgepfropft zu sein.

Indem Freud dem Erlebnis Vorrang vor der Realität gibt, bleibt er einer dynamischen Auffassung des Unbewußten treu, die auf dem Begriff des Traumas gründet.

Weil es Erlebnisse gibt, kann man von Geschichte sprechen, doch letztlich bemerkt man, daß die Erlebnisse nur insofern Realität haben, als sie von in der psychischen Realität wahrnehmbaren Bildschirmen unterstützt werden. Diese Bildschirme schieben die hypothetische reale Grundlage des Erlebnisses immer weiter zurück, *sine die*.

Ein technischer Imperativ schält sich nun aus dieser ewigen Erneuerung heraus, nämlich so zu tun, *als ob* das psychische Erlebnis real sei. So wird uns im *Wolfsmann* gezeigt, auf welche Weise man die Realität bis in ihre letzten Schlupfwinkel verfolgen kann. So als sei es das Endziel des Analytikers, ein ursprünglich reales Erlebnis ans Licht zu ziehen.

Im Kapitel »Vom hysterischen Elend« sahen wir, daß das traumatische Erlebnis im Herzen (eher als am Ursprung) der Assoziationskette lag.

Wir müssen nun zu einem früheren Stadium des Freudschen Denkens zurückkehren, zum *Entwurf einer Psychologie*, um die diachronische Tragweite dieses Erlebnisses zu erfassen.

In dem Kapitel »Das hysterische Proton Pseudos« vom September 1895[2] sehen wir, wie Emma unter dem Zwang steht, daß sie nicht allein in einen Kaufladen gehen kann. Sie begründet dieses Symptom mit einer Erinnerung, als sie zwölf Jahre alt war: sie geht in einen Laden etwas einkaufen, sieht die beiden Kommis miteinander lachen und läuft davon. Sie schließt daraus, daß sie über ihr Kleid gelacht und daß ihr einer sexuell gefallen habe.

Die Analyse deckt bald eine zweite Erinnerung auf, die älter ist als die erste: als Kind von acht Jahren geht sie in einen Laden, und der Händler kneift sie durch die Kleider in die Genitalien.

Freud stellt die assoziative Verbindung zwischen den beiden Erlebnissen her und entdeckt dann, daß hier eine *Erinnerung vorliegt, die einen Affekt erweckt, den der Vorfall selbst nicht erweckt hätte.* Zwischen den beiden Erlebnissen haben die Veränderungen der Pubertät ein neues Verständnis des Erinnerten ermöglicht. Jetzt und erst jetzt löst die Erinnerung eine sexuelle Entbindung aus, die sich in Angst umsetzt.

Wo befindet sich unter diesen Umständen die Realität?

Überall, wenn man sich an die Erlebnisse hält; nirgendwo, wenn man sich an die Realität als traumatische Realität hält.

Während der ersten Szene, die wirklich eine Verführungsszene ist, reicht die Triebreife nicht aus, um eine sexuelle Entbindung zu wecken, und die Phantasie bleibt gleichsam in der Schwebe.

In der zweiten, späteren Szene besteht keine traumatische Realität ersten Grades, d. h. kein wirkliches Attentat, aber es stellt sich eine falsche Verknüpfung zwischen den bewußt gebliebenen Elementen her. Das Lachen der Kommis verbindet sich, statt Emma auf das Grinsen des Händlers während des Attentats zu verweisen, mit der Vorstellung der Kleider, und sie folgert, daß die Kommis sie wegen ihrer Kleider ausgelacht und daß einer von ihnen ihr sexuelles Gefallen erregt habe.

Die Realität, die hier wesentlich traumatische Realität ist, liegt also weder in der ersten noch in der zweiten Szene, sondern im Verhältnis der beiden.

2 *Aus den Anfängen der Psychoanalyse*, a. a. O., S. 353

Das Reale ist erst nachträglich real.
Wichtig ist, darauf hinzuweisen, daß die Vorstellung der falschen Verknüpfung eben diejenige ist, welche Freud zu seinem ersten Verständnis der Übertragung führt, und daß andererseits *die analytische Situation, durch die Realität und die Zeit ihrer Heraufkunft in bezug auf die traumatischen Erlebnisse, die ihr vorausgegangen sind, notwendig ein zweites Erlebnis bildet.*
Man kann nun ermessen, wie gefährlich es wäre, die traumatische Realität und ganz besonders die einer Verführung entweder in der analytischen Situation selbst oder in einem Kindheitserlebnis zu suchen, das ihr notwendig vorausgegangen ist.
Sie liegt weder in der einen noch im anderen, sondern enthüllt sich in der Übertragung, d. h. in einem Prozeß, der zwei Erlebnisse miteinander verschränkt, die gemeinsame reale Punkte haben.
Die Theorie des *proton pseudos* zeigt, auf welche Weise ein zweites Erlebnis die sexuelle Bedeutung eines ersten reaktivieren kann und das erste trotzdem erst durch das zweite seinen Sinn erhält. Es fällt auf, wie schon Freud bemerkt, daß die Kleider, die eine diesmal absolute Realität sind, gleichsam auf einer relativen traumatischen Realität schwimmen und der Symbolisierung als Angelpunkt dienen.
Die Kleider, sagt Freud, die harmloseste Vorstellung, spielen eine symbolisierende Rolle, doch die Struktur des Symptoms ist so beschaffen, daß dieses symbolisierende Element keinerlei Rolle mehr spielt – durch ein Glied unbewußter Bedeutungen vom Bewußtsein abgeschnitten. Man darf sich fragen, ob die Theorie des *proton pseudos* und der Nachträglichkeit nicht nur die analytische Situation, als zweites Erlebnis begriffen, erhellt, sondern auch die des Erfolgs, der sich in einem zweiten Abschnitt der Analyse so häufig feststellen läßt.
Der »Lebensabschnitt«, wie es in unserem Jargon heißt, würde dann den Zeitraum darstellen, der zwischen einer ersten Verführungsszene, der ersten Analyse, und einer zweiten liegt, in der durch die Erhellung der Übertragung und die neuerdings erfolgte Reife eine Bewußtwerdung dadurch möglich würde, daß sie den Prozeß einer ersten Verführung reaktiviert.
Ob man nun an Ferenczis Idee einer Eiszeit festhält, welche die

Entwicklung der Menschheit unterbrochen hat, oder sich wie Freud auf die beiden Zeiten des Menschen beruft, die durch seine pubertäre Reifung bestimmt sind, oder ob man den Zwischenraum zwischen zwei Übertragungsabschnitten ins Auge faßt, ja nur die Zeit, die zwischen zwei Sitzungen verstreicht – immer bleibt die Vorstellung bestehen, daß die Realität nicht bereits da ist, sondern daß die traumatische Funktion des Realen so prägnant ist, daß sie dazu zwingt, sie als aufgeschoben zu begreifen.
Dem analytischen Denken wurde vorgeworfen, dem Begriff des Traumas verpflichtet zu bleiben; wobei man sich auf die Tatsache beruft, daß dieser Begriff durch den der unbewußten Phantasie überholt sei, und damit der Realität den Rang eines notwendigen Übels zuweist: sogar den einer Jugendkrankheit.
Einerseits ist die Realität, wie wir sahen, ein notwendiger Eckpfeiler der Phantasie, andererseits ist nicht einzusehen, wie man ohne den Begriff des Traumas den der Wiederholung abstützen könnte.
Eben weil die Libido »laut« ist, muß man sie bewältigen.
Wenn wir die analytische Behandlung als zweites Erlebnis begreifen, müssen wir sie im Zyklus der Wiederholung verstehen; d. h. in dem der Bewältigung der Triebreize.
Welche Rolle kann nun die Übertragung bei der Bewältigung dieser Reize spielen (sofern man sie nicht mit diesen Reizen selbst in eins setzt)?[3]
Eine Bemerkung von Ferenczi soll uns als Beispiel dienen. Als er von den menschlichen Gesichtern und ihren möglichen Ähnlichkeiten spricht, behauptet er, daß wir, wenn wir neuen Gesichtern begegnen, sehr häufig eine Ähnlichkeit mit einem bereits bekannten Gesicht feststellen.
Diese offenkundige Tatsache der Psychopathologie des Alltags ist ihm zufolge auf die Kräfte des Todestriebs zurückzuführen, die alles Neue ablehnen und versuchen, diese Aggression dadurch aufzuheben, daß sie sie auf etwas bereits Bekanntes beziehen.
Man könnte einwenden, daß dieser Versuch der Bewältigung ebensogut als Effekt der Libido zu begreifen ist, die rastlos immer größere Einheiten miteinander verbindet.

3 Vgl. oben »Metapsychologie und Gegenübertragung«

Die Vermischung des Bedürfnisses, neue Entitäten zu vereinen, mit demjenigen, die durch diese Vereinigung verursachten Reize zu bewältigen, ist im übrigen durchaus denkbar.
Die analytische Behandlung, als »zweites Erlebnis«, also etwas Neues betrachtet, zeigt nun die Übertragung als einen Versuch, die durch die Situation *hic et nunc* geweckten Reize zu bewältigen.
In der aktuellen libidinösen und immanenten Flut, die der analytischen Situation entspringt, erscheint nun die Übertragung als ein Mittel, ihre Reize dadurch zu bewältigen, daß sie die Vergangenheit wiederauftauchen läßt; daß sie der Beziehung, die sich anzubahnen droht, die bereits bekannten Schemata ihrer früheren Beziehungen aufprägt. Die Übertragung lenkt die allzu brutale Wirkung der genannten Reize ab und ersetzt sie unbewußt durch diejenigen, die sie in der Vergangenheit mehr oder weniger bewältigt hat, zumindest kennt.
Anders gesagt, angesichts einer Verführung, die um so traumatischer ist, als er sie selbst ausgelöst hat, gelingt es dem Patienten mittels der Übertragung, die neue Situation zu bewältigen, zumindest versucht er es.
Die Natur der Neurose selbst bewirkt, daß die Beziehungsstile, die somit durch die Übertragung anstelle dessen aufgezwungen werden, was eine neue Beziehung sein könnte, selbst traumatisch und unzulänglich bewältigt sind, so daß die Übertragung, um einem aktuellen Trauma zu entrinnen, in wiederum traumatische Konfliktsituationen zurückfällt.
Die Unzulänglichkeit dieser Bewältigung schürt die Versuche, neue Einheiten an sich zu reißen.
Dieser Vorgang ist in gewisser Hinsicht mit dem der intellektuellen Bewältigung vergleichbar, deren Hemmung sich darin äußert, daß die Objekte, die sie zu erkennen hat, an sich traumatisch, da neu sind. Neu bedeutet, daß sie noch nicht bewältigt sind, und diese mangelnde Bewältigung führt dazu, andere Objekte zu assimilieren, in der trügerischen Hoffnung, sie besser zu bewältigen.
Diese Überbietung zeigt sich deutlich in der schulischen Hemmung des intelligenten Kindes, das nur Begriffe assimilieren kann, die sein »Niveau« übersteigen, aber außerstande ist, sich diejenigen, die ihm entsprechen, einzuprägen.

Die Angst ist nun von der mangelnden Bewältigung bestimmt. Die Tatsache, daß die Kinder gern endlos wiederholen und vor allem lieben, daß etwas wiederholt wird, und nie müde werden, immer wieder dieselbe Geschichte zu hören, steht der Haltung des Erwachsenen entgegen, der mit allen Mitteln die Langeweile der Wiederholung flieht und sich mit Neuem vollstopft.

In Wahrheit ist dies nur scheinbar so. Wir glauben, daß das Kind wiederholt, während wir selbst es sind, die wiederholen. Das Glück der »Wiederholer« rührt daher, daß das Kind sehr wenig wiederholt. Jede Lektüre, die den Erwachsenen langweilt, weil er glaubt, sie schon zu kennen, ist für das Kind stets neu, immer wieder verzeichnet es die Modulationen der Stimme, die Überdeterminierung des Texts sowie die Varianten der Lektüre, weil diese Varianten noch nicht bewältigt sind.

So heißt traumatisch nicht unbedingt schmerzhaft, sondern neu. Das Neue ist traumatisch, weil es zur Bewältigung der libidinösen Elemente nötigt, die es enthält.

Die analytische Kur, als zweites Erlebnis, ist *in diesem Sinne* traumatisch.

Wir sahen, daß man diese Bedeutung des Traumatischen insoweit korrigieren mußte, als weder das erste noch das zweite Erlebnis an sich traumatisch sind, sondern das Schwanken zwischen beiden. Die Übertragung, die das zu grelle Licht der Triebreize durch den Schatten der früheren Beziehungen dämpft, stabilisiert die analytische Situation, um sich von neuem in frühere Situationen zu flüchten.

Diese Auffassung der Übertragung als die analytische Situation hemmendes, stabilisierendes und reduzierendes Element scheint in völligem Gegensatz zu den narzißtischen Theorien der analytischen Kur zu stehen, denen zufolge der narzißtische Zustand zu Beginn der Behandlung durch das Aufkommen der Triebreize gestört werde, die der Übertragung entsprechen.

In Wahrheit führt die Übertragung der »letalen Komponente« des Narzißmus ebenso viele Elemente zu, wie sie ihr entzieht.

Im übrigen sind wir der Ansicht, daß die »letale Komponente« des Narzißmus keine bloße Komponente ist, oder wenn man will, daß sie total ist.

Der narzißtische Rückzug ist tödlich, nicht nur im sekundären Narzißmus, insofern er vom Objekt abgewendete Aggressionen nach sich zieht, sondern auch im primären Narzißmus selbst, insofern die unerläßliche Seelenruhe eine Minderung der Spannungen auf Null beinhaltet.

In Wahrheit begreifen wir die Übertragung als ein Schwanken zwischen zwei Polen, einem narzißtischen Pol und einem Objektpol.

Die Übertragung ist weder narzißtisch noch objektbezogen, sie markiert lediglich am Analytiker den Grenzpunkt ihres narzißtischen und objektbezogenen Ergebnisses.

Sie ist nur eine Verschiebung von Figuren, von aufgeschobenen Prozessen.

Bald bezieht sie sich, aufgrund der Unvollständigkeit oder besser der Ungewißheit dieser Figuren, durch die mangelnde Bewältigung der Konflikte, die ihnen entsprechen, auf den imaginären, symbolischen oder »realen« Träger des Analytikers, die Figur dieser Unvollständigkeit selbst. Die Übertragung befragt nun den Analytiker und sucht in einer Antwort die Gewißheit, die es ihr ermöglicht, diese oder jene Figur als imaginär, symbolisch oder real zu erkennen.

Bald kämpft die Übertragung, durch die Fixierungen, durch die Summe der bewältigten oder überwundenen Konflikte, durch den Charakter, durch die »Legislation« der Gegenbesetzungen, durch die tödliche Wiederholung der Ansprüche, in denen die Antworten in der Frage impliziert sind, gegen jede Neuerung, garantiert die Stabilität unvorhergesehener Situationen, beugt dem Unerwarteten vor.

Diese Figuren sowie die Konflikterfahrungen, die mit ihnen verknüpft sind, haben sowohl einen narzißtischen Integrationswert wie einen tödlichen Wiederholungswert.

Doch was versteht man unter einer Figur, wenn man sagt, sie werde übertragen?

Wenn man sich auf den Begriff des Triebs als Grenzbegriff zwischen Körperlichem und Seelischem verläßt, muß man, um die Grenze zu überschreiten, die Figur zumindest in Form einer Vorstellung begreifen.

Die Figur bezeichnet dann in unserem Zusammenhang die kleinste Einheit, die in einer Assoziationskette figurieren kann, d. h. das, was wir ein Psychem nennen.
Das Psychem läßt sich weder dem Wort, noch dem Phonem, noch irgendeiner anderen Punktuation der Sprache gleichsetzen, ebensowenig dem Begriff, der nur einen reflektiven Moment auf einem Psychem oder einer Reihe von Psychemen markieren kann, sondern muß eben als die kleinste in der Phantasie verschiebbare Einheit begriffen werden.
In dieser Hinsicht läßt sich das Psychem als Angelpunkt sowohl der Identifizierung, wie der Introjektion, wie der Übertragung begreifen, außer daß das Schicksal der Psycheme gerade von den Mechanismen modifiziert wird, die es in einer von der Phantasie bestimmten Absicht einschließen.
In diesem Sinne sind die Introjektion und die Projektion lediglich Mechanismen, welche die vektorielle Richtung angeben, in welcher die Psycheme passieren können.
Die Frage ist, ob sich ein Status der Psycheme in Betracht ziehen läßt: z. B. ob man ein Identem oder ein Introjekt definieren kann, ohne die Bindung der Vorstellungen an die Wortreste ins Spiel zu bringen, was bedeuten würde, daß es kein Psychem gibt, das nicht notwendig ein Signifikant ist.
Man kann sich dann ein ursprüngliches Psychem denken, das in den Mechanismen des Denkens eine determinierende Rolle spielt, z. B. die Reihe: Brust, Penis, Kind. Wobei diese Reihe als Psychem nur begreiflich ist, weil sie eine Reihe ist und bei keiner Etappe ihrer Vorstellung stehenbleiben kann, sondern im Gegenteil aus ihrer Symbolik die Kraft bezieht, durch jedweden dieser Signifikanten vorgestellt zu werden.
Was die Übertragung betrifft, die sich, wie wir sahen, den Mechanismen der Introjektion oder Projektion nicht gleichstellen läßt, so können die verschobenen und als kleinste verschiebbare Einheit begriffenen Psycheme von der »Dimension« des kleinsten symbolischen Details wie von der Vorstellung einer ganzen Person abhängen, die eine Zeitlang zur kleinsten vorgestellten Einheit wird.
Wenn wir nun die den ersten primären Identifizierungen entsprechenden primären Psycheme von den sekundären Psychemen unter-

scheiden müssen, dann sehen wir, daß man die Psycheme nicht einmal auf der primären Ebene für eindeutig halten kann, wir können sie nur mittels ihrer Nachkömmlinge, den Begriffen erfassen.
Was nichts anderes heißt, als daß es undenkbar ist, sie anders als durch die Differenz groß–klein, voll–leer, stark–schwach zu erfassen. Alles Begriffe, deren Gegensinn sich in den Urworten wiederfindet und in denen Freud[4] eine Bestätigung seiner Auffassung des Gedankenausdrucks im Traum erblickte.
Wenn auf der Ebene der Begriffe der Sinn des Begriffs selbst nur durch die Differenz erscheint oder wenn auf der Ebene der Bilder, wie Freud meinte, der Wert nur aufgrund des Gegensatzes erscheint, läßt sich das Psychem als Erzeuger dieses Gegensatzes begreifen und liegt daher auf der Ebene des Trennungsstrichs.
Ob sich die Psycheme nun zu assoziativen Komplexen gruppieren; ob sie sich aufgrund der Fixierung um die zentrale Figur einer Person oder einer Rolle aufzubauen scheinen; ob man ihnen aufgrund des Wesens der Beziehungen, in denen sie Platz greifen, den Wert eines Bildes verleiht oder ihnen aufgrund ihrer Eindringlichkeit im dialektischen Feld der Übertragung den Wert (oder, wie manche sagen, sogar die Natur) eines Signifikanten beimißt – alle diese verschiedenen Gruppierungen können ihre Kohärenz nur finden, wenn sie auf das Denken und die unbewußten Ideen bezogen werden, die durch die Übertragung, d. h. über den Umweg eines anderen Denkens und einer anderen Subjektivität, das Mittel finden, bewußt zu werden.

4 S. Freud, *Über den Gegensinn der Urworte*, *GW* VIII (1910)

Kapitel II: Die Realität der Übertragung

Ebenso wie die »sexuelle Realität«, d. h. die Feststellung des Geschlechtsunterschieds, sich zunächst als ein sei's auch unvermeidlicher Zwischenfall der psychosexuellen Entwicklung darstellt, während er in Wahrheit eine absolute Determinante ist, ebenso erscheint die Übertragung zunächst als ein Hindernis in der Kur, während ihre Aufdeckung über den Verlauf dieser Kur und gleichzeitig über die Tatsache Klarheit schafft, daß sie als Hindernis erscheinen konnte.

Soll das jedoch heißen, daß die Übertragung eine Realität *ist*? Die Versuchung ist groß, die Übertragung in etwas Reales umzumünzen. Das Wesen der Übertragung liegt in der *Bewegung*, die einen Beziehungsmodus überträgt und wiederholt; sie ist nicht diese Beziehung, sie ist deren Übertragung.

Gewiß untersteht diese Verschiebung einer »psychischen Realität«, das heißt, daß man sie zu Recht als das Objekt einer Erforschung, einer Erhellung, zuweilen einer Deutung betrachten kann, es heißt auch, daß sie durch die Intensität der Kräfte, die sie befördert, versucht, den Anforderungen der äußeren Realität den Rang abzulaufen. Doch auch wenn ihre Konstanz, ihre Permanenz, ja ihre Unwandelbarkeit sie für real ausgeben mögen, halten wir an dem Prinzip fest, daß sie mehr wahr als real ist.

Damit ist die Frage gestellt, ob das, was verschoben, übertragen, ja in, über, durch und mit dem Analytiker sublimiert wird, als real bezeichnet und für real gehalten werden darf.

Verwirrung entsteht durch die Verwendung von Ausdrücken wie »Ursprung der Übertragung« (M. Klein) oder Basisübertragung oder Basis der Übertragung.

Man könnte einwenden, das sei reine Wortklauberei, doch gerade die Wörter sind beweiskräftige Fallen.

Diese Ausdrücke verleiten zu der Vorstellung, daß die Übertragung eine feste Beziehung sei, die man sich als einen Querstrich, ein Segment denken könnte, das sich in der Kindheit gebildet habe und sich nun plötzlich in der Aktualität der analytischen Situation wiederfinde.

Bei einer strengen Definition der Übertragung ergibt das keinen Sinn, denn die Übertragung kann einer Beziehung lediglich entsprechen. Sie ist die Verschiebung einer Beziehung, es kann nicht in der Kindheit eine kleine Übertragung geben, die sich später zu einer großen Übertragung entwickelte. Die Konstanz des Triebs erlaubt lediglich die Behauptung, daß es etwas Permanentes, Konstantes, *Auffindbares* gibt, nicht aber etwas Reales.

Der Terminus »Übertragungsobjektbeziehung« (*relation d'objet transférentiel*), obwohl im System von Maurice Bouvet völlig kohärent, läßt sich schwerlich auf einen anderen theoretischen Korpus übertragen, gerade weil er die Übertragung mit einem zu starken Realitätszeichen objektiviert.

Aus der Unterscheidung, die wir zwischen direkter und indirekter Übertragung treffen, folgt nämlich, daß nicht nur ein Unterschied, sondern auch ein Gegensatz zwischen der direkten Objektbeziehung in der Übertragung und der Übertragung selbst besteht, die nichts anderes ist als die Gestaltung, die Verschiebung, zuweilen die Sublimierung dieser Beziehung.

Dieser Gegensatz ist das Feld, auf dem dynamisch die Kräfte der Gegenübertragung wirken, die spontan darauf zielt, die erotische Beziehung indirekt zu machen, um sich vor ihr zu schützen, und diejenige direkt zu machen, die auf den vielfachen Wegen des Widerstands bestrebt sein soll, die analytische Beziehung auf einen nicht signifikanten Wert zu reduzieren.

Doch sofern eine Kindheitsbeziehung definiert und gleichsam erkannt werden kann oder wir, den Standpunkt wechselnd, die Haltung eines genetischen Psychoanalytikers einnehmen, sogar zur »direkten Beobachtung« eines Kindes schreiten, dann könnten wir eine Bewegung, die für ihr Objekt konstitutiv wäre, real nennen, kurz, wir könnten ein Verhalten objektivieren.

Doch in der eigentlichen analytischen Erfahrung sind wir, da wir eine solche Bewegung nicht erkennen und kategorisieren können, darauf beschränkt, die Permanenz, die Unwandelbarkeit, die Rigidität einer »Haltung« in der analytischen Beziehung zu konstatieren.

Der Anspruch wird so drängend (und das ist das grundlegende Thema der endlichen und der unendlichen Analyse), daß er sich dann nur als Widerstand deuten läßt: Widerstand gegen die Analyse, wir würden besser sagen, Widerstand gegen den Analytiker.

Dieser Widerstand wird schließlich, aufgrund seiner Konstanz, zu einer Realität.

Er läßt sich nun als die Remanenz einer früheren Realität deuten, als die Neuauflage einer infantilen Beziehung, in der der Negativismus vorherrschte, diesen Negativismus dann selbst auf das allgemeine Prinzip des Todestriebs zurückführen, dessen Ausdruck die Wiederholung kennzeichnet.

Es geht hier um eine doppelte Verdinglichung, zu der Freuds Text *Die endliche und die unendliche Analyse* eher den schlecht begriffenen Vorwand als das wahre Argument liefert.

Die erste dieser Verdinglichungen besteht darin, zu meinen, der Negativismus des Kindes sei ein Zustand und würde sich folglich nicht in eine dialektische Beziehung einschreiben.

Die zweite ist, diesen Negativismus auf eine »substantielle« Theorie des Todestriebs zurückzuführen, der zufolge die Wiederholung lediglich einen biologischen Status hat.

Wenn man nun aber das Problem des Widerstands in sein wahres Feld, das einer dialektischen Beziehung, zurückbringt, versteht man, daß die Beharrlichkeit, die Wiederholung und sogar die Remanenz einer negativistischen Situation nur das Negativ eines Anspruchs darstellen, selbst wenn dieser Anspruch kein anderes Mittel findet als die Wiederholung, um zu seinem Ziel zu gelangen, d. h. eine Antwort zu erhalten.

Darauf, so scheint mir, muß man den Teil der Übertragung beziehen, den Freud als *Neudruck, Neuauflage* und nicht als Wiederholung bezeichnet.

Entweder ist der Anspruch wirklich ein Anspruch, und was übertragen wird, zielt darauf ab, mittels der Übertragung eine Antwort zu erhalten, dann ist die Wiederholung das geeignetste Mittel zu diesem Zweck, oder aber die Wiederholung ist schiere Wiederholung, d. h. toter Buchstabe. Doch in diesem Fall ist unklar, was sie mit der Übertragung zu tun haben sollte.

Neudruck und Neuauflage sagen deutlich, was sie sagen wollen, und man erkennt an ihnen das schriftliche Zeichen ihrer Absicht.
Die Schrift übernimmt hier ihre Funktion der Dauer; es muß niedergeschrieben sein; es gibt keine Trauer ohne Epitaph, und es ist nur allzu bekannt, wieviel Voreingenommenheit eine Grabrede und wieviel Ambivalenz eine Lobrede birgt.
Das Epitaph hingegen zeichnet und besiegelt.
Scripta manent, verba volant.
Der pfiffige *Petit Larousse* sagt deutlich, daß es sich hier um ein Sprichwort handelt, welches Vorsicht bei Umständen gebietet, unter denen es unklug wäre, auf die materiellen Beweise einer Meinung zu verzichten.
Doch die analytische Situation bietet im Gegenteil, mittels des *Unwiderruflichen,* die Chance, die Übertragung für immer als verbürgt einzuschreiben.
Was man Widerstand *durch* die Übertragung (Maurice Bouvet) genannt hat, findet in Wahrheit im *Unwiderruflichen* seine Bestimmung. Neuauflage und Neudruck bringen diese Bedeutung der Schrift, ein Widerstand zu sein, deutlich zum Ausdruck.
Es steht uns jederzeit frei, diesen Widerstand durch die Übertragung auf irgendein allgemeines Prinzip des Negativismus zurückzuführen, das durch seine Absicht den besonderen Zwischenfall eines Widerstands durch die Übertragung übersteigen würde.
Doch im Augenblick, da es uns darum geht, den Ort der Übertragung wieder ins dialektische Feld zu stellen, sehen wir, daß sie sich in einen Gegensatz »einschreibt« und daß wir nun den Begriff der *negativen Übertragung* ins Spiel bringen müssen.
Streng definiert, rührt die negative Übertragung einzig von der Wiederbelebung feindseliger Regungen und ihrer Verschiebung auf den Analytiker her. Der Ausdruck dieser feindseligen Regungen läßt sich in einer Analyse tatsächlich sehr gut erkennen, er drückt sich entweder direkt aus oder bedarf einer Entzifferung.
Doch ein Narr, wer darauf baut, ganz einfach weil man imstande sein muß, den dialektischen Moment zu deuten, in den sich der Ausdruck dieser feindseligen Regung einschreibt. Äußert sich in dieser oder jener ungünstigen Bewertung des Analytikers enttäuschte Liebe? Ist sie das Zeichen eines Umschlags von Liebe in Haß? Oder

im Gegenteil die direkte Spur einer ursprünglichen Verwerfung? Offenbart sie den Ausdruck des Neids? Doch impliziert sie in diesem Fall nicht die vorherige Erkenntnis beneidenswerter Eigenschaften usw.? Eine Problematik, die sich, *mutatis mutandis,* ebensogut durch die Äußerungen einer Übertragung mit positivem Ausdruck aufwerfen ließe.

Seien wir uns darüber im klaren, daß der Begriff der Ambivalenz trügerisch ist, wenn er darin besteht, dieses Problem durch die Behauptung lösen zu wollen, daß letztendlich alles mit allem zusammenhängt und man überhaupt nicht wissen kann, ob man es mit Kraut oder mit Rüben zu tun hat.

Der Begriff der Ambivalenz darf nicht dem der Mischung gleichgestellt werden, eher mit dem, was er an erstarrter, ja aufgeschobener Dialektik birgt.

So spricht man von Ambivalenzgraden, einer schwachen oder starken Ambivalenz, die etwas aussagt über den Grad des Gleichgewichts der Kräfte, über ihr Verhältnis, nicht aber über diese Kräfte selbst.

Eine Auffassung der Übertragung, die dahin tendierte, sie als bloßen Übertrag zu deuten, als schiere Wiederholung einer früheren Beziehung anhand einer aktuellen Objektbeziehung, Übertragungsobjektbeziehung genannt, kann den negativen oder positiven Ausdruck der Übertragung nur als Wiederholung und Verschiebung einst verspürter, dann verdrängter, dann wiedergefundener Regungen betrachten, so daß sich die Deutung oder die Bewußtwerdung nur in folgender Formulierung begreifen läßt: »So war es früher, und so ist es auch heute.«

Die Ironie, mit der wir diese Bewegung beschreiben, darf uns nicht täuschen und uns verbergen, daß diese Bewegung tatsächlich existiert, aber nur einen Moment in ihrer dialektischen Drangsal zum Ausdruck bringt, und daß, wenn man auf so richtigem Wege stehenbleibt, das analytische Denken *selbst stehenbleibt* und sich damit selbst als reine Wiederholung konstituiert.

Wenn wir der analytischen Situation ihren Gegenübertragungspol zurückgeben, stellen wir fest, daß der positive oder negative Effekt der Übertragung als solcher nur wahrnehmbar ist, weil er der Gegenübertragungsströmung entgegensteht und damit Effekte

von Konkordanz und Diskordanz, Harmonie oder Disharmonie determiniert, wie wir sie im ersten Kapitel veranschaulicht haben.
Diese Effekte von Harmonie oder Disharmonie sind dann die einzigen, die es gestatten, diesem oder jenem negativen oder positiven Ausdruck der Übertragung seinen wirklichen Stellenwert in der dialektischen Entwicklung zuzuweisen, zu dekretieren, daß diese oder jene Bewegung des Hasses nur der Umschlag der Liebe ist, zu dekretieren, daß diese oder jene andere der unmittelbare Ausdruck einer Identifizierung ist, usw.
Man wird nun bemerken, daß der Begriff des Widerstands und der negativen Übertragung als korrelativ, sogar als wesensgleich betrachtet werden können, wie es bei Freud der Fall ist, demzufolge der Widerstand gegen die Erhellung der unbewußten Phänomene und der Widerstand gegen den Analytiker ein und dasselbe ist.
Das setzt natürlich voraus, daß man umgekehrt das *Bündnis* des Analytikers mit seinem Patienten als eine Kraft versteht, die dasselbe Ziel verfolgt, ein Bündnis, dessen biblische Akzente bei Freud ein besonderes Echo finden und das mystische Feld der Analyse öffnen.
Moses steht am Horizont dieser Bewegung, die man technisch als Sublimierung deuten mag, dialektisch jedoch nur als Begegnung, Adoption und schließlich Absegnung der analytischen Entdeckung begreifen kann.
Der Adept, der Schüler, der Sohn oder der Verbündete finden hier die Zeit ihrer Heraufkunft in der Phantasie, einer Heraufkunft, deren Zwischenfälle den Prozeß der Filiation, des Opfers, der Kastration erneut in Gang setzen, deren Überwindung jedoch dazu berechtigt, einen gemeinsamen Vorsatz zu fassen: das kollektive Ideal einer Menge zu zweit.
Die historische Heraufkunft der Analyse konnte sich zu Freuds Zeiten dadurch verdoppeln, daß sie die besondere Heraufkunft jeder neuen Kur war.
Kein Klient, der nicht ein potentieller Adept wäre, keiner, der nicht sowohl der Entdeckung seiner selbst wie der Perspektive der Bewegung des analytischen Denkens Widerstand leistete, keiner, dessen Projekt nicht gleichzeitig ein Projekt des Freudschen Denkens wäre.

Diese beiden Zeitabschnitte sind heute durch den Apparat der Gesellschaften, durch die Kodifizierung der Weitergabe der Analyse, durch den *code civil* der Filiation getrennt, der uneheliche Kinder ausschließt.
Doch das Bündnis bleibt der Endpunkt ein und derselben Perspektive: Freud oblag es, so gut er konnte mit Moses zurechtzukommen, seinen Nachfolgern obliegt es, herauszufinden, auf welche Weise diese historische Schwierigkeit am besten auszuräumen ist.
Wenn wir somit den Grenzpunkt der Lösung einer positiven Übertragung als einen mystischen Punkt hervorheben, so deshalb, um zu unterstreichen, daß dieser Punkt nur als Einverständnis begriffen werden kann und daß er, weit entfernt, durch irgendeine Himmelfahrt der Monade der dialektischen Zeit ihrer Heraufkunft zu entrinnen, im Gegenteil zwei Ströme vereinen muß, die bei dieser Gelegenheit in dieselbe Richtung fließen.
Das Bündnis, das notwendig auf der positiven Übertragung und der positiven Gegenübertragung gründet, verdankt seine Positivität nur der Übereinstimmung. Es läßt sich nun vorstellen, daß dieses Einverständnis die Keime eines bösen Endes in sich birgt, wie bei jenen Blinden, die Breughel malte und von denen der erste in der Reihe in einen Graben gestolpert ist. Denn das Bündnis läßt sich nur als Einverständnis auf derselben Seite des Widerstands begreifen, und genau dies ist die sicherste Verführung, bei der sich der Analytiker und sein Patient in der Tat auf derselben Seite der Barriere wiederfinden, um gemeinsam gegen die Aufdeckung des Sinns Widerstand zu leisten. Man sieht jetzt, daß die positive Übertragung nur bezogen auf den Wunsch des Analytikers positiv ist und eine andere, absolutere Positivität voraussetzt.
Diese absolute Positivität verrät sich vollkommen in der Analyse, in welcher der Sinn sich vor den Augen des Analytikers wie seines Patienten als eine neue Tatsache zu entschleiern scheint, die beide übersteigt: dann gibt es keine Vorgängigkeit der Gegenübertragung mehr, keine Frage und keine Antwort mehr. Dann findet die Überwindung der dialektischen Momente ihre Lösung in der Enthüllung eines Sinns, der die Positivität oder Negativität der Übertragung weit hinter sich läßt, die ihr doch als Sprungbrett dienten.
Die Deutung, die wir hier der positiven und negativen Übertra-

gung geben, schreibt sich also in die kontrapunktische Bewegung ein, die in unseren Augen den analytischen Prozeß zu kennzeichnen scheint. Deshalb drückt sich die negative Übertragung durch einen Gegensatzeffekt aus, die positive durch den eines Einverständnisses. Dieser Effekt des Einverständnisses oder des Gegensatzes läßt sich nur begreifen, weil er dem Standpunkt des Analytikers entgegensteht oder mit ihm übereinstimmt, welcher Standpunkt adäquat oder hinfällig sein kann.

Halten wir ihn für adäquat, wenn z. B. Konstruktion und Rekonstruktion in der Analyse die Richtung einer immer weiter fortschreitenden Erhellung nehmen, dann können wir Widerstand und negative Übertragung unter ein und demselben Terminus fassen und sagen, daß Widerstand gegen den *Analytiker* und Widerstand gegen die *Analyse* ein und dasselbe ist.

Wenn wir dagegen den Standpunkt des Analytikers für hinfällig halten, läßt sich diese Hinfälligkeit kaum von einem absoluten Standpunkt, noch »außerhalb« der analytischen Situation beurteilen. Man kann nicht im Namen einer höheren Wahrheit, einer besseren Technik, einer idealen Extrapolation verfügen, daß diese oder jene andere Deutung bessere Früchte getragen, diese oder jene Sackgasse vermieden, den Widerstand gemildert hätte, usw.

Man kann diese Hinfälligkeit nur in Funktion der Interaktionen der Übertragung und Gegenübertragung *deuten,* die zu einer solchen Hinfälligkeit geführt haben.

Man mag vielleicht berechtigt sein, ein kritisches Urteil abzugeben, doch dann wird man feststellen, daß der Analytiker und sein Patient, aufgrund eines Einverständnisses, eine Zeitlang auf derselben Seite der Barriere, auf derselben Seite der Verdrängungskräfte gestanden haben; daß beide, aufgrund einer Komplizenschaft, durch die Kraft der positiven Übertragung und der positiven Gegenübertragung, gleich den Hammeln des Panurg mit Blindheit geschlagen sind.

Ebensogut ließe sich aufzeigen, daß sich unsere beiden Protagonisten auch durch die Interaktion der negativen Übertragungs- und Gegenübertragungsbewegung auf derselben Seite des Widerstands befinden, da sie sich in eine sadomasochistische Beziehung verstrickt haben.

Es gibt also eine absolutere Positivität und Negativität als die der Übertragung; es kann sich nur um eine Sublimierung handeln, d. h. um eine Abweichung der ursprünglich beteiligten Triebe vom Sexualziel. Damit betont man gerade die zwangsläufige Wirkung des Bruchs, des Sprungs, der Loslösung, welche das Band der *Übereinstimmung oder Nichtübereinstimmung* einer Übertragungsbeziehung zertrennt.

Das sicherste Mittel der Deutung besteht nicht immer darin, ins Schwarze zu treffen, weil ins Schwarze treffen stets die positive Übertragung verstärkt oder die negative Reaktion vergrößert.

Wenn jener Sublimierungswert, der Freud zufolge *ein Teil* der Übertragung ist, gewöhnlich vom Analytiker als *erworben* und vom Patienten als *zu erwerbender* verstanden wird, fehlt es doch einiger Beispiele dafür, daß dem immer so ist, und man wird scherzhaft, obwohl es sich um eine fundamentale Tatsache handelt, an jene schlecht geführten Analysen erinnern, die nur dank dem Talent des Analysanden ein hervorragendes Ergebnis zeitigen.

Fügen wir noch hinzu, daß die Steuerung der Kur in ihren strategischen oder taktischen Momenten nicht unbedingt in die Richtung einer Erhellung führt. Sie kann im Gegenteil irgendeinen rätselhaften Punkt im Dunkeln lassen. Der Analytiker macht sich dann vorübergehend zum Verbündeten der Verdrängung, eine Haltung, die keineswegs außergewöhnlich, sondern, vom Schweigen unterstützt, die häufigste ist.

Die Positivität oder die Negativität der Übertragung führt damit zum Begriff des Übertragungseffekts sowie zum Problem der während der Übertragung verschobenen libidinösen Ladungen.

Wie steht es hier um die Realität der Übertragung?

Wenn wir bei der Deutung der Übertragung als schierer Wiederholung bleiben und sie als schlichte Wiederaufnahme einer realen infantilen Beziehung betrachten, die am Analytiker eher wiederholt als auf ihn übertragen wird, müssen wir auch die Übertragung für eine Realität gleich der ersten halten. Dann suchen wir in der Analyse nach den »prototypischen Haltungen«; wir sprechen von Aufspüren und notgedrungen von Objektivierung von Verhaltensweisen, die in ihrer Wiederholung feststellbar und als solche interpretierbar sind. Solche Verhaltensweisen gibt es, solche Feststellungen sind möglich, solche Interpretationen werden praktiziert.

Wenn wir dagegen den Aspekt der Neuauflage, des Neudrucks der Übertragung betonen, wenn wir meinen, daß die Verschiebung nicht nur eine passive Bewegung ist, sondern eine Bewegung, welche die Kräfte, deren Träger sie ist, schafft, erfindet und verwandelt, sogar sublimiert, dann werden wir der früheren Verhaltensrealität weniger Gewicht beimessen, dann werden wir eher die dialektische Bewegung der Gegenübertragungsgegensätze deuten, statt diese oder jene Haltung, diese oder jene Position im Kleinschen Sinn des Terminus festzustellen und zu objektivieren; dann entfernen wir uns von der faktischen Realität der Erlebnisse und halten die Elemente einer Urszene eher für phantasiert, als daß wir nach ihren realen Umständen forschen, usw. Kurz, wir würden wieder zu der Auffassung gelangen, daß die Übertragung nichts Reales ist.

Diese beiden Positionen sind gleichermaßen illusorisch und gleichermaßen wahr, insofern die Realität in der Analyse niemals ein *Tatbestand* ist, sondern gleichsam noch aussteht.

Eine Analyse läuft immer Gefahr, der Realität den Vorrang vor der Phantasie zu geben, wie im übrigen auch in einem »Proustschen« Ehrgeiz zu zerfließen.

Es gibt nicht eine Realität, es gibt nur Realitäten.

Auf dem Grunde jedes Traums, jeder Phantasie, jeder Vorstellung, jeder Erinnerung, jeder Übertragung gibt es einen Pfeiler des Realen, eine Realität, die als Grenze fungiert, insofern eine jede der genannten psychischen Funktionen – Traum, Phantasie, Erinnerung usw. – selbst eine *psychische Realität* darstellt, innerhalb derer die *Grenzrealität* als Opponent fungiert und mit dem Subjektiven im Dialog steht.

Es gibt also vielfache Realitäten, die jedoch rasch ihren absoluten Charakter verlieren, um sich an der psychischen Kategorie zu relativieren, in die sie sich einschreiben. So daß der Tagesrest in bezug auf den Traum, den er veranlaßt hat, eine Realität ist, welche offenkundig nur eine relative ist, da sie sich von einem ob seiner Signifikanz globaleren Erlebnis abgelöst hat. Desgleichen liefert die »Urszene« der sensorischen Erforschung des Subjekts einen »realen« Träger, der jedoch nur gegenüber einer ödipalen Phantasie real ist, die ihn umschließt. Doch das Reale selbst findet

gleichsam etwas Realeres als es selbst, wenn man einräumt, daß es von den phylogenetischen Schemata der Gattung abhängt; welche auf einer letzten Realität beruhen: den Erinnerungsspuren.
Je weiter man in der Theorie fortschreitet, desto relativer wird der Sinn der Realität, in dem Maße, in dem sie sich gleichsam interiorisiert. Auch wenn die Realität weiterhin äußerlich und objektiv bleibt, so kommt doch bald ihre subjektive Absicht ins Spiel.
So kann man der Realität »Rechnung tragen« oder ihre Existenz leugnen; ein Schritt weiter, und man wird sagen, daß die Realität »verdrängt« werden kann, was zweifellos ein unangemessener Terminus ist, jedoch zeigt, daß die Realität schon nicht mehr jenes Äußere ist, das sich entgegenstellt, sondern ein Inneres, das zum Psychischen gehört.
Man wird in der zweiten Topik sagen, daß das Ich den Anforderungen des Es, des Über-Ich und der Realität Rechnung trägt, was dieser letzteren beinahe den Status einer Instanz verleiht.
Letztendlich verschmilzt die Realität mit dem »Sinn der Realität«, der wirklich subjektiv und innerlich ist.
Die Realität ist also vollkommen relativ. Ihre wahre Funktion in der Kur besteht darin, ebenfalls ein dialektischer Terminus zu sein, d. h. dieser oder jener Bewegung des analytischen Prozesses je nach den Erfordernissen entgegenzutreten oder sich mit ihr zu vereinen.
Was die Bestimmung der »Realität« eines traumatischen Erlebnisses betrifft, so ist dies ein rein theoretischer oder, wenn man will, wissenschaftlicher Standpunkt, der dem eigentlichen analytischen Prozeß zwar entgeht, aber dennoch von einer Gegenübertragungsposition zeugen kann (reflektives Moment), wie wir im ersten Kapitel des ersten Teils gezeigt haben.
Die endlosen Diskussionen einiger Autoren (Ida Macalpine, Silberberg, Glover) um die Frage, ob die äußeren Umstände der analytischen Sitzung auf das Konto der Realität oder der Übertragung gehen, z. B. der Händedruck, das Öffnen der Tür und sogar einige *acting outs* usw., haben in meinen Augen keinerlei Wert, weil die »Realität« nicht an diesem oder jenem absoluten Ort eines äußeren Umstands liegt, sondern eng von der dialektischen Bewegung abhängt, die man ihr verleiht, so daß ein bestimmter Händedruck

sowohl von einer Realität im Sinn einer Opazität des Widerstands wie von einem Gegenübertragungsausdruck im dialektischen Sinn des Worts zeugen kann. Wichtig ist, ob sie sich einer Deutung in der Übertragung entzieht oder nicht; sie kann Realität sein, weil sie als solche unüberwindlich sein will, oder Realität im Sinne der psychischen Realität, weil sie einem unbewußten, in der Übertragung deutbaren Determinismus untersteht.

Statt die Realität der Übertragung zu bestimmen, ist es vorzuziehen, von Realitätszeichen zu sprechen, wobei der Wert dieses Zeichens natürlich während der Behandlung determiniert werden muß und von dem Wert abhängt, den der Analytiker und sein Patient ihm verleihen.

Die Bedeutsamkeit dieses Zeichens wird verständlicher, wenn man den Realitätsgrad berücksichtigt, den Ausdrücke wie *Vaterübertragung* und *Mutterübertragung* beinhalten.

Vaterübertragung, Mutterübertragung

Diese Ausdrücke scheinen der These einer Realität der Übertragungsbeziehung Kredit einzuräumen, die nun streng väterlich oder mütterlich würde und bei der das Realitätszeichen einen sehr hohen Wert annehmen könnte.

Es empfiehlt sich an dieser Stelle, an die Freudsche Konzeption bezüglich der allgemeinen Neurosenlehre zu erinnern; denn präziser kann man in diesem Punkt gar nicht sein:

»Es ist auch die Mahnung nicht unangebracht, daß wir aus den Verteilungen der Libido, die sich während und durch die Behandlung herstellen, keinen direkten Schluß auf die Unterbringung der Libido während des Krankseins ziehen dürfen. Angenommen, es sei uns gelungen, den Fall durch die Herstellung und Lösung einer starken Vaterübertragung auf den Arzt glücklich zu erledigen, *so ginge der Schluß fehl, daß der Kranke vorher an einer solchen unbewußten Bindung seiner Libido an den Vater gelitten hat.* Die Vaterübertragung ist nur das Schlachtfeld, auf welchem wir uns der Libido bemächtigen; die Libido des Kranken ist von anderen Positionen her dorthin gelenkt worden. Dies Schlachtfeld muß nicht notwendig mit einer der wichtigen Festungen des Feindes zusammenfallen.

Die Verteidigung der feindlichen Hauptstadt braucht nicht gerade vor deren Toren zu geschehen. Erst nachdem man die Übertragung wieder gelöst hat, kann man die Libidoverteilung, welche während des Krankseins bestanden hatte, in Gedanken rekonstruieren.«[1]

Bei den dynamischen Veränderungen, die während der Behandlung auftreten, ist also eine Vaterübertragung *festzustellen.* Der Terminus Vaterübertragung unterscheidet sich nun vom Terminus der Übertragung im allgemeinen Sinn und kennzeichnet die Verschiebung eines Vorstellungskomplexes auf die Person des Arztes.

Wie man sieht, läßt sich die Realität der Übertragung hier nur mit einem sehr schwachen Zeichen bewerten. Die wahre »Realität« einer archaischen Beziehung im genetischen Sinn läßt sich nur durch eine theoretische Rekonstruktion bewerten, nachdem auch die letzte Übertragung beseitigt worden ist.

Es liegt auf der Hand, daß der Gebrauch der Ausdrücke Vaterübertragung und Mutterübertragung unter dem ausdrücklichen Vorbehalt gerechtfertigt sind, daß sie niemals als pure Wiederholung einer historischen Realität, sondern als Neugestaltung, als neue und vorübergehende Verteilung der psychischen Energien während der Behandlung verstanden werden.

Der Begriff der Fixierung stützt hier den Gebrauch dieser Ausdrücke; die Fixierung der Strebung definiert Freud[2] als die Tatsache, daß eine Partialstrebung auf früheren Stufen der Entwicklung zurückgeblieben ist, nichts weiter.

Nun ist es wichtig, die Beziehungen zu erfassen, welche die Regression und die Fixierung vereinen, um den Ort der Übertragung im Hinblick auf diese beiden Begriffe richtig zu situieren.

»Zu einer solchen Regression wird sich die Strebung veranlaßt finden, wenn die Ausübung ihrer Funktion, also die Erreichung ihres Befriedigungszieles, in der späteren oder höher entwickelten Form auf starke äußere Hindernisse stößt. Es liegt uns nahe anzunehmen, daß Fixierung und Regression nicht unabhängig voneinander sind. Je stärker die Fixierungen ausweichen, desto widerstandsunfähiger erweist sich also die ausgebildete Funktion gegen äußere Hindernisse ihres Ablaufes. Denken

1 S. Freud, *Vorlesungen zur Einführung in die Psychoanalyse*, *GW* XI, 474 (Hervorhebungen von uns)

2 Ibid., 352 f.

Sie daran, wenn ein Volk in Bewegung starke Abteilungen an den Stationen seiner Wanderung zurückgelassen hat, so wird es den weiter Vorgerückten naheliegen, sich bis zu diesen Stationen zurückzuziehen, wenn sie geschlagen werden oder auf einen überstarken Feind stoßen. Sie werden aber auch um so eher in die Gefahr der Niederlage kommen, je mehr sie von ihrer Anzahl auf der Wanderung zurückgelassen haben.«[3]

Trotz dieser kriegerischen Metaphern ist begreiflich, daß in diesem Fall die Aktualität der analytischen Situation sowie die Realität des Analytikers eine Quelle für Reize bilden kann, die so stark sind, daß sie der Befriedigung der unbewußten Strebungen als Folie dienen, und daß deshalb eine regressive Bewegung in Gang kommt, in deren Verlauf die bevorzugten Punkte einer Mutter-, Vater- oder sonst einer Fixierung in Erscheinung treten, die man jedoch nur mit Bezug auf die ersten von der Libido geprägten Objekte so benennt, die bekanntlich inzestuöser Natur sind.

Oft wird die sogenannte Vater- oder Mutterübertragung aufgrund einer Art Mißbrauch des Wissens voreilig als solche gedeutet, ohne daß man sich um die Zwischenstufen der Fixierung kümmerte, um die Wegunfälle, die vielfachen Konnotationen des Familienrahmens, die äußerst wichtige Rolle der Geschwistersituation oder der Fixierung von Partialstrebungen auf Objekte, die scheinbar vom Familienkomplex weit entfernt sind.

Gewiß lassen sich alle diese Zufälle der Fixierung auf den zentralen Komplex des ödipalen Dreiecks zurückführen. Doch statt diesen zentralen Komplex als Ausgangspunkt zu begreifen, würde es sich häufiger empfehlen, ihn als stets rätselhaften, stets überraschenden, stets neu zu entdeckenden Endpunkt zu betrachten.

Der analytische Prozeß bezieht nun aber seine Kraft im wesentlichen aus zwei Dingen: aus der Erhellung der unbewußten Phänomene, die sich zu rätselhaften Komplexen organisiert haben sowie aus der Verschiebung der Elemente dieser Komplexe. Doch die Dynamik der Übertragung, d. h. alles, was bewirkt, daß »es jetzt nicht mehr ganz dasselbe ist«, rührt daher, daß die Verschiebung, wiewohl virtuell und weil virtuell, die Elemente, die sie verschiebt, verwandelt und mit einem anderen Maß mißt. Auch wenn die Karten stets dieselben bleiben, so sind sie doch anders verteilt.

3 Ibid., 353

Genau in dem Maße, in dem die Übertragung nicht real, sondern wahr ist, kann sie den verschobenen Elementen ihren Erinnerungswert zurückgeben, ihre falschen Zuweisungen entlarven.
Das grundlegende Moment, aufgrund dessen die Triebregung für das Objekt konstitutiv ist, setzt wegen der Permanenz dieser Konstituierung eine Struktur voraus, die sowohl der »Triebgeographie«, d. h. der besonderen Parzelle der erogenen Prädispositionen Rechnung trägt, wie eine Fähigkeit zur Verschiebung dieser Struktur: *die Bewegung, durch welche diese Struktur sich verschiebt, ist die Übertragung.*
Die Übertragung ist nicht diese Struktur.
Sie ist die Bewegung, durch welche diese Struktur ihre zu Komplexen organisierten Elemente verschieben kann.
Diese Bewegung selbst ist nicht frei, sie ist determiniert durch die Struktur, die sich verschiebt, durch die Widerstände oder die Erleichterungen, die ihr entgegenstehen können.
In diesem Sinne haben die infantilen Fixierungen, aufgrund des Vorherrschens einer historisch determinierten Objektwahl, eine Rigidität der Verschiebung sowie eine Art fatale Strenge ihres Ergebnisses zur Folge.
Die Übertragung hängt eng mit der Wiederholung komplexer Triebkreisläufe zusammen, die auf die vorherbestimmten Fixierungspunkte stoßen, und in diesem Sinne sind die Ausdrücke Vaterübertragung und Mutterübertragung begründet, insofern diese Beziehungen eher Fixierungen als eine freie Bewegung erklären.
Aus diesem Grunde gehen die Termini *Objektpol* und *narzißtischer Pol der Übertragung* – die keine Begriffsbestimmungen der Übertragung sind, sondern die punktuellen Grenzen ihrer Äußerungen – über die historischen Zufälle der Fixierung hinaus und erklären besser die Labilität, aufgrund derer sich während einer Sitzung, wenn nicht einer Sequenz, ja sogar eines einzigen Worts oder einer Pause, der Träger der Übertragung, der Analytiker, als väterlich oder mütterlich bezeichnen läßt.
Der Analytiker ist nicht das Objekt der Übertragung, er ist nur der Grenzpunkt ihres phantasierten, objektbezogenen oder narzißtischen Ergebnisses.
Dennoch sieht alles so aus, als sei der Analytiker das Objekt der

Übertragung. Alle Anstrengungen des Patienten, alle unbewußten Kräfte, über die er verfügt, wirken zusammen, um den Analytiker davon zu überzeugen, daß er der Vater »ist« oder »nicht ist«, was auf dasselbe hinausläuft. Jeder sogenannte Gegenübertragungsirrtum des Analytikers besteht darin, ihm zu glauben, ob er nun die Rolle dieser Position auf sich nehmen will oder, durch Identifizierung, ihm absoluten Kredit schenkt.

Diese Tendenzen zur Verdinglichung in der Kur finden in einigen entschieden realistischen Theorien der Übertragung eine Stütze; unter diesen nimmt der so oft zitierte Aufsatz von Ida Macalpine eine Schlüsselposition ein.[4]

Er ist der Grundstein dieser Auffassungen, einmal weil die Autorin ausdrücklich das Thema angeschnitten hat, und zum anderen, weil sie alle Vorstellungen, die ihrem Standpunkt vorausgingen, registriert.

So beanstandet Ida Macalpine, im übrigen zurecht, die Vieldeutigkeiten und Widersprüche in den Übertragungsbegriffen der Nachfreudianer.

Doch unerquicklich wird die Sache, sobald sie das Problem der »gegenseitigen libidinösen Hörigkeit« stellt, auf das Freud in *Massenpsychologie und Ich-Analyse* anspielt.

Freud geht es in erster Linie darum, aufzuzeigen, daß eine grundlegende Verwandtschaft zwischen Übertragung und Hypnose besteht und daß die Suggestion dem analytischen Unternehmen immanent ist, daß jedoch, durch die Möglichkeit, die Übertragung aufzudecken, diese Suggestion gar keine ist. Er gibt damit der Analyse der Übertragung ein ganz präzises Ziel, nämlich die unbewußten Übertragungselemente, sobald sie auftauchen, als solche zu benennen, um ihren Sinn aufzuklären.

Da das Problem der Suggestion von neuem gestellt und Ida Macalpine zufolge nicht gelöst ist, taucht die alte Frage wieder auf, die wir im ersten Kapitel des zweiten Teils ausführlich behandelt haben: wo ist die Suggestion anzusiedeln? Ist sie das Werk des Subjekts, in dem der Operateur nur etwas bereits Vorhandenes auslöst? oder liegt sie auf seiten des Operateurs, der bei seinem Patienten etwas überträgt, was nur ihm gehört?

4 Ida Macalpine, in: *The Psychoanalytic Quarterly*, Bd. XIX, 1950, 501-539

Ida Macalpine bedient sich dieser Problematik mit dem Hinweis auf die Notwendigkeit, Suggestion und Suggestibilität zu unterscheiden. Denn sie bedarf dieser Unterscheidung unbedingt, um die inneren und die äußeren Faktoren zu trennen, welche die Übertragung *determinieren.*

In der Tat ist ihre Optik streng deterministisch; das Problem der Natur der Übertragung hängt von der Frage ab: »was determiniert die Übertragung?«, zweifellos in Anlehnung an das geflügelte Wort: wer die Ursache kennt, kennt auch die Wirkung.

Ida Macalpine zufolge hat man den Fehler begangen, die Übertragung trotz der Existenz auslösender Faktoren als eine spontane Äußerung zu betrachten. Die Übertragung ist induziert, man muß also jene auslösenden Faktoren erkennen und registrieren, und genau das ist die Falle der »Realität«, denn in dieser Optik ist die Übertragung ein Zustand. Jedes analytische Unternehmen läuft darauf hinaus, diesen Zustand zu induzieren.

Es liegt auf der Hand, daß nun, wenn man die Übertragung als einen Zustand betrachtet, der Begriff der Regression ins Spiel kommen muß; ein Begriff, der insofern selbst verdinglicht ist, als diese Regression keine dynamische oder zeitliche Rückkehr zu einer früheren Struktur, sondern diese Struktur selbst ist. So spricht man denn von »Übertragungsregression«, ein Ausdruck, der noch manch anderen Psychoanalytikern aus der Feder fließt.

So hätte die analytische Technik das Ziel, die Übertragung zu induzieren. Tatsächlich determiniert sie, durch die Versagungen, zu denen sie nötigt – Unsichtbarkeit des Analytikers, Schweigen, liegende Stellung, Objektversagung –, einen infantilen Zustand, eine Übertragungsregression, und diese fortschreitende Regression führt zur »Übertragungsneurose«, für die Ida Macalpine folgende Merkmale angibt:

– wenn die Symptome nachlassen;
– wenn das Konfliktniveau erreicht ist;
– wenn der neurotische Konflikt auf die analytische Situation gelenkt wird;
– wenn die Produktivität der Krankheit sich auf einen einzigen Punkt konzentriert, die Beziehung zum Analytiker.

Die Übertragung wäre also ein zunächst unvollständiger Zustand, der im Augenblick der Übertragungsneurose seinen Höhepunkt erreicht; sie ist der Mittelpunkt des analytischen Prozesses; zuvor lag die Natur des Konflikts im dunkeln, doch durch einen gleichsam chirurgischen Eingriff taucht sie mit einem Schlag ans Licht.

Diese Theorie entbehrt nicht eines richtigen Elements. Es stimmt, daß die analytische Situation, durch das Schweigen, die liegende Stellung, den Verzicht auf den motorischen Ausdruck, die Projektion von Elternbedeutungen auf den Analytiker usw., eine Regression induziert. Es stimmt auch, daß ein großer Teil des analytischen Prozesses auf einer Regression beruht, deren Aspekte im übrigen vielfältig sind; es stimmt auch, daß sich ein Teil der Gegenübertragungshaltung nach dieser Regression orientiert.

Doch der Gedanke, daß die Übertragung diese Regression *ist,* ist vollkommen illusorisch. Die Übertragung ist ebensowenig ein Zustand wie eine Realität.

In keinem Fall verschmilzt sie mit der gesamten analytischen Situation, noch weniger mit der Regression, die sie induzieren kann. Vielmehr stützt sie sich auf die verschiedenen Typen der Regression, um *dann* den ursprünglichen Modus zum Ausdruck zu bringen, nach dem sich, *anläßlich dieser Regression,* die Objektwelt bildet.

Auf dieselbe Weise können eine bestimmte neurotische Struktur, ein Fixierungstypus, sogar ein Modus der Gegenbesetzung nur verstanden, wahrgenommen, begriffen und, so man unbedingt will, »diagnostiziert« werden durch ihren Apperzeptionsmodus in der Gegenübertragung, d. h. mit anderen Worten, es gibt keinen Übertragungszustand, sondern nur Übertragungskorrelationen, die den verschiedenen Stufen der Regression entsprechen und sie zum Teil enthüllen.

Man kann sagen, daß jeder Etappe der zeitlichen Regression oder diesem oder jenem Aspekt der topischen Regression eine spezifizische Übertragungsstruktur entspricht. Man kann sagen, *daß die Übertragung von einer der Regression entsprechenden Struktur zeugt,* nicht jedoch, daß sie »diese Regression ausmacht«, denn gerade insofern sie nicht mit ihr verschmilzt, bleibt sie dem Subjekt zur Verfügung und kann, durch die Erhellung ihres Sinns, eine bislang in sich geschlossene Konfliktsituation aufbrechen.

Dies entkräftet in keiner Weise, wie ich wiederholen möchte, das Faktum, daß in der analytischen Situation ein Zustand existieren kann. Zum Teil läßt sich die Regression in den primären Narzißmus als ein Zustand und, einigen zufolge, als eine Struktur begreifen[5], die sich jedoch in jedem Fall von den Äußerungen unterscheiden, durch die sie sich enthüllen.

Ein schönes Beispiel für diesen Unterschied zwischen der »Realität« einer Situation und der virtuellen Kraft einer Übertragungsstruktur liefern die sechs Personen auf der Suche nach einem Autor von Pirandello, der besser als jede gelehrte Abhandlung die »Rolle« der Realität definiert. Man weiß, daß die Begegnung dieser Personen, die aufgrund ihres Wesens bestimmt sind, das Waisenkind, der edle Vater oder die verhöhnte Mutter zu sein, ausreicht, um ein unausweichliches Drama auszulösen.

Unausweichlich wird das unzüchtige schöne Mädchen dem edlen Vater begegnen, der unweigerlich den verlassenen Sohn verlassen wird, da er der verlassene Sohn ist, usw.

Ebenso steht es um die Übertragung, die, als Träger potentieller Tragödien, deren Vektor sie ist, unweigerlich, je nach der Bühne, auf der sie sich entfaltet, dieselben Objekte fordern wird. In jedem Augenblick verficht jede dieser Personen die Realität: jede ist die einzig wahre, da sie *sie* ist.

Die Requisiten, die doch sehr konkret sind und die der Theaterdirektor auf Betreiben jener Realität beischafft, sind nur grotesker Schund gegenüber dem *wahren* Tischchen, dem realen Tischchen, dessen Träger zu sein die Person behauptet. Das Lachen der großen Kokotte, die von einer sehr realen und sehr körperlichen Schauspielerin interpretiert wird, ist nur ein klangvoller Hohn im Vergleich zu dem *wahren* Lachen des schönen Mädchens, usw. Und so behauptet, aufgrund der einen Tatsache, daß sie sie selbst ist, eine jede Person von sich, real zu sein, und glaubt es, doch wie wir wissen, herrscht hier eitle Virtualität, fortschreitende Potentialität. Eigentlich müßten allein die den Personen gegenüberstehenden Schauspieler real sein. Doch die Schauspieler, wiewohl völlig lebendig, sind aufgrund ihres Berufs natürlich unfähig, wirklich sie

5 Vgl. André Green, *Le narcissisme primaire: structure ou état*, *L'Inconscient*, Nr. 1 und 2, Paris

selbst zu sein. Nichts verhindert also, daß das Drama seinen Lauf nimmt und sich vor allem unendlich wiederholt.
Um diesem unausweichlichen Drama ein Ende zu setzen, bedürfte es eines Autors, genauer eines Subjekts. Im übrigen fordern ihn die Personen unentwegt, wenn auch mit mehr oder weniger Überzeugung, so sehr ist ihnen daran gelegen, das, was sie sind oder zu sein meinen, weniger zu spielen (denn die Schauspieler spielen), als zu sein! Wieviel Vorausschau der Übertragung und vor allem welche Überzeugungskraft in diesem reinen Imaginären, das real zu sein glaubt!
Doch kehren wir zur Untersuchung von Ida Macalpine und ihrer Auffassung der Übertragung als einem Zustand zurück.
Es stimmt, daß sich in einigen Analysen die Komplexität der bislang disparaten Übertragungselemente organisieren und die sogenannte Übertragungsneurose bilden kann; es stimmt, daß sich die Konflikte, aufgrund der Übertragung, um die analytische Situation ordnen; es stimmt, daß durch die positive Übertragung die Symptome aufgegeben werden können; es stimmt auch, daß ein Konflikt (mir scheint eher *der* Konflikt) aufgrund seiner Übertragung in der analytischen Situation seinen Ausgang finden kann, weil er transponiert wird, doch verdankt er seine Lösungsfähigkeit gerade der Transposition, denn wenn der Patient wirklich in Konflikt mit dem Analytiker gerät, besteht keinerlei Grund, daß dieser Konflikt eines Tages eine analytische Lösung findet.
Wenn wir also dem Denken von Ida Macalpine eine gewisse Grundlage zubilligen, so deshalb, um festzustellen, daß kein psychoanalytisches Denken sich erlauben kann – anders als das philosophische oder das politische Denken –, sich bis zu Ende zu denken, denn es läuft Gefahr, in der nächsten Dreiviertelstunde widerlegt zu werden. Wer jeden Einfluß der Realität in der Kur verleugnen oder jede Virtualität der Phantasie ausschließen will, begibt sich in Gefahr, ihre Vermischung nicht mehr wahrzunehmen.
Noch schwieriger aber ist es, das Realitätszeichen in einer noch systematischeren Theorie der Kur zu bewerten, wie sie uns die von Melanie Klein vor Augen führt.
Die Realität der Übertragung oder vielmehr ihr Ursprung, ihre

»Basis« wird hier so weit vorverlegt, daß sie einer theoretischen Vorstellung leichter zugänglich wird als einer Feststellung der »Realität«.

Doch eine merkwürdige Umkehrung bewirkt, daß diese Theorie, durch den Kredit, den sie einer Art Realität der Phantasie gewährt, die Übertragungsäußerungen mit einem sehr starken Realitätszeichen versieht, wobei dieses Zeichen die unveränderte Übernahme der frühesten phantasierten Realität in die Aktualität der Übertragung zum Ausdruck bringt.

Wenn Freud bei der Betrachtung der fernsten Ursprünge des Denkens lediglich von einem mit Sensibilität und Bewegung begabten Wesen spricht, schreibt er ihm sogleich ein Gefühl der Hilflosigkeit zu.

Doch was ist diese Hilflosigkeit?

Wie so oft gibt Melanie Klein eine Antwort auf eine Frage, die sie nicht gestellt hat, und ihr Denken scheint sich als nicht mehr aktuelle Ergänzung in ein Problem einzuschreiben, das sich für Freud weit allgemeiner, phylogenetisch und fast kosmisch stellt.

Diese Hilflosigkeit ist für Melanie Klein unmittelbar verkörpert. Was Freud einem Wesen, einem Organismus, letztlich einer metaphysischen und zugleich konkreten Entität zuschreibt, gesteht sie einem primitiven, von der Angst des Todestriebs bedrängten Ich zu.

Jener Säugling ist jemand, der mit etwas ringt.

In seinem Innern ist der Tod am Werk; sein noch unreifes Ich versucht, diese dunkle Kraft abzulenken, indem es sie nach außen projiziert.

Diese äußere Realität bekräftigt nun die heilsame oder unheilvolle Natur der unbewußten Phantasie, denn in diesem wiewohl unreifen »Ich« wohnt das Imaginäre, da die unbewußte Phantasie das unvermeidliche geistige Korrelat der Triebregung ist.

Die Realität ist sowohl jene innere des Triebs, der die Chronik der Phantasien speist, die eine Einheit mit ihm bilden, wie jene äußere, die sekundär auf die Phantasie zurückwirkt.

Bei Freud ist der Weg wesentlich anders: man weiß, wie für das »zur Hilflosigkeit verurteilte Wesen« die halluzinatorische Wunscherfüllung auftaucht, ein vorläufiger Irrtum, dem gegenüber die Realität sich ins Erlebnis der Unbefriedigung wandelt.

In beiden Auffassungen, der Freudschen wie der Kleinschen, bleibt die Realität verifikatorisch, wirft sich das Äußere zum Richter über das Innere auf, doch für Freud wird diese Prüfung von Kräftespielen gelenkt, sie schlägt sich in einer Regulierung der lebendigen Materie nieder: gerade dadurch, daß das geistige Leben vom Lust–Unlustprinzip beherrscht ist, findet seine natürliche Neigung zur Abfuhr eine unmittelbare und vorübergehende Befriedigung in einer Ersatzvorstellung.

Von hier aus ändert das Freudsche Denken den epistemologischen Kurs, denn es ist nicht mehr von der Realität die Rede, sondern von ihrem Prinzip, d. h. von dem Prozeß, durch welchen die Realität als solche akzeptiert wird, um die Unlust zu vermeiden. Auch wenn diese beiden Konzeptionen einander eher ergänzen denn widersprechen, liegen sie doch auf verschiedenen epistemologischen Ebenen.

Die Fragen, die Freud in bezug auf die Realität stellt, liegen auf einer allgemeineren und höheren Ebene als die von Melanie Klein, die dennoch eine Antwort gibt. Die Ebene, auf der Freud die Fragen aufwirft, gestattet es ihm, einen Gegensatz zwischen dem Organischen und dem Geistigen zu wahren, was ihm ermöglicht, dem Trieb den Status eines Grenzbegriffs zu belassen und damit den somatischen Problemen und folglich der symbolischen Umkehrung eine Öffnung auszusparen; zudem sparen sie einen phylogenetischen Raum aus und behalten vor allem die großen regulierenden Prinzipien des geistigen Lebens im Auge, so daß, wenn die Zeit gekommen ist, sich dem Leben jenseits des Lustprinzips zuzuwenden, der Todestrieb sich sowohl als Realität wie als Ansicht der Realität, sowohl als Trieb wie als Triebtheorie begreifen läßt.

Ganz anders stellt sich die epistemologische Ebene von Melanie Klein dar. Es genügt nicht zu sagen, daß sie nur eine zeitliche Verschiebung vornimmt, wenn sie das Stadium der Ichbildung vorverlagert, denn das Ich wird, wenn man es immer weiter zum Ursprung zurückschiebt, selbst zum Ursprung. So daß, was man als langsame und deshalb zufällige Erwerbung aufgefaßt hatte, hier zur Gewißheit wird: die Triebelemente, die das Ich bilden und gegen die es sich sträubt, entsprechen plötzlich den unbewußten Phantasien. Folglich ist die psychische Realität bereits vorhanden.

Für Freud ist die psychische Realität nicht bereits vorhanden, sie gewinnt in seinem Werk wie in der Zeit, die er ihr zuweist, erst in dem Augenblick Gestalt, da die Sexualität im strengen Sinn ihr ein anatomisches Schicksal entgegensetzt, so daß sich diese Realität, die eine äußerliche war, allmählich der geistigen Welt einverleibt, bis man schließlich von psychischer Realität sprechen kann.

Damit umgrenzt sie eine Struktur im eigentlichen Sinn des Worts, denn sie betrachtet ein geschlossenes System, das vom Prinzip eben dieser Realität reguliert wird.

Diese Struktur spaltet dieses Ich, das dann nur der Ort einer Konfrontation ist, in zwei ungleiche Teile: ein Realitäts-Ich und ein ursprüngliches Lust-Ich, von dem jenes sich ablöst.

Der Freudsche Kontext ist der der Biologie, der von Melanie Klein ist Freud *via* Abraham.

Beide haben uns auf die Wichtigkeit eines Kontexts hingewiesen, weshalb wir zu der Frage berechtigt sind, ob die scheinbare Kontinuität dieser beiden Theorien, wiewohl von den Kleinianern behauptet, nicht doch ein widersprüchliches Element birgt.

Freuds theoretisches wie klinisches Verfahren geht von phylogenetischen und biologischen Betrachtungen über die Nervensubstanz aus; diese Betrachtungen stoßen beim Studium der Hysterie auf dieselben Rätsel und offenbaren nun die entscheidende Bedeutung der Sprache.

So stellt sich Freud den Prozeß der halluzinatorischen Vorstellung nach dem Muster des Traumvorgangs vor. Dieser Weg führt ihn zwangsläufig vom Manifesten zum Latenten, von der Oberfläche in die Tiefe.

Doch die Konfrontation der biologischen Fragen mit den Rätseln der Hysterie wäre zweifellos auf der Stufe einer zwar richtigen, aber beschränkten Theorie stehengeblieben, wenn Freuds Selbstanalyse dieser Konfrontation nicht vorausgegangen wäre und sie befruchtet hätte.

Die Theorie des Ödipuskomplexes, die er in der Selbstanalyse entdeckt, erschüttert die Theorie der Verführung. Sie ist es, welche aufgrund der Kraftlinien, die sie zeichnet, die gesamte Gestaltung des Seelenapparates umwälzt.

Diese *Vorgängigkeit* Freuds eigener Phantasien vor dem Zuhören seiner Patienten ist wichtig; noch vor der Entdeckung der Übertragung begründet sie die der Gegenübertragung, da, aufgrund dieser Vorgängigkeit, die klinische Entdeckung von der chaotischen und schmerzhaften Vorgängigkeit Freuds vor sich selbst herrührt. Diese Vorgängigkeit modifiziert notwendig das Realitätszeichen.

Ganz anders erweist sich der Weg der Kleinschen Theorie. Hier finden wir häufiger die Affirmation als den Zweifel.

Jener Vorgängigkeit der Selbstanalyse, die sowohl ihr Licht wie ihren Schatten auf die Stunden der Entdeckung wirft, begegnen wir nicht mehr. Wir befinden uns sofort im Hellen. In der Kleinschen Auffassung nimmt die wissenschaftliche Phantasie des Erfinders den gesamten Platz der Ungewißheit ein, sie kann ihn völlig ersetzen, so daß ein Unbewanderter, der das Feld eines Wissens anstelle desjenigen seines Wunsches sich darin abzeichnen sieht, sie miteinander verwechseln und beschließen könnte, jedem Konflikt, dessen Zeuge er wäre, eine Lösung zu geben.

Das ist zwar eine Karikatur, jedoch eine Karikatur, die einen grundlegenden Unterschied im Schicksal der Realität kennzeichnet.

Dieser grundlegende Unterschied drückt sich zumindest darin aus, daß wir, wenn wir im Fall von Freud von einer wissenschaftlichen Hypothese, im andern von einer wissenschaftlichen Phantasie sprechen.

Doch was ist eine wissenschaftliche Phantasie?

Die Zusammenfügung dieser beiden Wörter, die scheinbar kaum dazu angetan sind, miteinander zu harmonieren, findet eine Grundlage sowohl in der Kleinschen wie in der Freudschen Theorie, die zeigen, daß die Entwicklungsstadien des Kindes durch das Reifen von Theorien über die Sexualität abgesteckt sind. Wenn dieses Reifen bei Freud in den eingestandenen Stadien seiner Selbstanalyse erkennbar ist, erkennbar in dem Sinne, daß man sie vom Neuen zum Alten, von der Oberfläche in die Tiefe fortschreiten sieht, kurz, daß ein Leitfaden sichtbar wird, dann läßt sich in dieser Perspektive die Forschung in Richtung auf eine erste traumatische Realität begründen.

Selbst wenn die Realität des Traumatischen später verworfen wird, so bleibt ihre Richtung doch bestehen. So begreift man, daß ein Traum sich notwendig auf eine Kindheitserinnerung stützt,

die psychischen Räume haben eine Tiefe, so daß sich die Erinnerung nicht einer beliebigen Phantasie unterschieben kann.
Selbst wenn sich eine absolute Äquivalenz dieser beiden psychischen Realitäten feststellen ließe, verleiht ihnen doch letztlich ihr Wert als traumatische Realität eine determinierende Kraft.
Insofern kann man von wissenschaftlicher Hypothese sprechen, worunter zu verstehen ist, daß eben diese traumatische Realität hypothetisch bleibt.
Bei Melanie Klein gibt es keine Risiken der Entdeckung, da es keine Fragen gibt, sondern nur richtige Antworten auf Fragen, die nicht gestellt werden. Daß die Antworten ergehen, bevor noch die Fragen gestellt sind, findet seine Lösung natürlich in einer der Antworten, da das Kind, das bereits die seinen Triebregungen entsprechenden unbewußten Phantasien besitzt, in der Phantasie die Szene organisiert, deren Zeuge es später sein wird. Ihr oraler Zeuge, könnte man sagen.
Dies ist in der Tat die Grundlage einer Phantasie, die man als wissenschaftlich bezeichnen kann, wenn man sie als dogmatische Realität versteht, die jedoch den traumatischen Wert der Erfahrung abschwächt.
Dennoch kann man nicht unterschiedslos den Wert eines Begriffs wie den der »Position« im Werk von Melanie Klein verwerfen.
Solche Positionen können mit einem Begriff der Übertragung vereinbar sein. Das Problem ist um so akuter, als diese Positionen sich unmittelbar um den Analytiker und die analytische Situation organisieren, wie es zwei Träume bezeugen, die Hanna Segal angeführt hat, um den Sinn dieser Positionen zu erhellen; und als sie andererseits die Begriffe der Libidostufen transzendieren, indem sie aufzeigen, daß ihr psychotischer Aspekt in jedweder neurotischen Struktur und selbst beim »Normalen« denkbar ist.
Diese Positionen sind in bezug auf die Übertragung ungleichwertig, denn in der paranoid-schizoiden Position ist nicht die Rede vom Wiedererkennen eines totalen Objekts.
Die Spaltung des Objekts und die Spaltung des Ich, die einander entsprechen, zeugen von einem Zerbersten des schlechten Teils des Ich, und wenn dann die Projektion diese schlechten Teile im Objekt verstreut, zersetzt sie auch dieses, und es entsteht das Ge-

fühl, von vielen äußeren Objekten angegriffen zu werden. Daß sich eine solche Beziehung während der Analyse herstellen kann, steht außer Zweifel, doch hören wir Hanna Segal:

»Im Traum war das Objekt des Patienten, ich selbst, als eine Elternfigur, gespalten...; in dem Maße, in dem ich ein gutes Objekt war, wurde ich als ein einziges Bild dargestellt, seine Analytikerin; die schlechte Seite von mir jedoch wurde nicht durch einen einzigen Raucher dargestellt, sondern durch eine Menge von Rauchern... Die Spaltung zwischen meinem guten Aspekt und dem der Raucherin wurde so streng durchgehalten, daß der Patient in seinen Assoziationen keine Verbindung zwischen den Rauchern und mir herstellte.«[6]

Dieser Traum, das wollen wir betonen, ist ein Behandlungstraum, wie wir ihn auch als spezifisch für die Übertragungsneurose beschreiben. Doch er zerfällt (wie es sich für jede Kleinsche Auffassung gehört) in einen guten Teil und einen schlechten Teil (ich meine den Traum selbst), so daß der Patient im schlechten Teil (dem der Raucher) den Zusammenhang zwischen den Rauchern und dem Analytiker nicht herstellen kann, und wie sollte er auch, da in dieser Beziehung wahrhaftig keine Übertragung stattfindet, deren »Objekt der Analytiker ist«, sondern ein »symbolischer Übertrag«.

Denn in diesem Traum liegt wirklich eine Symbolbildung vor, die Raucher:

»Er war davon überzeugt, daß diese Raucher jene Seite seiner selbst verkörperten, der aufgrund seiner Jagd nach Erfolg, Geld und vulgärer Befriedigungen im Begriff stand, sein Leben und seine Analyse zu ruinieren.«

Doch wird dieses Symbol auf den Analytiker höchstens *angewandt*, es überträgt sich nicht, sondern projiziert sich auf ihn.

Diese Projektion gewinnt einen brutalen, globalen Charakter, ohne Beziehung, ohne Verarbeitung und vor allem ohne Verklammerung mit anderen Signifikanten der Assoziationskette.

Vergleicht man diese Projektion mit dem Übertragungseffekt in der Analyse von Dora anläßlich der gleichen Raucher, so sieht man, daß sich zwei Elemente auf den Rauch beziehen können:

6 Hanna Segal, *Introduction à l'œuvre de Melanie Klein*, Paris 1969, S. 21

»In einem Haus brennt es ... Ich will nicht, daß ich und meine beiden Kinder wegen deines Schmuckkästchens verbrennen«,

wobei sich diese Beschwörung zudem auf eine ziemlich massive Gegenübertragungsäußerung stützt.
Hören wir Freud:

»Der Rauch paßte ja wohl zum Feuer, er wies auch darauf hin, daß der Traum eine besondere Beziehung zu meiner Person habe, denn ich pflegte ihr, wenn sie behauptet hatte, da oder dort stecke nichts dahinter, entgegenzuhalten: ›Wo Rauch ist, ist auch Feuer.‹«

Es ist bekannt, welche Bedeutung Freud unter anderen dem »Feuer« gab: es ist nicht nur das Gegenteil des Wassers, es dient auch zur unmittelbaren Darstellung der Liebe, des Verliebtseins, »Entflammtseins«.
Es wird nun eine ganze Reihe von Assoziationen analysiert ... Herr K. und ihr Vater sind leidenschaftliche Raucher, sie rauchte selbst am See; Herr K. hatte ihr eine Zigarette gedreht usw., und Freud schließt:

»*Nehme ich endlich die Anzeichen zusammen, die eine Übertragung* auf mich, weil ich auch Raucher bin, *wahrscheinlich machen,* so komme ich zu der Ansicht, daß ihr eines Tages wahrscheinlich während der Sitzung eingefallen, sich einen Kuß von mir zu wünschen.«

Hier, bei einer klassischen Neurose, haben wir das Beispiel für die Anordnung einer deutlich erkennbaren Übertragungsneurose. Das Symbol des Feuers, um nur dieses herauszugreifen, wird in der Übertragungs- wie in der Gegenübertragungsorganisation »benützt«, es kennzeichnet die intensive Triebteilnahme, die ihm zugrunde liegt, ebensosehr, wie es sie enthüllt. Es handelt sich keineswegs um eine »Projektion«, sondern um eine Verschiebung.
Diese Verschiebung benützt die Zwischenfiguren von Herrn K., des Vaters, Freuds, von Dora selbst, um sich schließlich an einem Element der Realität festzumachen: Freud ist ein Raucher.
Die »Raucher« sind hier nicht mehr das schizoide Zerbersten quälender Nachkömmlinge, sondern im Gegenteil die symbolische Verdichtung mehrerer Objekte und eines einziges Wunschs zu einer einzigen Vorstellung. Läßt sich in dieser Hinsicht behaupten, daß

Herr K. und der Vater Zwischenfiguren sind oder daß Freud die Zwischenfigur ist? Die Verdichtung und symbolische Verschiebung hat hier die Wirkung, diese Frage für null und nichtig zu erklären, denn gerade dadurch, daß diese Figuren austauschbar sind, erhalten sie ihre Objektnatur, und durch die Erhellung der Übertragung entdeckt Freud, auf welche Weise Dora sie konstituiert.
Wäre die Gegenübertragung weniger spürbar, so könnte man sagen, daß der Analytiker hier darstellt, was der Joker in einem Kartenspiel darstellt, nämlich eine austauschbare Figur.
Doch die Illusionskraft der Übertragung veranlaßt den Analytiker, sich für das *Anfangs-* oder *Endbild* der Assoziationskette zu halten, während doch nur seine Einflechtung in eine bereits bestehende Kette ihm gestattet, sich zu situieren.
Die Gegenübertragung ähnelt nun jenen Bauern im Schachspiel, die, wenn sie das ganze Schachbrett durchlaufen haben, in irgendeine andere, *fehlende oder vorhandene* Figur verwandelt werden können.
Der analytische Prozeß ähnelt dem Webstuhl von Jaquard, in dem sich unweigerlich immer wieder dieselben Motive finden. Anfang und Ende sind miteinander verschmolzen; ebenso weist die Illusion der Übertragung dem Analytiker die Position zu, am Anfang oder am Ende einer Kette zu stehen, wie auch die Wirkung oder die Ursache eines Prozesses zu sein.
Diese Position verbannt ihn an einen der diachronischen Pole der Übertragung. Diese Wirkung ist reine Illusion. Die Neuauflage des Motivs läßt sich nur am seitlichen Einschuß des Weberschiffchens bewerten, das der Übertragung ihren Charakter einer synchronischen Enthüllung restituiert.
Da Freud sich jedenfalls nicht mit der Rolle des Jokers zufriedengibt, induziert er, ein Gefangener der Gegenübertragung, offenkundig einen Großteil des Traums.
Doch was ist die Übertragungsneurose? Ist sie lediglich die Organisation der Übertragung um den Analytiker, oder nur die Lektüre, der letzterer sie unterziehen kann?
Um auf das Beispiel von Hanna Segal im Traum der paranoidschizoiden Position zurückzukommen: müßten wir in ihm nach den Zeichen der Übertragungsneurose suchen, so würden wir sie eher *in*

der Tatsache des Traums selbst finden, d. h. darin, daß der Patient einen für die Ansichten seines Analytikers so exemplarischen Traum beibringt, als in dem tatsächlich zerborstenen Labyrinth, das von persekutorischen Projektionen zeugt.
Doch fahren wir in der Beschreibung der Kleinschen Positionen fort. Der zweite Abschnitt betrifft die depressive Position, die den Übertragungsstrukturen sichtlich nähersteht. Diese Beschreibung bestätigt in allen Punkten diejenige, die wir von einem nostalgischen Pol der Übertragung geben, sie erhellt jedenfalls in merkwürdiger Weise seine Grundlagen.
Die depressive Position impliziert das Erkennen eines totalen Objekts und dementsprechend die Existenz eines totalen Ich. Doch die mit einer Tendenz zur Integration einhergehende Persistenz einer destruktiven Tendenz, die zur Spaltung führt, determiniert die Dringlichkeit einer Reparation.
Von den Mißerfolgen und Erfolgen dieser Reparation hängt die Entwicklung der depressiven Position ab. Eine weitere Folge des persistenten Charakters der destruktiven Tendenz ist das Gefühl, *das Objekt verloren zu haben, weil man es zerstören wollte.* So ist der Vorgang der Trauer mit dem der Sehnsucht verklammert.
Die Nostalgie, die, wie wir anläßlich der Introjektion zeigten, ein Kompromiß der Trauerarbeit ist, findet in der Tat in der von Melanie Klein beschriebenen depressiven Position einen theoretischen Rahmen, dessen Verdienst es ist, die Vermischung eines Wunschs nach Zerstörung des Objekts und einer reparativen Tendenz zu unterstreichen.
Die Nostalgie, auch wenn man ihre affektive Tonalität unmittelbar kennt, läßt die ihr zugrunde liegenden Vorstellungen weniger ahnen.
Vielleicht könnte man ihr Bild im Neuen Testament in den drei Tagen erkennen, die zwischen Christi Tod und seiner Auferstehung liegen; seltsame Trauer um einen Körper, der auferstehen kann!
Paulus, für diesen ungewissen Charakter des Todes besonders aufgeschlossen, spricht immer nur vom auferstandenen Christus. Die Auferstehung macht den Tod zur Durchgangsstation; muß man im Sinne einer anderen Nostalgie, diesmal gegenüber seinem Ursprungsvolk, die Heftigkeit interpretieren, mit der er jede

mögliche Rückkehr zu den Gesetzen der jüdischen Tradition verdammt, während er gleichzeitig nicht müde wird, dieses selbe Volk zur Verehrung eines ewig lebendigen Toten aufzufordern?
Noch merkwürdiger erscheint der zerstörerische Wahn der Kreuzfahrer, den Ungläubigen ein leeres Grab zu entreißen.
Die Sehnsucht*, die Nostalgie hat keine andere Grundlage als die einer Wallfahrt in einen problematischen Orient, der auf ewig etwas Verlorenes birgt. In weiter Ferne etwas suchen, das man in der Heimat verloren hat – das genau ist das Bild eines besonderen Projektionsmechanismus, der leugnet und gleichzeitig behauptet, daß es einen Inhalt gibt.
Unterdessen kann man sich immerhin um den Behälter schlagen.
Ableitung der Aggression auf das Objekt und direkter Konkurrenzkampf mit einem Dritten, der das Objekt ebenfalls begehrt. Wir erkennen hierin die Transposition der ödipalen Rivalität, die ein weiteres Mal verleugnet wird, da dieser Dritte ein Ungläubiger ist. Ungläubig gegenüber wem? Eben gegenüber dem Objekt, das er nicht zu bewahren weiß; letztlich kann er es nur entweihen, und allein die Tatsache, daß er es innehat, ist eine Entweihung.
Die hier grenzenlose Ambivalenz gegenüber dem Objekt findet in der Sehnsucht natürlich einen Grund, die Augenfälligkeit des Verbrechens, d. h. der zerstörerischen Triebe zu leugnen, die am Ursprung des Todes oder vielmehr des Verschwindens stehen (viele Bibelstellen belegen diese Ambivalenz in der Gestalt des Verrats und der Verleugnung), dann die Motive für den Mord auf den »Ungläubigen« zu projizieren und schließlich seine Spuren durch das Verschwinden des Corpus delicti endgültig zu tilgen (Himmelfahrt).
Dennoch bleiben von diesem Objekt, dem Corpus delicti, sakramentale Spuren in der Religion zurück, die Freud zufolge eine Sehnsucht nach dem Vater ist; sowie Sühnespuren in der Privatreligion, von der sich nicht behaupten läßt, sie unterstehe einzig einer Sehnsucht nach dem Vater; Reliquie jedenfalls in allen Nostalgien.
Doch was ist eine Reliquie?

* deutsch im Original

Sie ist weder ein Symbol noch eine Allegorie, sondern ein Bruchstück: ein Stück des totalen Objekts; ihre Konkretheit kennzeichnet sehr genau den Mißerfolg des Subjekts, in ihr einen Identifikationspunkt oder ein Symbol zu verteidigen. Die Reliquie ist nicht der Ort einer Verschiebung, sie ist ein Teil des Objekts; ebensowenig ist sie Zeuge einer Verdichtung.

Jenes Stück Seide symbolisiert nicht die Glätte der Haut, auch verdichtet es nicht das Wesen dieser Glätte, *es erinnert an sie,* und genau das ist die Bedeutung des »Souvenirs«, der Objekterinnerung.

Ich glaube nicht, daß hier ein Teil für das Ganze steht, was sich anderswo veranstalten läßt, sondern eher um den Beweis dafür, daß *nicht alles verloren ist.* In diesem Sinne ist die Reliquie weder das Übergangsobjekt noch der Fetisch, wiewohl sie ihnen merkwürdig ähnelt; sie unterscheidet sich von ihnen dadurch, daß ein Teil der Trauerarbeit immerhin geleistet ist, und daß, was sie verleugnet, nicht speziell der Unterschied ist, sondern eher die Aggressivität, die sich mit dem Objekt verknüpft.

Wir brauchen nicht zu betonen, daß sie auch von einer reparativen Tendenz zeugt, hier jedoch in einer besonderen Modalität, etwa wie man sagt, daß ein Überbleibsel der Vorgeschichte »ehrfürchtig rekonstituiert« wurde.

Diese reparative Tendenz ist jedenfalls in bezug auf die Übertragung sehr wichtig, denn einerseits kann sie diese aufgrund ihres globalen positiven Charakters stützen, andererseits sich auf den Analytiker übertragen.

»Sie sehen schlecht aus«, sagte mir eine Patientin, »vielleicht rauchen Sie zu wenig.« Die Ironie verbirgt die Reparation und verschleiert die Frage: wer repariert wen? Jedenfalls ist dies eine dritte Geschichte des Rauchs, die sich hier auf einer anderen, diesmal deutlichen Übertragungsebene entwickelt.

Ich meine hier wirklich, daß die Nostalgie nicht von dem totalen Objekt *zeugt,* sondern daß sie ein totales Objekt *voraussetzt.* Freilich verknüpft sie ihr Objektzusammenhang unstreitig mit der Trauer um dieses Objekt, bewahrt ihr jedoch, wie ich an anderer Stelle gezeigt habe, die Chancen einer Partialbefriedigung.

Das Stück des totalen Objekts ist hier nur deshalb ein Stück, weil es auf das Imaginäre bezogen wird; gerade seine mangelnde Realität veranlaßt das Ich, es durch irgendeine Reliquie konkret zu besitzen.

Mama, haben die Schiffchen Beine?

Genau das ist das Register des Imaginären, das von einem Teil der Realität ausgeht oder von etwas, das es für einen Teil hält, um sie mit einem anderen Teil seiner selbst zu rekonstituieren. Ein imaginäres Monstrum.

An diesem universellen Beispiel sehen wir den durch die mütterliche Bestätigung erzwungenen Übergang: »Aber ja, Dummerchen, wenn sie keine hätten, könnten sie ja nicht laufen«, eine typische Rationalisierung, die, wie wir anläßlich der intellektuellen Hemmung zeigten[7], die Grundlage späterer Rationalisierungssysteme bilden. Systeme, die selbst Gegenstand eines nostalgischen Prozesses aufgeschobener Trauer sein können.

Die Reliquie ist also ein Stück Imaginäres, und wir sehen, daß die Rekonstitution durch das Ich nicht nur an diesem für real erklärten Stück, nicht nur an dem verlorenen Objekt, sondern auch an ihm selbst erfolgen kann, insofern es von der Bestätigung dieses Objekts abhängt, um sich zu rekonstituieren.

Dieses Bedürfnis nach narzißtischer Bestätigung durch den Analytiker anhand eines Relikts oder, wenn man lieber will, einer Trauerreliquie, diese Komplettheit des Imaginären, das Gefahr läuft, sich mit jeder beliebigen Rationalisierung zufrieden zu geben, determiniert sehr häufig den Übertragungsstil, denn aus der Art, wie das Ich über seine Objekte trauert, ließe sich vorhersagen, welche Form der Übertragung es leisten wird.

Wiederum steht hier die Realität der Übertragung zur Debatte; man sieht, daß sie an das »Übertragungsobjekt« grenzt, doch daß das Ich selbst sich als Reliquie begreifen läßt; dann wird es zu einem Stück jenes totalen Objekts, dessen Rekonstitution noch und immer zu imaginieren ist, es selbst ist dann dem verlorenen Objekt ganz ergeben, und diese Religion ist privat, *sie begründet die Depression als Mittelpunkt des unbewußten Denkens selbst.*

7 Michel Neyraut, *A propos de l'inhibition intellectuelle, Revue française de Psychanalyse,* Paris 1968, Bd. XXXII, Nr. 4, 761

Vierter Teil
Akte und Zeichen

Kapitel I: Die Übertragungsneurose

Das ganze Problem der Übertragung kreist also, wie man sieht, um einen technischen Begriff: den der »Übertragungsneurose«.
Man könnte von dieser Neurose dasselbe sagen wie von Kalifornien, von dem es heißt, es sei das Amerika Amerikas, d. h. das Kernstück der Analyse, ihr fruchtbarster Teil, ihre reinste Auswirkung.
Bekanntlich hat der Terminus Übertragungsneurose zwei Hauptbedeutungen.
Die erste, aus nosographischen Überlegungen entstanden, wurde 1911 von Jung eingeführt, dann von Freud übernommen, um die Übertragungsneurosen (Hysterie und Zwangsneurose), bei denen die Libidobesetzung der dem Ich äußerlichen Objekte bestehen bleibt, von den narzißtischen Neurosen zu unterscheiden und ihnen entgegenzusetzen (die wir heute zu den Psychosen rechnen würden), bei denen sich die Libido auf das Ich zurückgezogen hat.
Die zweite, technische Bedeutung bezeichnet innerhalb der analytischen Kur die Organisation einer künstlichen Neurose, die sich auf die Kur selbst sowie auf den Analytiker konzentriert und alle Übertragungsäußerungen umgruppiert.
Wenn der Ausdruck Übertragungsneurose in diesen beiden doch so verschiedenen Bedeutungen verwandt wird, so deshalb, weil sie eng miteinander zusammenhängen.
Denn für Freud können nur die Übertragungsneurosen Symptome erzeugen, die *in der Übertragung eine neue Bedeutung erhalten*, während die narzißtischen Neurosen der Definition nach dazu unfähig sind.
Wie es scheint, besteht hier für Freud ein gewisser Widerspruch, denn im Fall Schreber, den er unstreitig für eine narzißtische Neurose hält, spricht er trotzdem ausdrücklich von Übertragung:

»Die Sympathieempfindung für den Arzt kann leicht einem ›Übertragungsvorgang‹ entstammen, durch welchen eine Gefühlsbesetzung beim

Kranken von einer für ihn bedeutsamen Person auf die eigentlich indifferente des Arztes verlegt wird.«[1]

Dieser Widerspruch findet bei den meisten zeitgenössischen Psychoanalytikern ein Echo, denen zufolge auch die »Psychosen« zu Übertragungen imstande sind.

Im ersten Teil haben wir gezeigt, daß diese extremen Positionen insofern abgeschwächt werden müssen, als man im psychotischen Denken (eher als in den »Psychosen«) in der Tat eine Fähigkeit erkennt, psychische Elemente zu übertragen, wie: Vorstellungen, Affekte, Erinnerungen, Ideen, und in noch stärkerem Maße das, was wir als Psychem definieren (vgl. Dritter Teil, Kap. I). Gleichzeitig jedoch eine Unfähigkeit, Psycheme, besonders ursprüngliche Psycheme, symbolisch zu verwenden.

Es erstaunt uns also nicht, daß Freud bei Schreber eine Übertragung feststellen konnte. Doch wir stellen gleichzeitig fest, daß sich statt einer Übertragungsneurose ein organisierter Wahn festgesetzt hat.

Die übertragenen Elemente konnten sich, wiewohl übertragen, nicht auf die Weise organisieren, wie wir es in den klassischen Übertragungsneurosen beobachten.

Doch wie sieht dann die Organisation dieser Neurosen aus? Wie wird die Inszenierung und »Belebung« der historischen oder aktuellen Gestalten, welche das Drama bilden, bewerkstelligt? Inwiefern kann diese Übertragungsneurose einem psychischen Akt unterstehen? Und vor allen Dingen, wenn wir den Übertragungspsychosen die Möglichkeit einräumen, Übertragungen zu leisten, warum können wir uns dann nicht bereitfinden, in ihnen jene spezifische Organisation zu erkennen, die wir Übertragungsneurose nennen?

Weisen wir zunächst auf die Äquivalenz und Ähnlichkeit hin, die wir zwischen dem organisierten Wahn einerseits und der Übertragungsneurose andererseits feststellen. Es steht im übrigen außer Zweifel, daß die Übertragungsneurose in den klassischen Analysen mit einigen wahnhaften Merkmalen auftreten kann, und sei es nur

1 S. Freud, *Psychoanalytische Bemerkungen über einen autobiographisch beschriebenen Fall von Paranoia*, GW VIII, 282

aufgrund der fast psychotischen Weigerung, irgendein Element der Realität zu integrieren, einer Realität, die uns im übrigen nur in Form der Wahrscheinlichkeit entgegentritt, einer Wahrscheinlichkeit in den Augen des Therapeuten, versteht sich.

Damit stellt man zugleich die Frage nach dem »Platz« des Therapeuten im Prozeß dieses neurotischen oder psychotischen Denkens, einem Platz, der, wie wir bereits betont haben, davon abhängt, in welchem Gegenübertragungstypus der Therapeut befangen ist, und ob im neurotischen Denken die Verschiebung auf seine Person, die selbst als symbolisch begriffen wird, ihm die Möglichkeit ließ, er selbst zu bleiben; im psychotischen Denken dagegen wird ihm dieser »Spielraum« nicht belassen, so daß er sich »real« in den Strukturen gefangen sieht, die er erhellen sollte.

Die Organisation der Übertragungsneurose setzt zumindest zwei Personen voraus.

Wenn wir zum Beispiel von der »Komplexität« der Übertragungsneurose sprechen, sogar von der »schönen Komplexität«, in wessen Augen zeigt sich dann die Komplexität? Möglicherweise in denen des Patienten, doch mehr noch in denen des Analytikers.

Mir scheint, daß diese Komplexität wirklich erst dann ihre Bedeutungen enthüllt, wenn der Analytiker, nach vielen analysierten Gegenübertragungspositionen, vielen vereitelten toten Punkten, vielen überwundenen Krisen, die jeweils von einer Erhellung der Gegenübertragung zeugen, wenn also der Analytiker dann fähig ist, die gesamte Transposition einer Übertragungsneurose auf sich selbst zu durchschauen, denn dieser Terminus wurde meines Wissens nicht von den Patienten erfunden.

Wahrscheinlich aus diesem Grunde sieht die klassische Theorie in ihr das Ergebnis einer langen Arbeit, ja einer Entschädigung für eine große Anstrengung.

Bemerken wir an dieser Stelle, daß Freuds Beteiligung im Fall Schreber eine vollkommen indirekte ist.

Seine Position ist hier insofern eine besondere, als er anhand eines Dokuments einen »geschriebenen« Wahn untersucht und als die Entzifferung dieses geschriebenen Wahns eine Beziehung herstellt, an der er nicht beteiligt ist.

Das bedeutet in keiner Weise, daß Freuds Gegenübertragung in bezug auf Schreber oder Flechsig nicht existiert hat, sondern daß sie indirekt war.

Die Notwendigkeit zum Beispiel, in der Freud stand, seine Leser davon zu überzeugen, daß es zulässig ist, die Homosexualität heranzuziehen, um den Fall Schreber zu erklären, ist eine indirekte Gegenübertragungsäußerung, die unter anderem die »Handhabung« der homosexuellen Beziehungen voraussetzt, eine Handhabung, zu der er zur Zeit von Doras Analyse noch außerstande war.

Wir erkennen hier die Vorteile einer »bewältigten« Gegenübertragung; was nicht einer gewissen Analogie zur analytischen Situation der sogenannten Kontrollanalyse entbehrt.

Tatsache ist, daß Freud in Schrebers Wahn durchaus eine Übertragungsebene erkennt.

Die Übertragungsebene ist im übrigen nichts anderes, als was Freud Schrebers *Sehnsucht* nennt, eine Sehnsucht, die sich auf den realen Tod von Schrebers Vater sowie auf die Verschiebung unbewußter, einst dem realen Vater geltender Gefühle auf die Person von Flechsig stützt.

Hat Freud es zur Rekonstruierung der Genese des Wahns wirklich nötig, sich auf den realen Tod von Schrebers Vater zu stützen? Oder bedarf er dieser Realität nur, um die Gliederung des wahnhaften Determinismus besser zu veranschaulichen?

Man könnte versucht sein, in dieser Beschwörung des realen Todes irgendeine der ärgsten Übertragungsverdinglichungen zu sehen, die durch den Zwang erforderlich wurde, die »Echtheit« von Schrebers passiver Homosexualität zu begründen.

Das hieße die Rolle einer traumatischen Realität in der Genese der Psychosen verkennen, gerade insofern die ihr folgenden Verschiebungen und Übertragungen auf keine symbolische Verwendung pochen können. Gewiß ist Schrebers Wahn reichlich symbolisiert, doch für wen? Sehr wenig für Flechsig, sehr viel für Freud, sicher nicht für Schreber.

Und da im übrigen Schrebers homosexuelle Energie zu keiner möglichen Organisierung der Übertragungsneurose in der Übertragungssymbolik finden kann, zieht sie sich zurück und verschwendet sich in einer megalomanischen narzißtischen Besetzung.

Schrebers Wahn ist eine Vaterübertragung auf sich selbst.

Man sieht hier, daß der Tod des Vaters kein toter Buchstabe ist, wenn ich so sagen darf, sondern daß er ein Element in der Struktur bleibt, die sich auf Flechsig verschiebt. Die Verschiebung dieser Struktur ist Schrebers Übertragung.
Doch diese Übertragung kann sich nur dadurch organisieren und in Szene setzen, daß sie die Verschiebungen und Übertragungen mit einem so starken Realitätszeichen versieht, daß diese Verschiebungen für Schreber nicht mehr als psychische Realitäten, sondern als Realitäten schlechthin »deutbar« sind.
Das Auftreten des wahnhaften Wahns rührt also von einer Übertragung her, die jedoch angesichts des Scheiterns ihrer Realisierungen in einer Art narzißtischer und megalomanischer Glut auf das Ich zurückstrahlt, bis zur Vollendung des Wahns, in dem das Subjekt glaubt, sowohl es selbst wie sein eigener Vater zu sein, eine unbewußte Phantasie, die durch ihr höchst unerklärliches Paradox die *Wirkung einer Übertragung auf seine eigene Person* zum Ausdruck zu bringen scheint.
Der Zugang zum Symbol ist hier deutlich zu erkennen; der Wahn wie auch die Träume beweisen, daß die Symbolbildung in einer »Grundsprache« zum Ausdruck kommt, wie Schreber sagt, daß aber die Verwendung des Symbolischen ihr nicht erlaubt, zu einem symbolischen *Denken* zu gelangen, sondern nur zu einer symbolischen *Sprache*. Das symbolische Denken bleibt nicht dabei stehen, »Symbole zu erzeugen«, sondern muß noch durch eine symbolische Bezugsachse gestützt werden.
Wenn sich, Lacan zufolge, die symbolische Funktion um die zentrale Figur des Vaters ordnet, die den *Mangel* repräsentiert, so ist diese Figur nicht nur die der Statue des Komturs, die davon zeugt, daß er, auch wenn er nicht »in Person« anwesend ist, durchaus anwesend sein könnte, sondern daß das Gesetz, das er verkörpert, sowohl diese Anwesenheit wie diese Realität übersteigt, um davon Zeugnis zu geben, daß er, auch wenn er anwesend, gegenwärtig, hier, jetzt ist, durchaus abwesend sein könnte.
Mit anderen Worten, der Tod des Vaters ist nicht seine »Verwerfung« (*forclusion*), gerade deshalb kann Schreber etwas übertragen. Man kann den Verlust übertragen, man kann den »Mangel« und alle möglichen »Lücken« übertragen, nicht aber das, was von einem

ursprünglichen Psychem für immer ausgeschlossen ist: seine selbst symbolisierte Verschiebung.

Die Behandlungsträume

Um das »Agieren« der Übertragungsneurose zu übersetzen, berufen wir uns auf eine klinische Erscheinung, die in fast allen Kuren auftritt, und die wir als »Behandlungsträume« definieren wollen.
Es ist eine Ausnahme, wenn sich während einer Analyse nicht ein oder mehrere Behandlungsträume zeigen.
An diesen Träumen fällt auf, daß sie die materiellen Umstände der Analyse niemals unverändert reproduzieren. Die psychoanalytische Höhle erscheint gewöhnlich größer oder kleiner, die Couch steht an einem anderen Platz, meist verwandelt sie sich in ein Bett, das Sprechzimmer in ein Schlafzimmer, der Raum ist zuweilen stark vergrößert, viele fremde oder vertraute Personen wohnen der Sitzung bei, gehen zuweilen ein und aus, doch vor allem ist der Analytiker nicht an seinem gewohnten Platz, bald liegt, bald sitzt er, jedoch in einem anderen Sessel, oder liegt selbst auf der Couch oder spricht mit anderen Personen, *spricht fast immer*, zuweilen verdoppelt oder assistiert, wobei ein Mann und eine Frau gemeinsam operieren, manchmal das Geschlecht wechseln, manchmal in einem anderen Zimmer, kurz, es gibt unendlich viele Varianten dieser Veränderungen in Raum und Zeit.
Diese Träume sind natürlich ganz spezifisch für das, was man die Übertragungsneurose nennt, da sie sich sowohl unmittelbar auf die analytische Situation beziehen als auch ein zuweilen sehr komplexes Konfliktdrama um den Analytiker zu spinnen scheinen.
Mir ist es stets so vorgekommen, als schöpften diese Träume die Elemente ihres Rätsels aus der frühesten Kindheit; der gewöhnlich vergrößerte Raum zeugt von der kindlichen Sicht des Zimmers, ebenso die fremden Personen, die der Szene beiwohnen: in vielen Fällen haben sie riesige oder entstellte Gesichter, wie man sie beim Einschlafen sieht; schließlich erinnert der sprechende Analytiker an die Worte, die das Kind einschläfern sollen, was das Ziel aller Träume bestätigt, nämlich Hüter des Schlafs zu sein.

Natürlich sind diese Elemente der frühesten Kindheit, die sonst im allgemeinen der Erinnerung unzugänglich sind, nur ein Aspekt des Traums, doch unweigerlich ist man beeindruckt von ihrer Konstanz und ihrer relativen Einförmigkeit, was die Vorstellung verstärkt, daß sie zu den gemeinsamen Bedingungen unserer Kindheit gehören.

Interessant ist besonders die Feststellung, daß die aktuellen Konflikte, die gerade aus der Übertragungsneurose entstanden sind, ihre Inszenierung in dem Kreis vorgezeichnet finden, der das Kind umgibt und in dem der Unterschied der Stimmen und Gesichter die Pole der verschiedenen Spannungen situiert. Wie ich bereits sagte, bilden diese infantilen Elemente nicht den Traum, dieser schöpft aus ihnen nur einen schon fertigen Dekor, sie schließen sich der aktuellen Situation an, da die liegende Stellung, das Schweigen, die unsichtbare Anwesenheit dem Leben der frühesten Kindheit wie der analytischen Situation gemeinsame Merkmale sind.

Wir weisen darauf hin, daß streng genommen keine syntaktische Veränderung in bezug auf die Struktur der anderen Träume vorliegt, aber daß ihre Entzifferung sich stets auf den Inhalt der vorhergehenden Sitzungen stützt, so als sei die Analyse selbst eine Geschichte geworden und bilde ihre eigene Geschichte, als würde sie ihr eigener Kontext.

Die Integrierung, die Übernahme dieses Kontexts scheinen mir die augenfälligsten Zeugen einer Organisation, einer szenischen Anordnung der Neurose um die analytische Situation zu sein.

Ohne Ausnahme zeugen diese Träume von einer Übertretung dieser Situation; zumindest eine, wenn nicht alle Regeln der Analyse werden übertreten; meist sitzt der Patient dem Analytiker gegenüber, spricht mit den Mitgliedern seiner Familie, man könnte sagen, diese Träume seien das geträumte Ausagieren, wenn darin nicht ein unüberwindbarer Widerspruch läge.

Gewiß kann man einräumen, daß alle Träume Übertretungsträume sind, aufgrund der Natur des Wunsches selbst, der sich in ihnen anzeigt und verkleidet, doch die Übertretung indiziert sich hier mit einer Aktualität, sie bringt zwangsläufig zum Ausdruck, daß eine symbolische Brücke zwischen den Bedingungen der Analyse und einer bestimmten Kindheitsbeziehung geschlagen wurde.

Wenn die Couch zum Bett wird, so heißt das, daß das Schauverbot den Ort dieses Verbots in einen Ort der Urszene umwandelt, wobei die Verdichtung zwei Fliegen mit einer Klappe schlägt, wozu sie berufen ist, den Analytiker dorthin verpflanzt und ihn dort zum Sprechen bringt.

Es versteht sich von selbst, daß der Glaube an die Realität der Übertragung unausweichlich zu einer Verdinglichung dieser künstlichen Neurose führen würde, so daß sie nunmehr als eine wirkliche Beziehung erschiene und in dieser Hinsicht mehr Anlaß böte, auf sie zu antworten, als sie zu deuten.

Wenn also die Sitzungsträume in unseren Augen die Inszenierung der Übertragungsneurose zum Ausdruck bringen, müssen wir gerade deshalb feststellen, daß *diese Neurose sich sehr frühzeitig konstituieren kann.* Diese Feststellung bestätigen im übrigen die Kinderanalytiker (vgl. S. Lebovici, M. Soulé); schon in den ersten Monaten der Analyse, sogar schon am ersten Tag kann ein Traum berichtet werden, der den Analytiker unmittelbar in eine Szene einbezieht und die analytische Sitzung in ein Traumbild verwandelt, man sieht hier ein »Arrangement« der Sitzung.

Dieses Arrangement zielt nicht nur dahin, die Möbel zu verrücken, sondern liefert eine neue symbolische Anordnung der räumlichen Positionen des Analytikers, seines Patienten und einiger Komparsen.

Dieses neue Arrangement, stets vom Wunsch des Träumenden getragen, kann sowohl »Geleitbriefe«, »Vergünstigungen«, Umgestaltungen des analytischen Protokolls herbeiführen, wie im Gegenteil die Redefreiheit durch irgendeinen neuen Zwang von außen einschränken.

Doch diese Umgestaltungen haben nicht nur einen statischen Charakter, es zeichnen sich Spannungen und Pole ab, die meist ein Drama beleben; der eine Patient träumt, daß in allen Zimmern analysiert wird und der Analytiker von einem ins andere geht, daß jedoch eine Frau dazukommt, die sich mit dem Patienten unterhält und ihm berichtet, was in den anderen Zimmern gesagt wurde, usw.; der andere träumt, daß der Analytiker übers Telefon der Gattin des Patienten seine Deutungen mitteilt und daß besagte Gattin diese Deutungen nebst einigen Kommentaren rückübersetzt.

Sehr häufig steht die *Undurchlässigkeit* der Sitzungen in Frage, und die analytische Situation birst, um die Wände und ihre Ohren anzuheuern. Noch banaler werden die sexuellen Beziehungen zwischen dem Analytiker und seinem Patienten in Szene gesetzt, selten bis zu Ende gebracht, häufiger unterbrochen, noch häufiger verschleiert, eine assoziative Entzifferung fordernd.

Der Katalog dieser Träume ist unendlich lang, wovon sich jeder überzeugen kann, der sich der analytischen Praxis verschreibt, wirft jedoch ein allgemeines Problem bezüglich ihrer Bedeutung auf.

In der Tat scheinen derartige Träume meistenteils einen *Vorsprung* vor dem Inhalt der Sitzungen zu haben.

Einen Vorsprung bezüglich ihrer Komplexität, ihrer Organisation, einen Vorsprung vor allem gegenüber den Erscheinungen der *gewöhnlichen* Übertragung, die sich meist nur bruchstückhaft enthüllt. Vielleicht bedarf es langer Monate, sogar Jahre, bis die Deutung der Neurose einen Behandlungstraum *einholt.*

Ein solcher *Vorsprung* erinnert unweigerlich an einen anderen, den der sogenannten »ödipalen« Träume zu Beginn der Kur.

Man weiß, wie leicht schon zu Beginn einer Behandlung ein sehr komplexer Traum auftreten kann, in dem die ödipale Konstellation so deutlich ist, daß der Analytiker sofort einen Überblick über die Natur des Konflikts und die Dynamik der Behandlung gewinnt. Da diese Träume nicht sofort gedeutet werden können, behalten sie einen beträchtlichen Vorsprung vor der Gesamtheit der Neurose, die Stück für Stück geduldig analysiert werden muß.

Den Behandlungsträumen und den »ödipalen« Träumen zu Beginn der Kur ist also ein besonders wichtiger Punkt gemeinsam, nämlich die Dramatisierung der Konfliktelemente, in der sich die Pole des ödipalen Dreiecks mehr oder weniger deutlich abzeichnen.

Die ersteren jedoch, aufgrund ihrer Integrierung des Protokolls, sogar des analytischen Prozesses, verstricken den Analytiker so direkt, daß sich in ihnen die Traumspur einer Übertragungsneurose erkennen läßt.

Der Vergleich mehrerer Behandlungsträume liefert ein sehr sicheres Indiz für die Entwicklung einer Übertragungsneurose und damit der Neurose überhaupt, wobei es selbstverständlich keine Gleichberechtigung von Übertragungsneurose und analytischem Prozeß geben kann, von dem sie ein integrierender Bestandteil ist.

Nichtsdestoweniger kann man behaupten, daß jede technische Position, die eine solche Übertragungsneurose zu bevorzugen oder zu früh zu deuten suchte, dieser Gleichberechtigung *Gestalt* verleihen und dazu beitragen würde, sie als Widerstand zu begründen.

Doch wenn wir die Ähnlichkeiten betonen, die zwischen diesen beiden Traumtypen bestehen, den Behandlungsträumen und den ödipalen Träumen, müssen wir nunmehr ihre Unterschiede aufgreifen und ihre jeweiligen Werte miteinander vergleichen.

Diese Unterschiede, die im wesentlichen Unterschiede in der Dynamik der Behandlung sind, sollen die Organisation sowie den Wert der Übertragungsneurose erhellen, die der Gegenstand unserer Untersuchung ist.

Zu diesem Zweck und um die theoretische Grundlage dieser Organisation zu begreifen, müssen wir die Theorie der Übertragung zurückverfolgen und uns mit einer Auswirkung dieser Übertragung befassen, die wir bisher im dunkeln gelassen haben, nämlich ihrem Widerstandseffekt.

Dieses Problem der Übertragung und des Widerstands hat seinen Ursprung in den *Studien über Hysterie*, sogar bereits in der »Vorläufigen Mitteilung« (vgl. hierzu S. 131 f.), im Begriff des psychischen Traumas, das hier dazu dient, die Ausdehnung des Begriffs der traumatischen Hysterie zu rechtfertigen. Aufgrund eines traumatischen Erlebnisses spaltet sich das Bewußtsein in zwei Teile, und die an dieses Erlebnis geknüpften Vorstellungen werden pathogen, da sie sich nicht abreagieren können. Und da sie sich nicht abreagieren können, erhalten sie sich »frisch«, lösen sich jedoch von anderen bewußten Vorstellungen ab und bleiben isoliert. So gelangt man zu der berühmten Dissoziation des Bewußtseins, die sich durch hypnoide Zustände ausdrückt.

»Sie [die hypnoiden Zustände] entwickeln sich oft ... aus dem auch bei Gesunden so häufigen ›Tagträumen‹, zu dem zum Beispiel die weiblichen Hausarbeiten so viel Anlaß bieten.«[2]

2 S. Freud, *Studien über Hysterie*, *GW* I, 92

Die Therapie ist nun klar:

»Sie [die Methode der Psychotherapie] hebt die Wirksamkeit der ursprünglich nicht abreagierten Vorstellung dadurch auf, daß sie dem eingeklemmten Affekt derselben den Ablauf durch die Rede gestattet, und bringt sie zur assoziativen Korrektur, indem sie dieselbe ins normale Bewußtsein zieht (in leichterer Hypnose) oder durch ärztliche Suggestion aufhebt ...«[3]

Bis hierher zeichnen Breuer und Freud noch gemeinsam und sind sich völlig einig. Was sie plötzlich trennt, ist die »Übertragungsneurose«. Anna O. schickt Breuer durch ihre Schwangerschaftsphantasie ans Mittelmeer, das sich so gut für heilsame Flitterwochen eignet, und läßt Freud perplex vor dem Rätsel zurück.

Das Rätsel ist die Stockung des assoziativen Prozesses. Um den pathogenen Kern, den die unmittelbar mit dem psychischen Trauma zusammenhängenden Vorstellungen bilden, schichtet sich ein Bündel von Assoziationen aus Erinnerungen, die sich auf die Umstände des Erlebnisses beziehen. Diese Erinnerungen *ordnen sich zu »Themen«*. Diese Themen schichten sich konzentrisch um den pathogenen Kern.

Auf diesem Schema gründen die ersten technischen Gebote:

»Es ist ganz aussichtslos, direkt zum Kerne der pathogenen Organisation vorzudringen.«[4] »Man überzeugt sich dabei mit Erstaunen, daß man nicht imstande ist, dem Kranken über die Dinge, die er angeblich nicht weiß, etwas aufzudrängen oder die Ergebnisse der Analyse durch Erregung seiner Erwartung zu beeinflussen.«[5]

Man erkennt hier das »Negativ« der Vorschriften, die gelten, wenn die Übertragung entdeckt ist, »ohne sich der Willkür schuldig zu machen ...«

Vor allem sieht man, wie alle Kräfte des Arztes und alle moralischen Zwänge mobilisiert werden, welche diese Kräfte »zu legalisieren« trachten.

»... daß ich *durch meine psychische Arbeit* eine psychische Kraft bei

3 Ibid., 97
4 Ibid., 296
5 Ibid., 300

dem Patienten zu überwinden habe, die sich dem Bewußtwerden (Erinnern) der pathogenen Vorstellung widersetze.«[6]

Dann ergibt sich die Notwendigkeit des *Drängens,* durch Anwendung psychischen Zwangs. Doch kommt man mit dem Drängen nicht sehr weit, und Freud zieht nun aus seinem Zauberkasten den berühmten Druck auf die Stirn:

»Da bediene ich mich denn zunächst eines kleinen technischen Kunstgriffs.«

Sobald der assoziative Faden reißt, legt er dem Patienten die Hand auf die Stirn und beschwört ihn, sich zu erinnern, versichert ihm, daß er die Erinnerung kenne und mitteilen müsse, und der Prozeß kommt wieder in Gang. *Man kann sagen, daß genau in dem Augenblick, da Freud die Hände auflegte, die Übertragung entstand,* aber es bedurfte mehrerer Jahre, bevor er ihren Mechanismus begriff.

Unterdessen finden mehrere Begriffe ihre Bedeutung um diesen pathogenen Kern und sein konzentrisches Assoziationsnetz.

Abwehr, Widerstand, Konversion, Verdrängung und Übertragung entstammen demselben Tiegel. Alle ordnen sich um die Assoziationskette, daher bewahren sie so mächtige Verbindungen untereinander, die zu erkennen so nützlich ist, um die Beziehungen der Übertragung und des Widerstands zu verstehen.

Die Abwehr ist eine Kraft, welche die Vorstellung verwirft:

»An das Ich des Kranken war eine Vorstellung herangetreten, die sich als unverträglich erwies, die eine Kraft der Abstoßung von seiten des Ich wachrief, deren Zweck die Abwehr dieser unverträglichen Vorstellung war.«[7]

Wenn der Therapeut gegen diese Abwehr ankämpft, bekommt er sie in Form des Widerstands zu spüren, daher das Drängen, der Händedruck, die Wiederaufnahme des Prozesses.

Doch es bleibt ein Zweifel am Wert des »Drängens«, zuweilen versagt es. Freud weigert sich, die bequeme Lösung anzuerkennen, die Möbius geltend macht.[8]

6 Ibid., 268
7 Ibid., 269
8 P. J. Möbius, *Über Astasie–Abasie, Neurologische Beiträge,* Heft 1, Leizpig 1894

Dieser meint, daß bei emotionalen Zuständen, wie z. B. dem Zorn, eine Leere im Bewußtsein eintritt, etwa wie Pascal sagt, daß das Niesen die Kräfte der Seele absorbiere.
Doch Freud kann die Idee einer Leere nicht akzeptieren; für ihn bleiben die psychischen Prozesse nicht beim Bewußtsein stehen, sie wandern weiter, unmöglich kann es einen Bruch geben, einzig der Tod könnte einen Stillstand des geistigen Prozesses rechtfertigen, und dennoch sagt der Kranke, *er habe nichts mehr zu sagen*, keinerlei Erinnerung mehr. Was geht hier vor? Die Antwort erfolgt 1911 in einer theoretischen Wiederaufnahme der Übertragungsphänomene: in diesem Loch, dieser angeblichen Leere, die Möbius erwähnt, geht tatsächlich etwas vor, *der Patient denkt an den Analytiker.*
Selten spricht Freud so entschieden. Man kann sicher sein, so sagt er, daß,

»wenn die freien Assoziationen eines Patienten versagen, jedes Mal die Stockung beseitigt werden kann durch die Versicherung, er stehe jetzt unter der Herrschaft eines Einfalles, der sich mit der Person des Arztes oder mit etwas zu ihm Gehörigem beschäftigt. Sobald man diese Aufklärung gegeben hat, ist die Stockung beseitigt, oder man hat die Situation des Versagens in die des Verschweigens der Einfälle verwandelt.«[9]

Die »Aufklärung« hat also den Druck auf die Stirn ersetzt, an die Stelle des Drängens schiebt sich die Deutung. *Die Leere ist genau durch die Übertragung ausgefüllt,* die Assoziationskette ist nicht unterbrochen, es hat sich lediglich eines ihrer Glieder an den Vorwand der Aktualität geheftet und kann deshalb unmöglich ausgedrückt werden. Doch mehr noch, diese Fesselung des Aktuellen, dieses Eindringen eines Elements des Therapeuten in den assoziativen Text, diese Verschiebung, diese Integration haben nur deshalb stattgefunden, *weil sie den Widerstand begünstigten,* weil es dann schwieriger war, sie bewußt zu machen. Hier liegen die engen Beziehungen, welche die Übertragung mit dem Widerstand vereinen, *welche die Übertragung zu einem Widerstand machen*:

»Hier tritt nun nach dem Zeugnisse der Erfahrung die Übertragung ein. Wenn irgend etwas aus dem Komplexstoff (dem Inhalt der Komplexe)

9 S. Freud, *Zur Dynamik der Übertragung*, GW VIII, 366

sich dazu eignet, auf die Person des Arztes übertragen zu werden, so stellt sich diese Übertragung her, *ergibt den nächsten Einfall* und kündigt sich durch die Anzeichen eines Widerstandes, etwa durch eine Stockung, an. Wir schließen aus dieser Erfahrung, daß diese Übertragungsidee darum vor allen anderen Einfallsmöglichkeiten zum Bewußtsein durchgedrungen ist, weil sie auch dem Widerstand Genüge tut.«[10]

Nun wird verständlicher, warum sich sofort eine Übertragungsneurose bilden kann; warum ein Behandlungstraum den Analytiker an mehreren Punkten des Konflikts integriert, den Verlauf der Kur genau anzeigt, insofern das, was im Traum sich ausdrückt, von einer Generallinie des Widerstands zeugt.

An seiner Entstellung, seiner Anwesenheit, an der Rolle, die man ihn spielen läßt, an den Details seiner Person, die als Signifikante gewählt wurden, kann der Analytiker die exakte Form des Widerstands gegen die Kur erkennen.

Die merkwürdige Verwandtschaft, die wir zwischen »ödipalen« Träumen und Behandlungsträumen entdeckt haben, erklärt sich durch diesen Widerstandseffekt.

Die ödipalen Träume, wenn sie *positiv* andeuten, was die ödipale Struktur der gesamten Kur konstituieren könnte, sind im allgemeinen nur Abwehrmittel gegen das Auftauchen des Komplexes in der Übertragung. Daher spielen sie eine defensive Rolle und die Rolle eines Ideals. Man könnte sagen: das prävisionelle Ideal.

Die frühzeitigen Behandlungsträume dagegen scheinen die Pfeiler oder die Klippen des Komplexes *negativ* anzudeuten, insofern dieser Komplex bereits mit den aktuellen Ansprüchen der analytischen Situation konfrontiert zu sein scheint.

Die Einbeziehung des Analytikers in dieses oder jenes Moment des Konflikts, dieses oder jenes Merkmal der ödipalen Konstellation, zeigt, daß bereits ein Lösungsprozeß *in Form des Widerstands* begonnen hat, er zeigt genau die Punkte an, an denen angesetzt werden muß, die Knoten des Konflikts.

Erinnern wir an jenen wesentlichen Abschnitt der Dynamik der Übertragung:

10 Ibid., 369

»Immer wieder wird, wenn man sich einem pathogenen Komplexe annähert, zuerst der zur Übertragung befähigte Anteil des Komplexes ins Bewußtsein vorgeschoben und mit der größten Hartnäckigkeit verteidigt.«

Die Behandlungsträume und ganz allgemein die Erscheinungen einer Übertragungsneurose zeigen also sehr deutlich und häufig sehr frühzeitig, welche Elemente des Komplexes den größten Widerstand hervorrufen werden.
Wir bemerken hier den verwirrenden Widerspruch, der die Übertragungsneurose brandmarkt: auf der einen Seite haben wir ihre Verwandtschaft und ihre Äquivalenz mit der Organisation eines Wahns hervorgehoben, auf der anderen Seite ihren höchst bewußten Charakter; bei näherer Betrachtung ist dieser Widerspruch nur scheinbar und würde vielmehr die Äquivalenz erhärten, nur daß diese »in ihrem Widerstandseffekt« doch bewußte Neurose entziffert und gedeutet werden muß, daß jedoch die Wirksamkeit einer solchen Deutung und die Auflösung einer solchen Neurose von einem symbolischen Erkennen der Verschiebungen zeugen, die ihre Organisation ermöglicht haben.
Wir bemerken hier die Auswirkung der Positivität der Übertragung in der Organisation der Neurose.
Zwar sind sich alle halbwegs darin einig, daß die Übertragungsneurose sich um den Analytiker und die analytische Situation organisiert, aber man muß auch zugeben, daß diese Person und diese Situation so sehr vereinbar und vereint sind, daß sie miteinander verschmelzen.
Was hier nun aber an einer solchen Verschmelzung evident scheinen könnte, läuft Gefahr, es lange Zeit nicht zu sein: der Analytiker scheint von seiner analysierenden Funktion abgespalten, eine erratische Gestalt mit dem seltsamen Geschäft, Träume zu deuten, ein zerstreuter Wundertäter oder verstockter Richter, Sitzungsbeamter oder Agent einer finsteren Technik usw. Groteske Zeichen, welche die negative Übertragung ihm verleiht.
Denn jene Einigung, sogar *Identität von Analytiker und analytischem Prozeß ist das Werk der positiven Übertragung.*
Es versteht sich von selbst, daß die positive Übertragung dazu allein nicht ausreichen würde, wenn nicht der Analytiker selbst

irgendwann diese Identität bewerkstelligt hätte, die manche Sublimierung nennen und auf der das Bündnis gründet. *Der zuverlässigste Effekt der negativen Übertragung ist nicht so sehr, irgendeinen feindseligen Affekt auszudrücken, als vielmehr den Analytiker vom analytischen Prozeß abzuspalten.*

In dieser Hinsicht – welche Position der Analytiker in einem Behandlungstraum auch einnehmen mag – läßt sich die Gesamtheit des Traums als ein positiver Wert betrachten, denn er setzt nicht nur die Übereinstimmung einer infantilen Konfliktsituation mit der Sitzung voraus, sondern auch die Identifizierung des Analytikers mit dem analytischen Prozeß und bezeichnet den Patienten selbst als »Analysanden«, wie ihn die modernen Analytiker so gern nennen.

Doch wie steht es letztlich um die Organisation der Neurose?

Michel de M'Uzan schlägt in seinem Kommentar[11] zu Freuds Text *Die endliche und die unendliche Analyse* den *Roman* als Modell der Übertragungsneurose vor, den er den bloßen »Berichten« entgegenstellt, die den Analytiker zum Gegenstand haben, womit er, durch diese Transponierung im Reinzustand den Bereich des Schreis, des Rufs, des direkten Verlangens öffnet.

Ich kann natürlich dieser Unterscheidung des »direkten Verlangens« nur beipflichten, denn sie begründet diejenige, die ich zwischen direkter und indirekter Übertragung treffe (vgl. Vierter Teil, Kap. II); jedenfalls scheint es sehr wahrscheinlich zu sein, daß der Roman, die Fabulierung und die Organisation der Übertragungsneurose im Familienroman der Neurotiker[12] einen gemeinsamen Ursprung haben, der die Arrangements und Umgestaltungen des Ödipuskomplexes in endlosen Varianten darstellt.

Zitieren wir an dieser Stelle Marthe Robert[13]:

»Der Ödipuskomplex war eine universelle Tatsache des Menschen, keine Fiktion, keine Darstellung, kein Bildwerk, das ihn nicht in irgendeiner verschleierten Form illustrierte. In diesem Sinn ist der Roman nur ein

11 Michel de M'Uzan, *Intervention sur: Transfert et névroses de transfert, Revue française de Psychanalyse*, Paris 1968, Bd. XXXII, Nr. 2

12 Vgl. S. Freud, *Der Familienroman der Neurotiker*, GW VII (1909)

13 Marthe Robert, *Roman des origines et origines du roman*, Paris 1972

›ödipales‹ Genre unter anderen ..., nur daß er, statt nach den Regeln eines präzisen künstlerischen Codes eine rohe Phantasie zu reproduzieren, eine *von vornherein romanhafte Phantasie* imitiert ...«

Dennoch empfiehlt es sich, herauszusondern, was der organisierenden Kraft des Ödipuskomplexes untersteht und was seine Destrukturierung zum Ausdruck bringt.
Mit anderen Worten: was heißt in den Ödipuskomplex eintreten?
Wenn es darum geht, vor dem Analytiker, sei's in Form von *bewußten* Phantasien, Träumen oder Verhaltensweisen etwas zu *evozieren,* das von nah oder fern an den Ödipuskomplex erinnert, so glaube ich, daß dazu jedermann in der Lage ist, man kann es auch im Theater hören, auf der Straße sehen, ja man braucht nur die vermischten Nachrichten in der Zeitung oder die Bücher von G. Deleuze zu lesen.
Doch warum gerade die Straße, das Theater oder die Zeitung?
Weil hier der Skandal ausbricht und der Skandal nichts anderes ist als die manifeste Übertretung eines der Verbote, welche die Architektur dieses Komplexes bilden.
Diese Übertretung ist nicht der Ödipuskomplex, vielmehr der Beweis für das Scheitern seiner Verdrängung und den Einbruch seiner nacktesten Triebmomente im »Handeln«; Momente, welche die Kultur nicht abgeschliffen hat, d. h. die niemals der Hilfe teilhaftig wurden, welche diese Kultur der individuellen Verdrängung bietet, was bei Deleuze sichtlich nicht der Fall ist.
Wenn man klassischerweise unterstellt, daß in den benachteiligten sozialen Klassen Vatermord und Inzest häufiger zu beobachten sind, so wird hier gerade die Verdrängung ins Spiel gebracht, eine Verdrängung, die in einer bestimmten Kultur eine Stütze findet oder nicht. Es bedarf dann einer kräftigen Gesundheit, die gerade in der Architektur des besagten Komplexes gründet, um den Ausbruch der Verrücktheit als vernünftige Verrücktheit zu predigen.
Da wir der These einer vernünftigen Verrücktheit keinen Kredit einräumen, schreiben wir sie auf das Konto dessen, was uns vor dieser Abschweifung beschäftigte: der Fabulierung.
Freud sieht in der Entwicklung des Kindes den bevorzugten Punkt, an dem sich die Fabulierung zu organisieren scheint.

Diese ist eines der Ereignisse auf dem Weg, der das neurotische Kind dahin bringt, sich von der Autorität der Eltern zu lösen.
Für das kleine Kind sind die Eltern zunächst die einzige Autorität und die Quelle allen Glaubens.
Mit zunehmender intellektueller Entwicklung jedoch kann es nicht ausbleiben, daß das Kind die soziale Stellung seiner Eltern mit der anderer, begüterterer Eltern vergleicht.
Aufgrund eines Gefühls der Zurücksetzung, oder wenn es die Empfindung hat, daß seine Liebe nicht voll erwidert wird, benutzt nun das Kind seine neuen Kenntnisse, um sie zu der Phantasie zu verschmelzen, es sei von anderen Eltern geboren. Freud zufolge ist diese Phantasietätigkeit beim Knaben stärker als beim Mädchen, da seine feindseligen Regungen gegen seinen Vater besser abgestützt sind, jedenfalls sieht Freud in diesen bewußt erinnerten Seelenregungen der Kinderjahre ein Moment, welches das Verständnis des Mythos ermöglicht.
In einem ersten, dem sogenannten asexuellen Stadium (in dem Sinne, daß die Kenntnis der sexuellen Beziehungen zwischen den Eltern noch fehlt) verfolgt die Phantasie zwei Ziele: ein erotisches und ein ehrgeiziges (hinter dem meist auch das erotische steckt), sie ersetzt die realen Eltern durch sozial höher stehende Eltern.
Das »sexuelle« Stadium beruht auf der Erkenntnis: *mater certissima, pater semper incertus est,* so daß das Kind der Mutter geheime Liebesschaften andichtet und sich damit begnügt, den Vater zu »erhöhen«.
Nun stehen zwei Wege offen: entweder sieht sich das Kind als der uneheliche Sohn eines heroischen Liebhabers, oder es kehrt, durch einen subtilen Umweg der Phantasie, für sich selbst zur Legitimität zurück und beseitigt die anderen Geschwister als illegitim. Zum Schluß betont Freud, daß diese anscheinend so feindseligen Dichtungen durch die Sehnsucht nach einem einst so allmächtigen Vater dennoch die Überschätzung der ersten Kinderjahre beibehalten.
Dieser »Roman« findet in mancher Hinsicht in der Übertragungsneurose ein neues Betätigungsfeld. Je nachdem, ob der Analytiker sowohl diesen neuen edlen Vater darstellen kann, von dem das Kind träumte, wie den niederen realen Vater, den es zu erhöhen gilt, wie jenen ursprünglichen Vater, dessen Allmacht keine Grenzen kannte:

direkte Übertragung, sobald er eine neue Möglichkeit darstellt, eine neue Realität, einen neuen Vater; *indirekte* Übertragung, sobald er den ursprünglichen Vater oder den niederen Vater darstellt (indirekt insofern, als er sich als Neuauflage darstellt).

Einerseits ist darauf hinzuweisen, daß dieser »Familienroman« genau der Roman der Ödipuslegende ist. Ödipus, der ausgesetzt wird und bei niederen Adoptiveltern lebt, während er in Wahrheit königlichem Blut entstammt; so kann Ödipus nicht mehr lügen, denn seine Lüge wäre nur die Wahrheit.

Andererseits erinnern wir daran, daß die Situation der Aussetzung durch königliche Eltern auch die von Moses ist. In diesem Sinne könnte man in Freuds Idee, daß Moses ein Ägypter war (vgl. *Der Mann Moses und die monotheistische Religion*), eine abermalige Manifestation jenes Familienromans sehen, diesmal auf Freud selbst bezogen, wenn man sich der Phantasien erinnert, die ihn mit Moses als Vater einer anderen Religion verbinden. Jedenfalls würde man in diesem Vergleich die Bestätigung dafür finden, daß die intellektuelle Tätigkeit durch solche Phantasien nicht berührt wird.

Die Übertragungsneurose bietet im übrigen zahlreiche Beispiele für solch transkonfessionellen Verrat: in den Phantasien der Christen, zu einer jüdischen Familie zu gehören, und der Juden, irgendeinem Rom zu entstammen.

Die sadomasochistischen Phantasien, in jeder der Religionen zwar gleich verteilt, aber unterschiedlich registriert, berechtigen zu der Ansicht, daß der Ruhm, der einen oder der anderen anzugehören, die Quelle seines Prestiges in unerwarteten Beschwörungen findet: die Verfolgung berührt sich hier mit der Passion Christi, um davon Zeugnis zu geben, daß diese Art Ruhm nicht zu jedem Preis zu haben ist.

Im übrigen können noch andere Register den Anspruch erheben, jene Ungewißheit des Vaters zu bestätigen: die Vielfalt der psychoanalytischen Schulen bietet ihren jeweiligen Schülern einen neuen Fächer, irgendwelche Phantasien der Zugehörigkeit zu einer anderen Kirche zu zimmern.

Man kann *a fortiori* sagen, daß ein Patient, der fähig ist, solche Phantasien zu organisieren, auch fähig ist, eine Übertragungsneurose zu organisieren, doch riskanter wäre die Behauptung, die

Übertragungsneurose könne sich nur mit einem so hohen Organisationsgrad konstituieren.

Weit häufiger beobachtet man, daß die Organisation der Übertragungsneurose sich von derjenigen entfernt, die man der Anordnung des Ödipuskomplexes zuschreibt.

Daß die Strukturierung des Ödipuskomplexes eine organisierende Kraft besitzt, steht außer Zweifel und gilt im übrigen sowohl auf der Ebene der Übertragung wie der der Gegenübertragung, so daß der Analytiker, der hier eine Organisation erkennt, sich auch »durchfinden« kann, wie man sagt.

Man hat im übrigen nicht versäumt, die Analytiker zu beschuldigen, sie seien die »Organisatoren des Ödipuskomplexes« und folglich die Stützen der kapitalistischen Gesellschaft, denn da sie nicht »dagegen« seien, seien sie »dafür«.

In keinem Fall kann ein Analytiker für oder gegen den Ödipuskomplex sein, nichts jedoch hindert ihn daran, ihm eine organisierende Kraft zuzuerkennen, welche die innerpsychischen Konflikte und zugleich ihr Verständnis strukturiert. Die wirklichen Komplikationen beginnen erst dann, wenn man dieser Strukturierung einen normativen Wert geben will.

Doch nichts hindert an der Feststellung einer Komplexhierarchie, so daß man zugeben kann, daß die Übertragungsneurose mehr oder weniger Elemente rekrutiert und daß einige dem Ödipuskomplex zugehören, andere nicht.

Die »Anti-Ödipianer« und die normativen Psychoanalytiker ähneln einander merkwürdig – die einen sind dagegen, die anderen dafür –, insofern sie dem Ödipuskomplex einen »Genuß«wert zuschreiben (mehr im übrigen als einen Lustwert), der von dem Verbotswert *getrennt* ist, wobei die einen, die »Anti-Ödipianer«, den Ödipus als das Bollwerk des Verbots ansehen, so daß man dagegen sein muß, um den Genuß zu »befördern«, und die anderen, die »Pro-Ödipianer«, den Genuß als Korrelat einer zu Ende gebrachten psychischen Organisation ansehen. Dann ist die Verwirrung zwischen genital und ödipal auf ihrem Höhepunkt, Termini, die das letzte Stadium einer sowohl psychischen wie sexuellen Vollendung bezeichnen sollen.

Auch wenn man es unterläßt, dem Ödipuskomplex irgendeinen

normativen Wert zuzuschreiben, muß man dessenungeachtet, will man ihm einen Organisationswert zuerkennen, annehmen, daß er einen Anfang hat, an dem z. B. die Identifizierung mit dem gleichgeschlechtlichen Elternteil steht, eine Blütezeit und einen »Untergang« usw. Kurz, man darf die Frage stellen, ob es ein »Diesseits« und ein »Jenseits« des Ödipus gibt, und ist gegebenenfalls berechtigt, von einer prä- oder postödipalen Organisation zu sprechen.
Doch in keiner Weise ist man berechtigt, eine psychische Organisation »außerhalb« oder »trotz« des Ödipuskomplexes zu denken, denn »außerhalb« oder »trotz« sprechen *wollen*, heißt ja gerade, darauf Bezug nehmen. Diese Bezugnahme ist im übrigen diejenige, explizite, des Perversen, der, in dem strengen Sinn, den Freud diesem Ausdruck gegeben hat, von einer prägenitalen Sexualität zeugt und sich, um diese Prägenitalität zu rechtfertigen, auf seine Zugehörigkeit »außerhalb« des Ödipuskomplexes beruft, sogar »gegen« ihn.
In diesem besonderen Sinne würde die perverse Struktur eine Art Authentizität oder »Gütemarke« gegenüber den theoretischen Positionen besitzen, die sich direkt gegen den Begriff des Ödipuskomplexes wenden. Die einen wie die anderen können sich im übrigen damit trösten, daß die perverse Struktur und die genannte theoretische Position einander nicht notwendig ausschließen.
Wenn die Frage, ob es ein Diesseits des Ödipuskomplexes gibt, begründet ist, können wir auch die Frage stellen, ob die Übertragungsneurose sich diesseits der Figuren des ödipalen Dreiecks organisieren kann.
Die Frage, ob sie sich dadurch organisieren kann, daß sie sich nur prägenitaler Elemente bedient, wirft kein großes Problem auf, denn es steht eindeutig fest, daß so etwas möglich ist. Die meisten Behandlungsträume, die wir erwähnt haben und die in unseren Augen ein ziemlich sicherer Beweis dessen sind, was eine Übertragungsneurose sein kann, verwenden selten Elemente, die von einer vollkommenen Triebmischung zeugen.
Was die Frage des ödipalen Dreiecks betrifft, so erscheint ihre Lösung um so schwieriger, als die Kleinsche Theorie den ödipalen Phantasien einen sehr frühen, sogar begründenden Ursprung zuschreibt.

Bemerken wir an dieser Stelle, wie wir es im übrigen bereits betont haben, daß der Zugang zur Phantasie, sogar die Aussage, ja die Demonstration einer ödipalen Phantasie keineswegs verbürgt, daß der Komplex »bestehen geblieben« ist.

Mit anderen Worten, die Kleinsche Theorie scheint sich die Frage nach einer präödipalen Phase kaum stellen zu können. Doch in diesem Fall verliert der Begriff der Übertragungsneurose schlechthin seinen Sinn, weil dann jede Übertragung, so partiell, so winzig sie sein mag, die Keime einer ödipalen Organisation in sich bergen würde. Trotz oder vielmehr dank jenem phantasierten Dreieck kann sich die Vorherrschaft einer dualen Mutter-Kind-Beziehung durchsetzen und die Übertragungsneurose sich auf einen Drang reduzieren, diese Beziehung zu wiederholen, wobei feststeht, daß sie die phantasierten Keime des Dreiecks in sich trägt.

Wenn dies unser Standpunkt nicht ist, was verstehen wir dann unter einem »bestehen gebliebenen« Ödipuskomplex?

Dieser Terminus, schlecht verstanden, könnte von irgendeiner Substantiierung der Phantasien zeugen, die sich um den Ödipuskomplex ordnen. In Wahrheit verstehen wir ihn hier als Beginn dessen, was Freud die narzißtische Seite des Ödipuskomplexes nennt: nämlich die Kastrationsangst, eine Angst, die gerade die Positionen determiniert, die, wie wir vorhin zeigten, sich »außerhalb« des Ödipus behaupten, jedoch durch diesen »Ausgang« versuchen, »anderen«, den »Pro-Ödipianern«, die Realität dieser Drohung zu verleihen.

In diesem Sinne verstehen wir, daß sich die Übertragungsneurose tatsächlich nur auf eine »bestehen gebliebene« ödipale Organisation stützen kann, selbst wenn sie die Schwierigkeiten, die Mißerfolge, die Überwindungen und Rückschläge dieser Organisation zum Ausdruck bringen.

Es würde in der Tat schwerfallen zu behaupten, eine Übertragungsneurose könne aufgelöst, d. h. gedeutet und überwunden werden, ohne daß eben dadurch eine Überwindung und eine »Zertrümmerung« des Ödipuskomplexes eintritt.

Freilich steht es vollkommen frei, das Problem zu stellen. Freud hat es im übrigen ein letztes Mal anläßlich der positiven und der negativen Übertragung gestellt, als er die Ergebnisse einer Behandlung *in vivo* und *in vitro* miteinander vergleicht. 1911 greift er zum Thema der psychiatrischen Anstalten die Polemik nochmals auf, die er schon zur Zeit Doras begonnen hatte, und behauptet erneut, daß die Übertragung nicht nur bei der Analyse, sondern ebenso in Anstalten zum Vorschein kommen kann.

Dieses Problem der psychiatrischen Anstalten interessiert uns hier insofern, als die schlecht verstandene Übertragungsneurose in der Tat das Sprechzimmer des Analytikers in eine Anstalt zu verwandeln droht, mit allen Aussichten der Endlosigkeit, die ein solcher Ort beinhaltet.

In *Zur Dynamik der Übertragung* sagt er, daß in den Anstalten die *positive* Übertragung nicht wirklich »aufgedeckt«, sondern beschönigt wird; verglichen mit der Analyse ist die Folge umgekehrt: der Kranke weigert sich, die Klinik zu verlassen. Er löst alle seine Probleme *in vitro,* erweist sich jedoch *in vivo* dazu außerstande. In der Analyse dagegen wird die erotische Übertragung aufgedeckt, dann zur Sprache gebracht, die Wirkung ist somit *innerlich und äußerlich.* Hier sieht man deutlich, daß das ganze Problem darin besteht, die erotische Natur der positiven Übertragung *zur richtigen Zeit* zu enthüllen.

Nicht erst nach vollzogenem Ausagieren (hier dem Exitus), kann man etwas tun, sondern, wenn man so sagen darf, bevor es soweit kommt.

Die Übertragungsneurose läuft also Gefahr, sich in eine psychiatrische Anstalt zu verwandeln; dies ist, aufgrund des Effekts der positiven Übertragung, die Perspektive, in der wir die Ursachen einer unendlichen Analyse sich abzeichnen sehen.

Diese unendliche Analyse wird zu einem Problem für sich, sowohl zu Beginn einer Analyse wie an ihrem »Ende«, wenn man so sagen darf, was von der Frühzeitigkeit herrührt, die wir der Übertragungsneurose zuschreiben.

Mit anderen Worten: wir meinen, daß eine unendliche Analyse, da sie nicht als solche interpretiert wird, eine auf Anhieb unendliche Analyse ist.

Kapitel II:
Die Register der Übertragung

Unter dem Terminus »Register« fassen wir hier einige formale Kategorien zusammen: explizite/implizite, latente/manifeste, direkte/indirekte Übertragung, sowie andere, die mittlerweile üblich geworden sind: blande Übertragung, Nebenübertragung.
Diese Kategorien, da rein formal, unterscheiden sich von denen, die eine Theorie der Übertragung beinhalten, wie positive oder negative Übertragung, die wir bereits behandelt haben.
Diese formalen Kategorien können erst durch ihre Verschränkung Sinn gewinnen; nur der Einfachheit der Darstellung halber trennen wir sie hier künstlich.

Explizite Übertragung, implizite Übertragung

Es empfiehlt sich zunächst, einen ersten Gegensatz zwischen expliziter und impliziter Übertragung zu untersuchen. Dieser Gegensatz hat scheinbar nur einen didaktischen Charakter, doch wenn man ihn nicht aufstellt, kommt es zu großen Verwirrungen hinsichtlich der Phänomenologie der Übertragung.
Unter expliziter Übertragung verstehen wir diejenige, welche den Analytiker als besondere Person namentlich, wissentlich *bezeichnet*. So liegt im *Fall Dora* von seiten Doras keinerlei explizite Übertragung vor.
Es versteht sich von selbst, daß diese Bezeichnung des Analytikers den Rahmen der Übertragung sprengt und die analytische Situation insgesamt betrifft. Das »Klima« der Analyse unterscheidet sich wesentlich, je nachdem, ob sie sich zu einem impliziten oder einem expliziten Verhältnis organisiert.
Das »Sie« im übrigen »expliziert« nichts anderes, als den Analytiker durch eine persönliche Spezifizierung zu isolieren. Dieses explizite »Sie« bezieht ihn auf eine Weise ein, die ihn vom gesamten Bezugsrahmen abhebt und ihn sogar innerhalb des Übertragungszusammenhangs abhebt.

Man kann sich leicht von der Bedeutung einer solchen Spezifizierung überzeugen, wenn man bedenkt, daß dieser »Höflichkeitsplural« im Vergleich zum Duzen die Spezifizierung verdunkelt. Er bezeichnet den Analytiker nicht als »diesen«, sondern als »irgendwen« und zeigt, daß das »es spricht« von Lacan zuweilen »gut genug erzogen« ist, um diesen Plural zu gebrauchen.

Ebenso läßt sich vorstellen, daß das »Duzen« eine andere Spezifizierung determinieren würde, die, wiewohl »intimistisch«, deshalb nicht weniger signifikant für eine andere Objektivierung wäre.

Offenkundig läßt sich dieser Objektivierungscharakter (Objektivierung, die nur in bezug auf ein *Subjekt* denkbar ist) ebensogut auf das Gegenübertragungsverhältnis anwenden. Im übrigen ist es in einigen Schulen Sitte, dieses »Sie« nicht zu verwenden, ebensowenig im übrigen wie irgendeine andere Art der Spezifizierung.

Wenn in dieser Optik Freuds Gegenübertragung im *Fall Dora* weitgehend explizit ist, so ist die Übertragung von Dora selbst implizit, und zwar durch eine letzte List der Wege des Widerstands, der hier, wie man sieht, nur deshalb Widerstand ist, weil er dem *Analytiker* in seinem Wunsch nach Objektivierung entgegentritt, statt dem analytischen Prozeß.

Dieser implizite Aspekt der Übertragung verhindert keineswegs, daß sie intensiv ist, auch nicht, daß sie sich an Freud selbst richtet. Nur daß Freuds Einbezogensein notwendig entdeckt, entziffert, erraten, gedeutet werden muß. Damit zwingt ihn Dora in doppelter Weise, sich zu entlarven, da er keinerlei namentlichen Bezug geltend machen kann.

In keinem Fall kann Freud sich darauf »berufen«, unmittelbar aus dem Text der Sitzungen eine Erwähnung seiner Person zu entlehnen. Er muß sich in gewisser Weise aufdrängen.

Die sicherste Wirkung – die im übrigen keine Wirkung, sondern eine Ursache ist – der impliziten Übertragung besteht darin, den Analytiker zu zwingen, die Übertragung dadurch zu deuten, daß er sich in den assoziativen Text *einmischt*. Diese Einmischung kann von dem Patienten in aller Ruhe abgelehnt werden.

So ist Freud genötigt, sein Eindringen in die Assoziationskette seiner Patientin (vgl. Rauch, Feuer, Herr K., Freud, der während der Sitzung raucht, der Zündhölzchenbehälter) zu *rechtfertigen*, wobei die beiden letzten Glieder der Kette von Freud eingebracht werden, der seinen Wunsch, selbst als Raucher erkannt zu werden, sowie den, in Dora eine Zündlerin zu sehen, doppelt *objektiviert*.

Auch wenn die Ankunft des »Sie« meistens mit den ersten Erscheinungen der Übertragung zusammenfällt, darf man daraus nicht den Schluß ziehen, daß sie notwendig ein Zeichen für sie ist.

Viele Anfänger in der Analyse verwechseln Übertragung mit expliziter Übertragung und halten die Übertragung erst dann für gekommen, wenn ihre Person erwähnt wird.

Das heißt verkennen, daß diese »Objektivierung« oder nominale Individuation des Analytikers ebensowohl der aktuelle Pol einer wirklichen Übertragungsverschiebung wie der Widerstand gegen das Auftauchen dieser Verschiebung durch eine »ereignishafte« Objektivierung sein kann, die den Analytiker von jedem Übertragungsträger isoliert.

Dieser Gegensatz explizit/implizit ist also nicht so formal, wie wir zu Anfang meinten, und wir sehen, daß er in gewisser Weise sogar auf einen grundlegenden Punkt zielt, nämlich den der Interpellation in der Übertragung, und daß er, aufgrund der Notwendigkeit einer Entschlüsselung, zum zweiten Gegensatz führt, von dem wir nun sprechen wollen.

Manifeste Übertragung, latente Übertragung

Unter manifester Übertragung verstehen wir nicht mehr *nur* die explizite oder nominale Interpellation des Analytikers, sondern auch diejenige, die nach dem Muster der Träume zu ihrem Verständnis einer Entzifferung oder eines Erratens bedarf, selbst wenn sie auf den ersten Blick klar zu sein scheint. Das heißt, daß sie sowohl in einem Traum wie in einer Phantasie, ja in einer Erinnerung, sogar einem Verhalten auftauchen kann.

Geben wir ein Beispiel für diese manifeste Übertragung:

Eine Patientin erinnert sich scheinbar spontan, daß sie am Vortag einer Säuglingsberatung beigewohnt hat. Diese Erinnerung taucht in Wahrheit nur deshalb auf, weil sie in der Nacht davor einen

Traum veranlaßt hat. Anhand der Erinnerung erzählt sie also den Traum (im allgemeinen ist es umgekehrt, da die Erinnerung Teil der Traumassoziationen ist); wie in der Realität wohnt sie einer Säuglingsberatung bei, und eine Frau, die ihr Kind stillt, sagt: »Ich gebe ihm zehnmal die Brust pro Tag, jeweils weniger als 20 Gramm.« Meine träumende Patientin ist über dieses Verfahren schockiert und meint, es sei eine Methode, die fortwährend den Lauf der Dinge unterbricht ...

Warum zehnmal die Brust, warum 20 Gramm? Anhand der Assoziationen läßt sich schnell feststellen, daß es sich um zehn Sitzungen pro Monat handelt, und die weniger als 20 Gramm deute ich als Bezugnahme auf Briefumschläge, denn meine Patientin hat tags zuvor mehrere Briefe verschickt und sich Vorwürfe wegen deren leichten Inhalts gemacht. In Wahrheit bezieht sich dieser Traum auf die Tatsache einer (wie mich der Traum lehrt, zu frühzeitigen) Verringerung der Zahl der Sitzungen von drei auf zwei pro Woche, d. h. etwa zehn pro Monat.

Die Unzulänglichkeit der Amme sowie die Unterentwicklung des Kindes stehen hier in Beziehung zu einer infantilen Situation, die ich nicht wiedergeben kann, die jedoch auf der Übertragungsebene eine Situation zum Ausdruck bringen, die zu wenig Austausch beinhaltet.

Diese Situation verschränkt sich mit einem anderen Traum, in dem ich auftrete und über ein Erbsengericht unzufrieden bin. Diese Erbsen (*petits pois*) stellten in Wahrheit die Sommersprossen einer Dame dar, an der ich, wie meine Patientin fürchtete, Gefallen finden könnte. Die Angelegenheit wäre einfach gewesen, wenn die Assoziationen dieses ersten Traums nicht zum Vorschein gebracht hätten, daß sich auch meine Patientin stark für Erbsen interessierte.

Die Briefe von weniger als 20 Gramm waren auch »*petits poids*« (kleine Gewichte), so wie der Säugling, die Amme und schließlich der Umschlag, den sie mir am Ende der Sitzung überreichte und der das Honorar für zehn Sitzungen enthielt und damit besagte, daß sie mich schlecht ernährte – indem sie mir viele »kleine Gewichte« gab –, doch daß ich ihr dafür eine zu kleine Zahl von Sitzungen gewährte; das Schuldgefühl wegen der »Leichtigkeit«

des Inhalts dieser Briefe war auch in den Inhalt einer der Waagschalen zu legen (Wiegen der Briefe, Wiegen des Kindes, Wiegen des Umschlags).

Es liegt auf der Hand, daß die manifeste Übertragung (im Sinn eines manifesten Traums) erst dann als Übertragung verstanden werden kann, *wenn sie auf ihren latenten Wert reduziert ist.* Aber ich wette, wenn ich weder die Bedeutung der Erbsen noch die Zahl der Sitzungen usw. erraten hätte, kurz, wenn ich den Traum nicht gedeutet hätte und meine Patientin ihn nicht gedeutet hätte, daß dann dieser Traum allein aufgrund seiner Beschwörungskraft, allein durch die Bilder des Stillens, des Maßes, der Quantität usw. höchst wahrscheinlich ein Unbehagen hervorgerufen und bewirkt hätte, die allgemeine Richtung der Sitzung auf die Vorstellung einer Schuld zu lenken.

Selbst wenn der Traum im Stadium seines manifesten Ausdrucks geblieben wäre, hätte er den Sinn der Interpellation modifiziert, so daß ich das vielleicht vage Gefühl bewahrt hätte, etwas zu schulden, wiedergutzumachen, zu entschädigen usw., ein Gefühl, das mich gerade veranlaßt hat, eine Deutung zu liefern, die Assoziationen zu hinterfragen, kurz, etwas zu geben usw. Und wenn man diese Deutung weiterspinnt, findet man sogar eine gewisse Drohung: im Traum lehnt sich meine Patientin gegen die veränderte Frequenz der Sitzungen auf, die »fortwährend den Lauf der Dinge unterbricht«. Ein vager Satz, der jedoch deutlich sagt, daß die Seltenheit der Sitzungen dem genannten assoziativen Verlauf (dem Lauf der Dinge) schadete.

Bei diesem Beispiel läßt sich der Text der manifesten Übertragung ebensowohl in den beiden Träumen wie in der Phantasie (sie schreibt zu leicht) wie letztlich in einem Verhalten ablesen, wenn man den Augenblick so bezeichnen will, da sie mir den Umschlag überreichte und da sich die Bewußtwerdung im übrigen durch ein unvermutetes Lachen ausdrückte.

Man kann sagen, daß jeder Traum von einer manifesten Übertragungsbewegung zeugt, indem er die Elemente eines sowohl klassischen Ödipuskomplexes (Eifersucht auf die Erbsen und das, was sie bedeuten: die Sommersprossen) wie des umgekehrten ins Spiel bringt: Liebe für Erbsen nach dem Modus einer direkten Homosexualität; wie auch präödipale Elemente der schlechten Ernährung und der oralen Unterschiedslosigkeit zwischen dem, was nährt, und dem, was ernährt wird.

Doch die Gesamtheit dieser Elemente wird durch die Übertragungsverschiebung subsumiert, die sich zu einer vollkommen aktuellen und direkten Interpellation organisiert.

Der Gegensatz zwischen manifester und latenter Übertragung ist also vollkommen begründet. Er führt zum Begriff der sogenannten »Deutung in der Übertragung«. Er läßt uns eine wichtige Tatsache erkennen, daß nämlich der ökonomische Gesichtspunkt sich nicht auf die Person des Patienten beschränkt, sondern auf der Ebene der Sitzung gedacht werden muß, als dialektischer Ausdruck des Gegensatzes Übertragung–Gegenübertragung, insofern der Anspruch zwangsläufig zu einem Ungleichgewicht in der Gesamtökonomie des Systems führt.

Wir werden auf diesen Punkt anläßlich der direkten und indirekten Übertragung zurückkommen.

Ein zweites Beispiel für den formalen Gegensatz zwischen manifester und latenter Übertragung erinnert uns an das, was wir über die Organisation der Übertragungsneurose gesagt haben (der transkonfessionelle Roman).

Es geht um den Satz eines Mannes, der über meine psychoanalytischen Arbeiten völlig im Bilde war.

»Ich habe Sie verraten.«

Dieser Satz bezieht sich auf die Tatsache, daß er am Vortag am Lehrgang einer Schule teilgenommen hatte, die, wie er glaubte, im Gegensatz zur meinen stand, daß dieser »Verrat« jedoch von einem Gefühl »intellektueller Hemmung« begleitet war (Titel einer meiner Aufsätze).

Die Deutung war die folgende:

»Oder Sie sind mir vielmehr treu geblieben«

(durch intellektuelle Hemmung).

Dieses kurze Beispiel ist insofern interessant, als es die Mischung von manifester/latenter, positiver/negativer und direkter/indirekter Übertragung aufzeigt.

In der Tat ist die erste Behauptung, »Ich habe Sie verraten«, eine humoristische Reprise von Judas Ischariot, der Ausdruck einer *manifesten und negativen Übertragung.*

Die Deutung enthüllt die latente Übertragung, doch sie hat nicht nur die Wirkung, diese latente Übertragung aufzudecken, sondern auch, ihren »positiven« Charakter durch die Betonung der Treue zu unterstreichen. In erster Linie bringt sie eine *latente positive Übertragung* zum Ausdruck.

Doch weisen wir darauf hin, daß diese Reduktion auf den latenten Sinn nur durch einen Schritt des Übertragungsdenkens möglich ist, das vielleicht den Verrat ablehnt und auf der Suche nach einem Schlupfloch eine Deutung findet.

Weisen wir auch darauf hin, daß diese Deutung humoristisch ist, d. h. daß sie das Vorzeichen wechselt. Das »Sie sind mir treu geblieben« beinhaltet einen gewissen Spott über jene »Konstanz«, da es sich um eine Treue durch »intellektuelle Hemmung« handelt.

Diese humoristische Antwort auf eine ebenfalls humoristische Behauptung liegt auf einer besonderen Ebene, die wir direkte Übertragung nennen. Diese direkte Übertragung, welche die Situation *hic et nunc* charakterisiert, steht unter einem positiven Vorzeichen. Einzig der Humor verleiht ihr einen hypothetisch negativen Charakter.

Diese direkte Übertragung beherrscht das ganze Klima des Austauschs; sie steht der indirekten Übertragung entgegen. Diese indirekte Übertragung ist, durch die transkonfessionelle Phantasie meiner Zugehörigkeit zu einer »anderen Kirche«, die Neuauflage eines Kindheitskonflikts, bei dem mein Patient gezwungen war, zwischen Mutter und Vater zu wählen (statt in diesem Fall umgekehrt), denn sein Familienroman bestand in dem Glauben, daß er weder die eine noch den anderen verlassen könne, ohne ihn zu verraten; mittels der indirekten Übertragung nehme ich die Stelle der phantasierten Position ein: *mater certissima,* »die andere Kirche«, indem ich die des *pater semper incertus* einnehme.

Die Deutung betrifft die direkte Übertragung, indem sie ihren latenten Sinn enthüllt – die (durch den Humor) unter unbestimmtem Vorzeichen bleibt –, nichtsdestoweniger verwandelt sie den negativen Ausdruck in einen positiven. Doch weisen wir darauf hin, daß der Humor hier eine Art Unsicherheitszeichen determiniert.

Er verwandelt den Satz »ich habe Sie verraten« in: »habe ich Sie wirklich verraten?«, und die Antwort »vielmehr sind Sie mir treu geblieben« verwandelt sich in: »sind Sie mir wirklich treu geblieben durch die Aufrechterhaltung dieser Hemmung?«.

Dieser Humor deutet also auf eine Ungewißheit (eher als auf eine Ambivalenz), welche die »Frage« der direkten Übertragung bildet.

Man braucht nur das folgende Schema zu betrachten, das die sechs Parameter zusammenfaßt (manifest/latent, direkt/indirekt, +/–), um zu erkennen, daß das, was in der indirekten latenten Übertragung den Ausdruck einer Ambivalenz bildet, in der manifesten direkten Übertragung durch eine Ungewißheit oder, wenn man lieber will, eine Frage dargestellt wird.

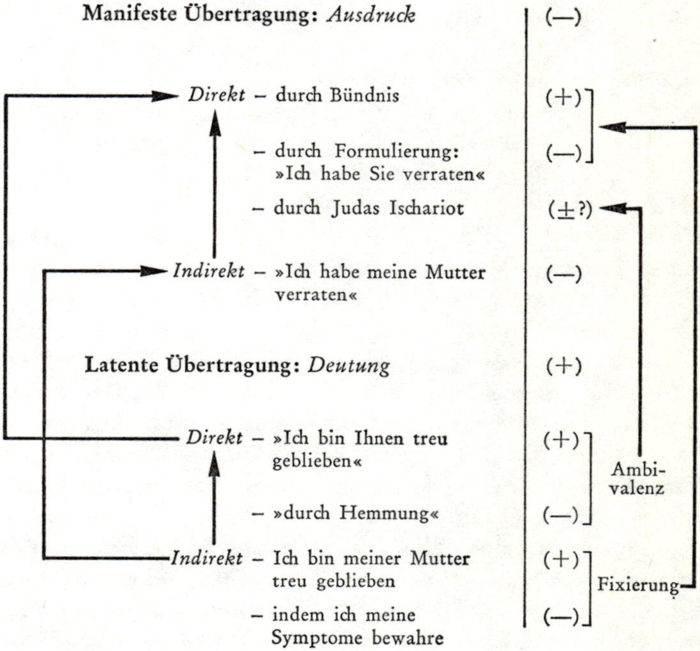

Diese Transformation ist wesentlich, denn sie drückt eine wahre Übertragungsmutation aus, denn die direkte Übertragung, von der wir sprechen, ist keine Schöpfung *ex nihilo,* drückt nicht nur eine Realität der Situation *hic et nunc* aus, sondern verdankt ihre Existenz der Verschiebung des infantilen Konflikts.

Wie man sieht, ist diese Verschiebung nicht neutral und zeigt aufgrund ihres ungewissen Charakters eine neue dialektische Öffnung.

Ihre »Negotiation« beruht auf dem Bündnis, welches die wahre Positivität besiegelt, sie setzt eine fortschreitende Erhellung der bereits aufgedeckten Übertragung voraus. Die indirekte Übertragung dagegen, da nicht erhellt, kann die widersprüchlichen Elemente ihrer Konflikte sowie den Ausdruck ihrer Ambivalenzen lediglich neuauflegen, ohne sie zu überwinden.

Wenn es also *manifest* um Verrat geht, so geht es *vorbewußt* um eine zweifelhafte Treue, die Übertragung stößt auf eine »Fixierung« – die direkte Übertragung im Zeichen des Bündnisses kurbelt den Prozeß dieser Fixierung erneut an, verwandelt die Ambivalenz in Unsicherheit und stellt sie vor allem in Frage.

Es besteht durchaus Anlaß zu der Ansicht, daß der Humor hier zwar auf der Ambivalenz gründet, diese aber durch die Positivität des Bündnisses bereits überwunden hat und sich gleichsam scheut, sie erneut zu problematisieren.

Weisen wir nebenbei darauf hin, daß die Umwandlung der manifesten Übertragung in ihren latenten Sinn keinen systematischen Gegensatz zwischen Positivität und Negativität determiniert, daß der Ausdruck feindseliger oder freundlicher Regungen nicht unbedingt ein Zeichen dafür ist, daß man systematisch ihren Sinn verändern muß, ebensowenig, daß man sie für »bare Münze« nehmen muß, und darin offenbart sich das *affektive* Substrat der negativen und der positiven Übertragung, die sich nicht der Negation oder Verneinung gleichstellen lassen, auch wenn diese sie komplizieren oder vereinfachen kann.

Man braucht nur einen Blick auf die Spalte der Zeichen + und – zu werfen, um festzustellen, welchen Schwankungen eine so simple Behauptung wie »ich habe Sie verraten« unterworfen sein kann, wiewohl dieses Schema noch vereinfacht ist und die Idenfizierungen nicht berücksichtigt, welche die Behauptung überdeterminieren: ich habe Sie verraten *wie* meinen Vater oder wie meine Mutter meinen Vater verraten hat, usw.

Blande Übertragung

Der affektive Ausdruck der Übertragung wie auch ihr expliziter oder impliziter Charakter führen uns zur Betrachtung der herkömmlich so genannten »blanden Übertragung«.
Ich weiß nicht, ob sich dieser Ausdruck auf den »blanden Stil« (*style blanc*) bezieht, den Cocteau R. Radiguet zuschrieb, aber er erinnert mich unfehlbar daran: das Subjekt verschwindet hier in der Tat hinter seinen eigenen Taten.
Die blande Übertragung steht allen Kategorien entgegen, die wir bisher erörtert haben: sie ist weder explizit noch manifest, weder Fisch noch Fleisch.
Die blande Übertragung besagt genau, was sie besagen will, da sie zwar die Existenz einer Übertragung manifestiert, aber ihr *Geständnis* ausschließt. Darin unterscheidet sie sich von der negativen Übertragung, die zuweilen so explizit ist, daß sie lärmend wird, aber von einem sehr starken Widerstand zeugen soll, der sogar die Möglichkeit einer Verschleierung ausschließen würde.
Ich persönlich bin nie einer solchen Übertragung begegnet, sie scheint mir eher von einer technischen Illusion oder einer Art nicht aufgedeckter negativer Übertragung zu zeugen.
Dennoch halte ich diesen Ausdruck insofern für begründet, als sich in der Tat das »Geständnis« verzögert. Damit möchten wir unterstreichen, in welchem Maße explizite Übertragung und Übertragung schlechthin so häufig verwechselt werden. Es ist die Ausnahme, daß ein Traum, ein Riß im Protokoll, sogar die Einhaltung der Regeln nicht die Verschiebung eines infantilen Konflikts zum Ausdruck bringt oder verrät.
Doch wenn die Übertragung blind ist, ist sie für jedermann blind, insofern der Analytiker sie »blindlings« deuten kann.
Diese blanden »Übertragungen« erinnern mich an den Auftritt eines geschickten Taschenspielers, der seinen Opfern empfahl, gut

aufzupassen, daß er ihnen nichts entwende. Eines dieser Opfer, das tapfer Widerstand geleistet hatte, schritt siegesgewiß die Stufen herab, um zu seinem Platz zurückzukehren, und verlor unterwegs seine Geldbörse, seine Uhr und sogar seine Hosenträger.

Diese Erinnerung, dessen phantasierter Wert nicht unbemerkt bleiben wird, kommt mir anläßlich einer Analyse, in der in der Tat kein expliziter Charakter der Übertragung in Erscheinung getreten war, keine Erwähnung des Analytikers, keine Ideenassoziation es gestattete – es sei denn durch die Feststellung seiner Anwesenheit – zu »wissen«, daß sich mein Patient eher hier als anderswo aufhielt.

Ich verringerte die Zahl der Sitzungen, wie ich zugeben muß, aus Überdruß. Das Resultat ließ nicht auf sich warten: mein Patient erklärte mir, warum er »nicht gewagt habe«, mich mit etwas anderem als seinem Vater zu »vergleichen«, obwohl er an diesem oder jenem Punkt »hätte angreifen können«.

Dank dieser »Retrospektive«, die länger dauerte als die Phase, die sie kommentieren wollte, gewahrte mein Patient nicht, daß er eine Übertragung leistete, er gewahrte es erst, als der normale Rhythmus der Sitzungen wieder einsetzte.

In dieser Hinsicht ist anzumerken, daß der Analytiker in der Dynamik der Übertragung den Platz des Toten einnehmen kann, des Abwesenden, Verleugneten, Verschwundenen, Ausgeschlossenen, Zensierten, Kastrierten und was immer Negatives man will: lauter Positionen, die von einem Hinweis zeugen, der seine Existenz dadurch bejaht, daß er sie verneint.

Doch man weiß, was eine Elle Verleugnung wert ist, daß sie sich immer nur verzweifelt auf die Existenz dessen beziehen kann, was sie nicht sehen will.

Die wahre blande Übertragung würde eher den in einem Kompromiß mumifizierten »Fetisch-Analytiker« betreffen. Doch dann dürfte ihm keine Frage gestellt werden. Gewiß kann dieser fehlende Anspruch einen Abschnitt in der Analyse der Perversen markieren, nur daß dieser fehlende Anspruch vor lauter »Drängen« schließlich doch ein Anspruch wird. Letztlich kommt es nicht selten vor, daß die »blande Übertragung« eine perverse Struktur bloßlegt.

Die bisher ins Auge gefaßten Übertragungskategorien zeigen, wie stark das Gegenübertragungsdenken an diesen Manifestationen beteiligt sein kann, insbesondere bei der blanden Übertragung.
Doch wir müssen uns noch mit einer anderen traditionellen Kategorie befassen, die den Gesichtspunkt der Gegenübertragung noch stärker einbezieht, der *Nebenübertragung*.

Nebenübertragung

Diese Übertragung hat eine schlechte Presse. Gewöhnlich wird sie in einer streng ökonomischen Perspektive gedeutet, als eine libidinöse Hämorrhagie, als energetischer Verlust und mehr noch als eine Art von »Verrat«.
Allerdings mußte man darauf gefaßt sein, da die Übertragung ja im wesentlichen ein Quiproquo ist.
Doch diese »Lateralität« setzt eine zentrale Achse voraus, die alle Energien trockenlegt.
In gewisser Weise bringen die technischen Vorschriften Freuds sowie seiner unmittelbaren Nachfolger, die während der Dauer der Kur jede sexuelle Beziehung oder jede wichtige Entscheidung untersagen, jenes Bemühen zum Ausdruck, die verfügbare Energie zum Nutzen der analytischen Beziehung zu kanalisieren.
Schon für sich allein würde dieser energetische Gesichtspunkt dazu berechtigen, die Einmischung der Gegenübertragung zu erkennen, die er impliziert; er determiniert zwangsläufig eine »pastorale« »Gegenhaltung«, die alle Schafe heimführen will.
Es liegt auf der Hand, daß die Natur der Übertragung, die im wesentlichen eine Verschiebung ist, ausreicht, den Wolf in den Schafsstall zu locken, und diese schöne Vision kompliziert.
Es stimmt freilich, daß die Nebenübertragung einen Widerstand innerhalb eines anderen Widerstands bildet, d. h. der Übertragung schlechthin. Doch im allgemeinen wird dieser neue Widerstand eher als »acting out«, als Katharsis, Explosion im Realen gedeutet denn als Verschiebung des Übertragungsträgers.
Wichtig ist, zu erkennen, daß die Nebenübertragung eine Wirkung der Übertragung ist; daß sie sich in die Übertragung selbst ein-

schreibt, auch wenn sie ihr entgegenzustehen scheint; daß sie nicht grundlegend Widerstand *gegen* die Übertragung ist, sondern eine oppositionelle Variante von ihr bildet. Letztlich hängt alles von ihrem kontrapunktischen Wert und der dialektischen Öffnung ab, die sie ermöglicht oder verwirkt.

Viele Analysen finden aus einer Übertragungssackgasse mittels einer Nebenübertragung heraus, die im übrigen meist völlig unbewußt ist (jedoch nicht immer). Die Deutung einer symbolischen Verschiebung kann dann ungeheure dynamische Wirkungen in der Kur haben, aber es gibt kein Beispiel dafür, daß eine Analyse ganz ohne Äußerung einer Nebenübertragung vor sich geht.

Diese Kategorie der Übertragung deckt sich mit dem Problem der Analyse *in vitro* und *in vivo*, von der Freud ausführlich anläßlich der Behandlung in psychiatrischen Anstalten gesprochen hat, die für ihn offenkundig eine »Lateralisierung« darstellen, denn ihre Erwähnung erfolgt ganz unverhofft, sobald es um positive oder negative Übertragung geht.

In dieser Hinsicht ist anzumerken, daß die Positivität oder Negativität der Übertragung dank der Nebenübertragung einen Sprung erfährt. Dieser Sprung deckt sich mit der Spaltung des Ich in Positivität und Negativität und enthüllt sie in gewisser Weise. Denn sehr oft unterliegen die feindseligen oder negativen Gefühle dem Einfluß einer lateralen Übertragung, so daß die »zentrale« Übertragung oder Übertragungsneurose einzig aus den freundlichen Regungen Vorteil zu ziehen scheint – das Gegenteil kommt, zumindest nach meiner Erfahrung, weniger häufig vor.

Das größte Interesse der Nebenübertragung liegt in der Trennungslinie, welche die feindseligen und die »günstigen« Regungen, die sexuellen und die narzißtischen Regungen scheidet. Diese Spaltungen lassen sich im übrigen nur durch die Konfliktgegensätze fassen, die in der Übertragung und durch die Übertragung aufgedeckt werden, doch wäre es meiner Ansicht nach falsch, zu meinen, die laterale Übertragung sei dem analytischen Prozeß notwendig abträglich: sie ist eine Erscheinung des unvermeidlichen Widerstands.

Nichtsdestoweniger liegt es auf der Hand, daß die Nebenübertragung, wenn das Realitätszeichen, das sie zwangsläufig stützt, zu stark ist, zu einer Art permanentem *acting out* werden kann,

doch in diesem Fall müssen wir die Gesamtheit der Struktur ins Auge fassen, so daß diese Lateralität nur eine der vielen Äußerungen einer Ablehnung der phantasierten Welt ist.
Der Gegenübertragungseffekt läuft Gefahr, diese »Lateralität« zu verbürgen, wenn er das, was oft nur eine Dichotomie ist, als ein Schisma betrachtet.
Wir kommen nun zur letzten der formalen Kategorien: der direkten und indirekten Übertragung.

Direkte Übertragung, indirekte Übertragung

Diesen Terminus könnte man ohne weiteres durch den des Gegensatzes mittelbar/unmittelbar ersetzen, wenn die zeitlichen Konnotationen des letzteren Terminus nicht geeignet wären, Verwirrung zu stiften.
Es wäre völlig illusorisch, die Übertragungsphänomene deuten zu wollen, ohne ins Spiel zu bringen, was Freud ganz banal »die psychologische Situation« nennt.
Mit diesem Terminus meint er, daß unabhängig von den in der Analyse »evozierten« Problemen, unabhängig von den angeschnittenen Themen und der Art, wie sie sich mit dieser oder jener psychischen Kategorie verbinden: Traum, Phantasie, Erinnerung, Vorstellungen, Spannungen, Absichten – kurz, daß der gesamte »Inhalt« der Sitzungen der Tatsache untergeordnet ist, daß er in einer »psychologischen Situation« auftaucht, d. h. sich an jemanden »richtet«; mit anderen Worten, die analytische Situation beinhaltet eine *psychologische Situation.*
Diese psychologische Situation ist eine Realität, eine relative Realität in bezug auf die analytische Situation im allgemeinen, selbst wenn diese Realität vom Analytiker hergestellt, gemessen, kodifiziert, *inszeniert* wäre, weil er meint, daß die unbewußten Phänomene zu ihrer Erscheinung dieser Bedingungen bedürfen, weil er meint, daß diese Bedingungen für ihn bequemer sind.

»Ich vertrage es nicht, acht Stunden täglich (oder länger) von anderen angestarrt zu werden.«[1]

1 S. Freud, *Zur Einleitung der Behandlung,* GW VIII, 467

Diese Situation zwingt den Patienten und seinen Analytiker, in einem gewissen »psychologischen Verhältnis« zueinander zu stehen. Die psychologische Situation ist real und kodifiziert, sie ist in gewisser Weise das *reale Element* der analytischen Situation.
Die analytische Situation ist ein umfassenderer Begriff als der der psychologischen Situation, und in diesem Sinne umschließt er nicht nur diese Realität, sondern alle psychischen Elemente, die sich innerhalb oder außerhalb dieses Zufalls der *psychologischen Realität* abspielen – die psychologische Situation ist ein Erlebnis.
Doch wenn man sich nun auf den Standpunkt der Realität stellt, d. h. der Konkretheit des Erlebnisses, dann ist es umgekehrt die »psychologische Situation«, welche die analytische Situation überschreitet und einschließt, so daß diese die Rolle des Inhalts und die psychologische Situation die des Behälters spielt.
Nunmehr begreift man, daß sich das Problem der Adäquatheit/Inadäquatheit, Konkordanz/Diskordanz, Komplementarität/Disparität, Ähnlichkeit/Unähnlichkeit zwischen diesen beiden Situationen stellen kann, die bald als Behälter, bald als Inhalt angesehen werden.
Man begreift auch, daß es das Realitätszeichen ist, das sie, indem es sich von der einen auf die andere verschiebt, als Behälter oder als Inhalt ausweist.
Die Übertragung ist dann eine vermittelnde Kraft zwischen diesen beiden Situationen, da die »analytische Situation« zwar von den Zufällen *hic et nunc* der Realität wie von den realen Besonderheiten und Umständen der Kur abhängen kann, daß im übrigen jedoch die Übertragung, indem sie die Vorstellungen der Kindheitskonflikte auf diese zufälligen Elemente verschiebt, sie beträchtlich modifiziert und sogar begründet.
Je intensiver die Übertragung ist, desto unbewußter ist sie und desto mehr verliert die psychologische Situation ihr Realitätszeichen und wird zum bloßen Widerschein der phantasierten Verschiebung, welche die Übertragung vollzieht. Es ist der Übergang von einem Zeichen zufälliger Realität zu einem Zeichen psychischer Realität.
Die Vermischung der phantasierten Übertragungsverschiebungen, der Realität und der Niederschläge der Realität auf die Übertra-

gung und der Übertragung auf die Realität vollzieht sich in der psychologischen Situation.

Diese psychologische Situation wird zum Ort der Konfrontation, der Negotiation, der Mutation, der Transformation – kurz, zum dialektischen Feld der Gegensätze, die aus dieser Vermischung entstehen. Dieses Feld ist dasjenige, das wir topologisch der *direkten Übertragung zusprechen*.

Die direkte Übertragung ist der Ort des Anspruchs.

In seinen *Bemerkungen über die Übertragungsliebe* spricht Freud mit einer gewissen Überheblichkeit von jenen Frauen, die »nur zugänglich sind für Suppenlogik mit Knödelargumenten«[2], womit er Frauen von elementarer Leidenschaftlichkeit meint, die keine Surrogate vertragen und auf der Stelle die sexuellen Befriedigungen fordern, die sie anderswo nicht erhalten können.

Diese Bemerkungen über die Übertragungsliebe scheinen in allen Punkten Interesse zu verdienen, insbesondere bezüglich des Loses der Realität während der Kur, handle es sich nun um die orale Metapher, um die offensichtliche Verachtung Freuds oder um die damit erfaßte klinische Kategorie.

Was die klinische Kategorie betrifft, so halte ich diese unmittelbare Forderung nach Befriedigung keineswegs für außergewöhnlich, sie scheint mir im Gegenteil, wo nicht die Regel, so doch sehr häufig zu sein, jedenfalls halte ich es für völlig unmöglich, eine erste Kategorie von »Analysanden«, die schon in den ersten Sitzungen zu essen verlangen, unmittelbare sexuelle Befriedigung fordern, Bücher aus der Bibliothek haben wollen, den Analytiker unverzüglich bitten, ihnen seine Kinder anzuvertrauen, kurz, *hic et nunc* die greifbarsten Beweise einer einmaligen und unvergleichlichen Liebe zu zeigen, mit einer zweiten Kategorie auf dieselbe Stufe zu stellen, die nach dem langen Weg der Analyse schließlich dieselben Ansprüche stellt, welche jedoch ein Virtualitätszeichen tragen, das sie auf einen n^{ten} Grad verweist.

Die Gegenübertragungssituation ist je nach den Äußerungen einer direkten oder einer indirekten Übertragung sehr verschieden.

Die Rolle des Reizschutzes der Gegenübertragung äußert sich in dem Versuch, die direkten Gefühlsregungen abzulenken, um sie in

2 S. Freud, *Bemerkungen über die Übertragungsliebe*, *GW* X, 315

indirekte Vorstellungen zu verwandeln, und umgekehrt, die mit den Kindheitskonflikten verbundenen Vorstellungen in der Aktualität, im unmittelbaren dialektischen Register zu deuten.

Der Begriff des Realitätsprinzips muß hier ins Spiel kommen, sofern er zu dem des Verzichts führt. Es liegt auf der Hand, daß der unmittelbare Anspruch, die auf Anhieb erotische Übertragung dem Reifen der indirekten Übertragung einen zwingenden Widerstand entgegensetzt, indem sie jeden Verzicht, jeden Aufschub beiseitedrängt, und insofern ähnelt sie mehr dem Stil der Primärprozesse als einem festen Realitätsprinzip.

Doch die Frage, warum sich die direkte Übertragung so an die Realität klammert, ist eine doppelte. Handelt es sich um die Unmöglichkeit eines Verzichts, um eine totale Unterordnung unter das unmittelbare Lustprinzip, oder um die grundlegende Unfähigkeit, ein symbolisches Band zwischen einer infantilen erotischen Situation und der Verwirklichung einer unmittelbaren Befriedigung herzustellen?

Man muß nun begreifen, daß diese direkte Übertragung selbst nur der Widerschein einer indirekten Übertragung ist. Die Übertragungsliebe, sagt Freud,

»setzt sich durchwegs aus Wiederholungen und Abklatschen früherer, auch infantiler, Reaktionen zusammen«[3],

und als Argument gegen die »Echtheit« dieser Übertragungsliebe führt er die Tatsache an, daß die in ihren Analytiker verliebten Patienten, wenn sie ihn wirklich lieben würden, auf ihre unmittelbaren Forderungen verzichten müßten, um ihre Anstrengungen auf die Vollendung der Kur zu konzentrieren.

Leider ist das Argument sehr dünn und fällt überdies dem Widerspruch anheim, denn:

»Man hat kein Anrecht, der in der analytischen Behandlung zutage tretenden Verliebtheit den Charakter einer ›echten‹ Liebe abzustreiten.«[4]

Letztlich sind die Übertragungsliebe wie die sonstige Liebe in Freuds Augen gleichermaßen verrückt.

3 Ibid., 316
4 Ibid., 317

Dennoch soll die Übertragungsliebe paradoxerweise noch törichter sein. Einerseits ist sie durch die analytische Situation provoziert, andererseits wird sie »durch den diese Situation beherrschenden Widerstand in die Höhe getrieben«, und schließlich

»... entbehrt (sie) in hohem Grade der Rücksicht auf die Realität, sie ist unkluger, unbekümmerter um ihre Konsequenzen, verblendeter in der Schätzung der geliebten Person ...«

Kurz, man kann in ihr erkennen, was man vom Zigeunerkind sagt: »es hat nie Gesetze gekannt«.

Freud macht keine großen Umschweife: die Patientin will die Autorität des Arztes brechen, indem sie ihn zum Geliebten herabsetzt.

Nun wird die Antwort schwierig (S. 311).

Es geht nicht an, sich auf die gängige Moral zu versteifen, deren Ursprung und Opportunität nur allzu bekannt sind, ebensowenig, die Patientin, die ihre Übertragungsliebe eingestanden hat, aufzufordern, ihren Trieb zu unterdrücken, auf ihn zu verzichten oder ihn zu sublimieren.

»Es wäre nicht anders, als wollte man mit kunstvollen Beschwörungen einen Geist aus der Unterwelt zum Aufsteigen zwingen, um ihn dann ungefragt wieder hinunterzuschicken ... Gegen Leidenschaften richtet man mit sublimen Redensarten bekanntlich wenig aus.«[5]

Noch schlimmer aber wäre der Mittelweg, der darin besteht, daß man die zärtlichen Gefühle zu erwidern behauptet und dabei allen körperlichen Betätigungen derselben ausweicht, denn das wäre, wie Freud sagt, eine Lüge und zudem eine Gefahr: beherrscht man sich immer so gut, um die Grenzen nicht zu überschreiten, die man sich gesetzt hat?

Was bleibt also anderes übrig, als Illusion gegen Illusion zu setzen, die Illusion zu benützen und sie zu deuten.

Die Freudschen Anweisungen rufen oft Schmunzeln hervor – sehr zu Unrecht, denn sobald das Problem einmal in diesen Termini gestellt ist und die direkte Übertragung es immer wieder in

5 Ibid., 312

diesen Termini stellt, wie soll man es dann lösen, ohne dem Trug der Übertragung einen anderen, den der Gegenübertragung, entgegenzustellen?

Die Überwindung dieses Gegensatzes läßt sich nur *im voraus* verstehen, die Vorgängigkeit der Gegenübertragung ist hier kein Zwischenfall mehr, sondern eine *Notwendigkeit*, und daher *warnt* Freud den Anfänger.

Was das Schema jenes *aufgeklärten Mannes* und jener *verführerischen* Frau betrifft, über das wir heute lächeln – da wir inzwischen (doch dank wem?) um die Schleichwege der psychischen Bisexualität und die Fallen der Homosexualität, ja die statistische Übermacht der Analytikerinnen wissen –, so kann man sagen, daß Freud hier beispielhaft ist, insofern er *von seinem Platz aus* spricht und das Gegenübertragungsdenken sich nur von *seinem Platz* aus erfassen läßt.

Diese schematische und für manche simplistische Position hat zumindest das Verdienst, der *Illusion* die Rolle zuzuweisen, den Platz des Subjekts anderswo als in der Aussage des Wunschs anzusiedeln.

Die direkte Übertragung ist das Unbewußte ohne Anführungszeichen.

Diese Anführungszeichen stehen nicht jedermann zur Verfügung, sie setzen nämlich voraus, daß nicht nur die übertragenen Elemente so verstanden werden, als könnten sie symbolisch sein, sondern daß zudem die Verschiebung selbst eine endopsychische Symbolik offenbart.

Die *Borderlines* sowie die Charakterneurosen finden hier den Prüfstein ihrer Analysierbarkeit. Wenn die direkte Übertragung die Realität so stark in Anspruch nimmt, daß sie sogar die Vorstellung einer Verschiebung unmöglich macht, ist eine Analyse im strengen Sinn unmöglich, man kann lediglich innerhalb der direkten Übertragung über den Rollenwechsel »verhandeln«, nicht aber zur wirksamen Aufdeckung einer wirklichen Übertragungsbewegung gelangen.

So kann diese direkte Übertragung, da selbst nur ein Widerschein der indirekten Übertragung, d. h. eines Umwegs über andere archaische Gestalten, sich nur deshalb in die Realität *verlieben*, weil sie sich einst in eine andere Realität, genauer eine andere Illusion verliebt hat.

Die Aufteilung des »Ich« läßt das Erbe der Trauerfälle ungeteilt, die es doch konstituiert haben.

Entweder veranlaßt der nostalgische Pol der Übertragung es dazu, die Chancen einer abermaligen Hinterfragung zu verschieben und neuaufzulegen, oder aber die diesmal totale Verneinung dieser Trauerfälle spaltet das Ich in zwei endgültig getrennte Hälften, so daß die eine behauptet, sich nur »nach Lust und Laune des Objekts« zu konstituieren.

In diesem Fall, der sich auf die direkte Übertragung reduziert, hemmt die Vorstellung eines Schicksals die Phantasie aller anderen möglichen Schicksale.

Literatur der Psychoanalyse
Herausgegeben von Alexander Mitscherlich

Hermann Argelander, Der Flieger. *Eine charakteranalytische Studie*

Michael Balint, Fokaltherapie. *Ein Beispiel angewandter Psychoanalyse*

Enid Balint / J. S. Norell (Hrsg.), Fünf Minuten pro Patient. *Psychotherapeutische Möglichkeiten des praktischen Arztes*

L. Bellak / L. Small, Kurzpsychotherapie und Notfall-Psychotherapie

Helmut Dahmer, Libido und Gesellschaft. *Studien über Freud und die Freudsche Linke*

Françoise Dolto, Psychoanalyse und Kinderheilkunde. *Die großen Begriffe der Psychoanalyse. Sechzehn Kinderbeobachtungen*

Sibylle Drews / Karen Brecht, Psychoanalytische Ich-Psychologie. *Grundlagen und Entwicklung*

Béla Grunberger, Vom Narzißmus zum Objekt

Edith Jacobson, Das Selbst und die Welt der Objekte

Ernest Jones, Zur Psychoanalyse der christlichen Religion

Heinz Kohut, Narzißmus. *Eine Theorie der psychoanalytischen Behandlung narzißtischer Persönlichkeitsstörungen*

Theodore Lidz, Das menschliche Leben. *Die Entwicklung der Persönlichkeit im Lebenszyklus*

Alfred Lorenzer, Sprachzerstörung und Rekonstruktion. *Vorarbeiten zu einer Metatheorie der Psychoanalyse*

Gérard Mendel, Die Generationenkrise. *Eine soziopsychoanalytische Studie*

Karl Menninger, Selbstzerstörung. *Psychoanalyse des Selbstmords*

Stavros Mentzos, Interpersonale und institutionalisierte Abwehr

Objekte des Fetischismus. Herausgegeben von J.-B. Pontalis

Beulah Parker, Chronik einer gestörten Familie

J.-B. Pontalis / Jean Laplanche, Vokabular der Psychoanalyse

Psychoanalyse und Justiz. *Theodor Reik, Geständniszwang und Strafbedürfnis. Franz Alexander und Hugo Staub, Der Verbrecher und sein Richter. Nachwort von Tilmann Moser.*

Psycho-Pathographien I. Schriftsteller und Psychoanalyse

Leo Rangele, Gelassenheit und andere menschliche Möglichkeiten

F. C. Redlich / D. X. Freedman, Theorie und Praxis der Psychiatrie

Theodor Reik, Der eigene und der fremde Gott

Paul Roazen, Politik und Gesellschaft bei Sigmund Freud

Paul Schilder, Entwurf zu einer Psychiatrie auf psychoanalytischer Grundlage

Max Schur, Sigmund Freud Leben und Sterben

Charles W. Socarides, Der offen Homosexuelle

Jean Starobinski, Psychoanalyse und Literatur

Helm Stierlin, Das Tun des Einen ist das Tun des Anderen. *Versuch einer Dynamik menschlicher Beziehungen*